Teoria Musical para Baixistas

Ariane Cap

Um guia completo e prático para tocar com mais confiança e liberdade

Fotografia por SN Jacobson

Design da capa por Carlo Dela Cruz

Fotos da autora por Alison Hasbach

Edição por Debbie Seeger, Ronny Schiff e Rod Taylor, PhD

Design do livro & transcrição musical por Charylu Roberts

Editor do Português Brasileiro: José Roberto Homeli da Silva

Tradutor e Coordenador de Projeto: Tomás Santana

ISBN 978-0-9967276-8-6

Copyright © 2023 Ariane Cap

Todos os direitos reservados

ELOGIOS A TEORIA MUSICAL PARA BAIXISTAS

Eu estou muito impressionado com o trabalho que você fez. É revigorantemente diferente, minucioso e bem-organizado - e os vídeos são um grande adendo. Eu não tenho dúvidas de que você terá grande sucesso com ele! Eu sei que certamente o recomendarei a alunos em busca de ajuda com teoria musical e harmonia ou que só queiram melhorar ou corrigir sua técnica no baixo.

Tim Landers
Professor na LACM, baixista (Dave Grusin, TV, filmes, propaganda)

Se você realmente quer explorar o baixo enquanto otimiza o uso de seu tempo, este livro será um recurso essencial para sua jornada criativa. Ariane conseguiu elaborar nada menos que um mapa infalível desde o microcosmo dos fundamentos básicos até o macrocosmo da compreensão avançada. A metodologia holística do livro combina habilidosamente os fatos inevitáveis da música com uma elegante abordagem psicológica da arte da aprendizagem em si. Teoria musical para baixistas vai levar você diretamente à beirada do seu ninho de onde você poderá saltar rumo ao desconhecido com um poderoso par de asas para voar.

Kai Eckhardt
Baixista, compositor (John McLaughlin, Garaj Mahal, Vital Information)

Eu já li um monte de livros sobre como tocar baixo e eu já li um monte de livros sobre teoria musical, mas este foi o primeiro livro que li que contempla teoria musical sob a perspectiva de um baixista. Ariane primeiro te ensina como ser um músico e depois um baixista, que é como deve ser. O livro é adequado para todos os níveis, mesmo para o absoluto iniciante sem qualquer experiência musical prévia. Baixistas experientes aprenderão novas maneiras de entender como música funciona e como o baixo se encaixa no resto da banda.

Dan Callaway
Baixista

Ariane Cap nos deu um trabalho visivelmente completo e acessível adequado a baixistas e todos os músicos que tocam com baixistas. No capítulo 12, intitulado "Fundamentos da Técnica", ela inicia afirmando: "Lembre-se que aprender técnica adequada está relacionado tanto a mecânicas do corpo e do baixo quanto a desenvolver consciência do que você faz e como você o faz." Da minha perspectiva médica e musical, é uma raridade maravilhosa quando um mestre da música aborda simultaneamente ergonomia, mecânicas instrumentais e a substância de criar belas linhas musicais. Ariane obteve um poderoso êxito.

Robert E. Markison, MD
Cirurgião da mão, músico, Professor clínico de cirurgia, UCSF School of Medicine Cofundador do Programa de Saúde Para Artistas Performáticos da Universidade da Califórnia em São Francisco

Música feita com graciosidade, calma e alinhamento adequado soa mais bonita! O capítulo da Ariane sobre postura contém informação vital para a saúde do seu corpo e, portanto, do corpo da sua música. Como um educador corporal com 30 anos de prática, eu já vi falta de harmonia e desequilíbrio devido a técnicas de ensino desprovidas deste tipo de instrução. A abordagem da Ariane pode te livrar de dor e terapia física! Altamente recomendada. Toca aí!

Alison Post
Terapeuta somático, terapeuta craniossacral Autor de *Unwinding the Belly*

O capítulo claro e bem desenvolvido sobre técnica incorpora ergonomicamente métodos de tocar sons, boa postura e posicionamento cuidadoso das mãos para reduzir esforço muscular e tensão musculoesquelética ao tocar o baixo.

Kathy Bender, BCIA, SF, CEAS
Terapeuta de Biofeedback certificada em todos os EUA.

Prefácio da Edição em Português

A versão original de Teoria Musical Para Baixistas foi publicada no mercado de língua inglesa em 2015, como um preâmbulo do meu segundo livro, *The Pattern System for The Bass Player - Sharpen Your Musical Mind Through Fretboard Proficiency, Improvisation, and Mental Practice*, publicado em 2021 com Wolf Wein. Ambos os livros tornaram-se grandes sucessos, tendo vendido milhares de cópias e, frequentemente, atingido o status de *bestseller* em sua categoria na Amazon.

Estou radiante em poder, agora, oferecer meu primeiro livro, *Teoria Musical Para Baixistas*, em português. Eu fui abençoada por ter feito turnês no Brasil diversas vezes, onde me apaixonei por este país e seu povo! Nós sempre fomos extremamente bem-cuidados em nossas turnês, e eu me tornei amiga de um dos produtores, Tomás Santana – um talentoso músico e excelente linguista! Uma colaboração logo surgiu desta amizade, resultando na tradução desse livro que você agora está segurando em suas mãos. Tomás traduziu todo o livro (inclusive as ilustrações), supervisionou o processo de edição e assumiu o comando do processo de produção. Sem ele e seus esforços incansáveis, esta versão do livro não teria sido possível. Muita gratidão, Tomás, por seu excelente trabalho e avidez em levar este projeto até sua conclusão!

Agradecimentos E Dedicatória

Este livro foi escrito durante diversos retiros de escrita em um período de dois anos. Eu gostaria sinceramente de agradecer à Ucross Foundation por me premiar com um uma residência artística de duas semanas em novembro de 2014, quando passei uma média de 16 horas por dia escrevendo, praticando e experimentando enquanto era amavelmente cuidada pela equipe e inspirada pela vida selvagem de Wyoming! Keith R., obrigada pelas chaves da sua casa de verão na serra — a paisagem e a tranquilidade na sua linda casa trouxeram muita produtividade e fluidez aos estágios iniciais deste projeto.

Meus maiores agradecimentos vão para o baixista e compositor Wolfgang Wein, meu primeiro professor de baixo, que é a razão pela qual eu sou uma musicista hoje. Seus comentários, encorajamento constante e crença em mim foram uma grande inspiração (tanto que eu me casei com ele!). Ele corrigiu todo o manuscrito e melhorou seu conteúdo com valorosas adições e sugestões.

Os acampamentos de baixo de Victor Wooten e Steve Bailey foram transformadores e inspiraram meu tocar, ensinar e visão de mundo. Obrigada! Gratidão ao professor, mestre do método Orff, Doug Goodkin cuja adaptação de Orff Schulwerk para o estudo de jazz inspirou minha abordagem didática para o ensino do blues.

Um sincero agradecimento à minha editora Debbie Seeger, que cuidou com destreza das minhas frases com comprimento típico do alemão e revisou a música e os diagramas em busca de precisão. Obrigada também a Ronny Schiff pela ajuda com a edição nos estágios iniciais e a Rod Taylor, PhD, por expertise linguística adicional. Eu gratamente reconheço o trabalho da criativa designer de livros e formatadora de livros musicais Charylu Roberts — uma senhora com um olhar aguçado e conhecimento extenso de livros musicais (e, felizmente, detentora de um senso de humor infinito!). As habilidades fotográficas excelentes de S. N. Jacobson me permitiram mostrar conteúdo complexo em uma maneira fácil de entender no capítulo de técnica. Muito obrigado a Alison Hasbach da TrueFire pelas minhas fotos de autora.

Diversos profissionais de saúde revisaram meu capítulo sobre técnica. Agradeço imensamente suas observações e sugestões. São eles o cirurgião da mão, músico e professor da Escola de Medicina da Universidade da Califórnia em São Francisco, Prof. Dr. Robert E. Markison; a terapeuta de Biofeedback e especialista em ergonomia Kathryn Bender; o quiropraxista e baixista Randy Kertz e o terapeuta craniossacral e músico Allison Post. Aos afiliados da Step Up Music Dr. Stephan Betz, Rhonda Hicks e Raymond Victor, agradeço a mão estendida, oferecendo encorajamento e amizade, e o suporte que me deram durante a escrita deste livro.

Obrigada à minha família austríaca: meu pai carismático e científico, Professor Ferdinand Cap, minha mãe inspiradora, Dr.ª Theresia Cap, e meu irmão, Professor Clemens Cap, quem sempre admirei e com quem sei que posso contar em qualquer situação. Obrigada aos Weins pelo amor e apoio!

Obrigado a todos os músicos incríveis da região de São Francisco (e além) com quem toco, especialmente ao meu parceiro de duo Paul Hanson, aos Clines, à Generation Esmeralda, à Muriel Anderson, à Montclair Women's Big Band e muitos outros.

Acima de tudo, obrigada aos meus alunos, cujos momentos de descoberta, alegrias e lutas individuais, comentários e perguntas me inspiram e me mantém alerta. Este livro é dedicado a vocês.

SUMÁRIO

Introdução: O principal propósito deste livro 1
Para quem é este livro 3
Como usar este livro 3

Capítulo 1 • FUNDAMENTOS 4
    Como as notas funcionam 4
    Como usar este livro 5

Capítulo 2 • COMO O BAIXO É ORGANIZADO 8
    Para cima e para baixo 10
    Teste sua compreensão n.º 1 10
    A extensão do baixo 10
    O exercício localizador de notas 12
    Teste sua compreensão n.º 2 14
    Nomeie uma marcação 14
    A posição de um dedo por casa 16

Capítulo 3 • INTERVALOS 17
    Fundamentos dos intervalos 17
    Teste sua compreensão n.º 3 20
    A primeira e o uníssono 22
    A segunda 24
    A terça 32
    A quarta 37
    A quinta 40
    A sexta 43
    A sétima 45
    A oitava 48
    O trítono 49
    Inversões de intervalos 51
    Intervalos compostos 55
    Teste sua compreensão n.º 4 57

Capítulo 4 • CARTILHA DA ESCALA MAIOR 60
    Construindo qualquer escala maior 60
    Teste sua compreensão n.º 5 63
    Preparação para o ciclo de quintas 64

Capítulo 5 • CARTILHA DA TRÍADE PARA BAIXISTAS 66
    Introdução às tríades 66
    A tríade maior 67
    A tríade menor 69
    A tríade diminuta 71
    A tríade aumentada 72

    Desafios das tríades específicos para o baixo 74
    Tríades diatônicas 77
    Funções de acordes 78
    Tríades ao longo da escala 81
    Tabela-resumo das tríades 82
    Inversões de tríades. 83
    Acordes suspensos, poliacordes e acordes invertidos 92
    Teste sua compreensão n.º 6 (tríades e inversões) 94

Capítulo 6 • TÉTRADES 96
    Introdução às tétrades. 96
    Tétrades com uma quinta justa 96
    Tétrades com uma quinta diminuta ou aumentada 97
    Tétrades diatônicas 98
    O acorde de sétima dominante 98
    Inversões de tétrades 99
    Extensões, alterações e outras tétrades. 100
    Resumo 100
    Teste sua compreensão n.º 7 101
    Observações finais. 101

Capítulo 7 • CARTILHA DA ESCALA MENOR. 102
    Criando a escala menor 102
    Menor relativa 103
    Menor paralela 103
    O problema da menor dominante. 105
    Nomenclatura correta 106
    Teste sua compreensão n.º 8 106

Capítulo 8 • O CICLO DE QUINTAS 107
    O que baixistas devem saber 107
    Decifrando o ciclo 108
    O ciclo como uma ferramenta de treino. 109
    Usando o ciclo para encontrar sustenidos ou bemóis de um tom 110
    Usando o ciclo para encontrar o tom 110
    Em que tom esta música está? 111
    Resumo 111
    Teste sua compreensão n.º 9 112
    O "ciclo diatônico" vs. o "ciclo cromático" 112

Capítulo 9 • CARTILHA DOS MODOS 114
    O que são modos? 114
    Os modos 114
    Sons dos modos 117
    O conceito de modal vs. diatônico 118
    Teste sua compreensão n.º 10 119

Capítulo 10 • CARTILHA DA PENTATÔNICA ... 120
Introdução às pentatônicas ... 120
Escala pentatônica maior ... 121
Escala pentatônica menor ... 121
Digitações ... 122
Como praticar estes padrões (cartilha) ... 122
Padrões de pentatônica de G maior ... 123
Padrões de pentatônica de E menor ... 125
Padrões de pentatônicas em todos os tons ... 126
Exercício "groove e preenchimento" (básico) ... 127
Escalas de blues ... 127
Teste sua compreensão n.º 11 ... 128

Capítulo 11 • O BLUES ... 129
Introdução ao blues ... 129
O formato ... 129
Propriedade harmônica do blues ... 130
Acordes de uma progressão de blues ... 130
"Blue Notes" ... 130
Teste sua compreensão n.º 12 ... 131

Capítulo 12 • FUNDAMENTOS DA TÉCNICA ... 132
Introdução ... 132
Ergonomia e saúde ... 132
Ótima técnica para timbre e groove ótimos ... 134
Postura ... 136
A mão esquerda ... 137
A mão direita ... 147
Coordenação de mão esquerda/mão direita ... 151
Dicas gerais para digitação ... 153
Exercícios para trocas de posição ... 153
Praticando o uso dos Princípios de Atenção Rotativa (PAR) ... 154
Mudando hábitos adquiridos ... 157
Observação final sobre técnica: quando a música te move ... 158

Capítulo 13 • MUSICALIDADE ... 159

Apêndice ... 160
Primeiros socorros durante a leitura ... 160
Dicas para prática ... 160
Recursos e links ... 161
Music Theory for the Bass Player — O curso online ... 162
Gabarito para as perguntas em *Teste sua compreensão* ... 164
Folhas para padrões ... 171
Glossário ... 175
Sobre a autora ... 178

INTRODUÇÃO

O principal propósito deste livro é remover as barreiras entre a música na sua cabeça e a sua expressão dela em seu instrumento.

Você aprenderá a conhecê-la tão bem que poderá tocar mais livremente. A liberdade vem da confiança de conhecer seus caminhos pela escala, da técnica relaxada e confortável e da intuição musical e audição interna precisa.

As maneiras relevantes de "conhecer" para músicos são:

- Por tato — ao sentir as formas e distâncias sob seus dedos, executando-as sem esforço;
- De ouvido — ao saber como as notas soarão antes que você as toque;
- Visualmente — ao ver a disposição da escala com seu olho mental.

Outra habilidade muito útil é a capacidade de ler partituras e tabelas de acordes. Isto está relacionado a um "conhecer" conceitual — entender a teoria por trás da música e deixar que seu conhecimento inspire suas escolhas de notas. Você atingirá uma ampliação de sua aquarela musical para que você possa somar às suas "cores" pessoais. Você provavelmente descobrirá que muitos dos sons que você já usa intuitivamente são parte de um sistema que tem nomes, convenções estilísticas e regras. Não devemos temer regras porque é divertido quebrá-las às vezes!

Este livro oferece uma abordagem sistemática ao instinto musical através da facilitação dos seguintes tópicos:

- um entendimento minucioso do funcionamento do baixo;
- os fundamentos mais relevantes da teoria musical, por que eles são importantes, como soam, como se relacionam ao baixo e como praticá-los pra que se tornem instintivos;
- uma técnica física saudável, baseada nas sensações do seu corpo e na aquisição de consciência dos seus hábitos, digitações e como esses detalhes se traduzem em som e sonoridade melhores e um tocar mais relaxado;
- familiarização ao ler tabelas de acordes;
- técnicas de prática mental.

Há uma diferença fundamental entre saber um conceito na teoria (por exemplo, uma tríade ou escala) em contraste com sabê-lo tão bem a ponto de usá-lo instantaneamente numa situação musical. Eu acredito que muitos cursos ou livros de teoria musical pecam por apresentar, página após página, escalas escritas e tríades em *arpeggio*, o que transforma a prática útil de escala em um mero exercício de leitura ao invés de um de compreensão. A compreensão completa de um conceito envolve sabê-lo em qualquer momento ou ritmo, tom, posição no baixo e o seu som (quando e por que usá-lo).

A aprendizagem mais rápida no baixo sempre virá de seus dedos. Movimentos repetitivos com atenção profunda à maneira como os sons se relacionam entre si levam ao desenvolvimento sólido da memória muscular (sabedoria cinestésica). Para, então, fazer música com esses padrões é essencial manter essa prática fresca e interessante.

Divirta-se fazendo os questionários do *Teste sua compreensão* (alguns deles são verdadeiros quebra-cabeças!) e certifique-se de tentar as *Ideias bacanas*.

Sempre tenha seu baixo por perto ao trabalhar com este livro, uma vez que ele tem uma abordagem bem "mão na massa" (contando com alguns exercícios mentais adicionados ao pacote). Ainda que possa parecer que você já domina determinado tópico, você só o sabe de verdade quando toca.

Quer você toque com quatro, cinco ou seis cordas, quer você puxe, toque com palheta, dedão, faça slap ou tapping, teoria musical e boa técnica são peças fundamentais na bolsa de ferramentas de um músico. Bem-vindo(a) ao meu livro!

PARA QUEM É ESTE LIVRO?

Na minha experiência, músicos, dos níveis básicos aos avançados, podem beneficiar-se dos materiais neste livro. Os assuntos abordados ajudarão a:

- preencher lacunas no entendimento de teoria musical e como ela aplica-se ao baixo especificamente;
- internalizar como a escala do instrumento é organizada e como pensar em padrões é eficaz;
- aprender como fundamentos musicais básicos e sons são realizados no baixo;
- adquirir uma boa compreensão de técnica e como tocar com consistência e conforto.

O estudante típico deste livro pode atualmente:

- tocar melhor em alguns tons que outros;
- ter timbre desigual, tempo de colocação de notas ruim ou um groove descuidado devido a hábitos técnicos ineficientes;
- estar incerto sobre a diferença e uso dos sons maiores e menores;
- hesitar em identificar vários intervalos e como melhor localizá-los na mesma corda ou entre cordas;
- estar incerto do que são inversões de intervalos e acordes e por que eles são úteis para baixistas;
- estar incerto da diferença entre um acorde de sétima maior e um acorde de sétima dominante;
- reproduzir experimentemente músicas, mas sem entender, de fato, o material tonal subjacente a uma linha de baixo e como construir linhas de baixo por si mesmos;
- ter dificuldade em nomear as notas diatônicas de qualquer escala.

Este livro discute os princípios básicos da teoria musical e como estes realizam-se no baixo. Nele, há o foco em proporcionar um entendimento de conceitos teórico-musicais, como eles se relacionam ao baixo e por que eles são úteis de modo a imediatamente melhorar sua criação musical. Os alunos geralmente aprendem os preceitos básicos da música, mas têm dificuldade em fazer a ponte entre teoria e execução. Eles podem nunca entender teoria a ponto de não ter que pensar nela ao improvisar, groovar ou fazer adornos musicais. Aqui você aprenderá os mecanismos da música tão bem que você poderá esquecer-se deles!

É útil, embora não necessário, ser capaz de ler partituras. Aprender a ler partituras no baixo é uma habilidade diferente em relação a aprender teoria musical. Ler partituras é mais fácil quando se domina a teoria musical. Nos momentos em que notação musical for usada, a tablatura estará presente neste livro a fim de permitir que você execute os sons discutidos. Exemplos de grooves são opcionais e podem ser pulados.

COMO USAR ESTE LIVRO

Passe pelos capítulos com o baixo em mãos. Os vídeos citados neste livro podem ser encontrados em *arisbassblog.com*. Escanear o código QR na capa do livro te levará ao link direto.

Faça cada exercício recomendado pelo menos uma vez. Alguns podem parecer bem simples, mas, principalmente ao usar um metrônomo, podem revelar algumas fraquezas surpreendentes. Confirme seu conhecimento nas seções *Teste sua compreensão*. Divirta-se com elas; algumas são feitas para serem capciosas, de coçar a cabeça e/ou desafiadoras! As respostas podem ser encontradas na seção *Gabarito para as perguntas em Teste sua compreensão*.

UM RECADO PARA BAIXISTAS CANHOTOS: Para manter a fluidez do livro simplificada eu omiti instruções para canhotos. Por favor, invertam conforme adequado.

1 Fundamentos

COMO AS NOTAS FUNCIONAM

Existem doze notas no sistema tonal ocidental. Sete destas notas têm nomes de letras*: A B C D E F G — como nas teclas brancas de um piano.

*Nota do tradutor: o sistema de nomenclatura por letras é utilizado em língua inglesa, idioma escolhido pela autora. Em português, chamamos tal nomenclatura de *cifras*, associando cada cifra (letra) à nota correspondente em nosso idioma. Portanto, lê-se a cifra "A" como "lá" e não como "a", por exemplo. Pela ampla utilização das cifras por falantes de português, optamos por não deixar de utilizá-las nesta versão do livro. Esteja ciente da seguinte correspondência de cifras e notas: C(dó), D(ré), E(mi), F(fá), G(sol), A(lá), B(si).

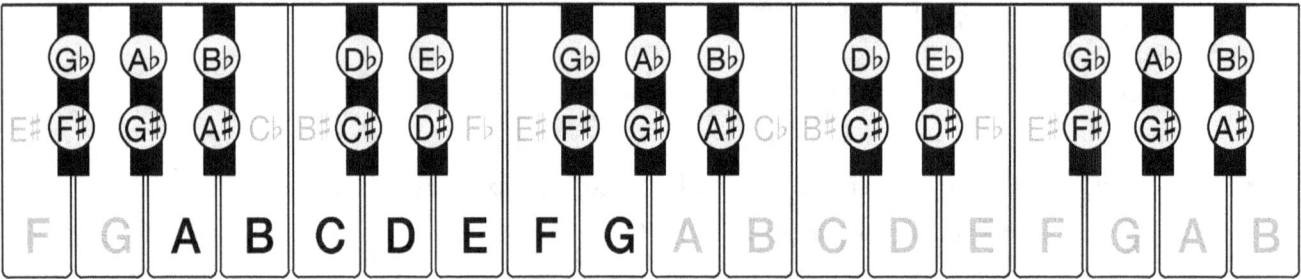

A distância entre estas notas são de **tons** ou **semitons**. Para nossos propósitos, um semitom é a menor distância entre duas notas no sistema tonal ocidental. (um traste no baixo).
1 tom = 2 semitons

- Semitons encontram-se entre E — F e B — C.
- Tons encontram-se entre todas as outras notas sequenciais.

As teclas pretas do piano são nomeadas com a adição de sustenidos (♯) e bemóis (♭):

Sustenidos tornam uma nota mais alta em um semitom

Bemóis tornam uma nota mais baixa em um semitom

Símbolos de bequadro (♮) desfazem um sustenido ou bemol

Em alguns casos, é necessário chamar uma tecla branca por seu nome sustenido ou bemol:
E♯ (também conhecido como F), B♯ (ou C), F♭ (E), ou C♭ (B).

Dobrados sustenidos (𝄪) e dobrados bemóis (♭♭) também são usados:
G𝄪, B♭♭ e A—todos referem-se à mesma nota.

(Note: Dobrados sustenidos e dobrados bemóis são mais comumente usados em teoria musical tradicional. Estilos musicais modernos são mais permissivos com a nomenclatura de notas.)

Duas notas podem ter a mesma altura, mas podem ser chamadas de nomes distintos. Referimo-nos a elas como **enarmônicas**; por exemplo, um C é, enarmonicamente falando, também um B♯, ou um D♭♭.

Olhe para o diagrama do piano para entender as relações entre as notas — tons inteiros entre as teclas brancas (exceto entre E e F e B e C), semitons entre uma tecla preta e uma tecla branca. Se você é um aprendiz visual, você pode beneficiar-se de tirar uma fotografia mental do teclado do piano e tê-la sempre pronta em seu olho mental. Use os grupos de duas e três teclas pretas para orientação.

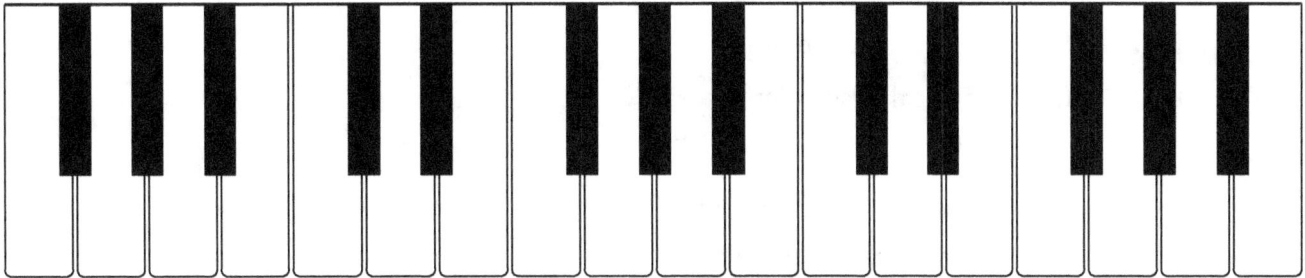

APRENDA AS NOTAS

Só há sete nomes de notas básicas no alfabeto musical. A maneira mais básica de organizá-las é dizendo-as ou tocando-as em uma ordem que constitua uma escala: A–B–C–D–E–F–G–A, por exemplo. Em peças musicais, a ordem de notas varia constantemente, notas são puladas ou repetidas, pedaços de escalas podem ascender ou descender etc. É por isso que faz sentido praticar diferentes variações e combinações do alfabeto musical.

Os exercícios nesta seção são projetados para ajudar você a sedimentar firmemente o alfabeto musical em sua mente.

EXERCÍCIOS:

- Os exercícios a seguir são igualmente eficazes quando praticados com ou sem o instrumento. Tudo que você precisa é de um pulsar rítmico, por exemplo, como o de um metrônomo. Passos também funcionam. No entanto, um pulsar regular é essencial porque sem ele o exercício falha em seu objetivo de te treinar para saber *dentro do tempo* qual nota vem a seguir em qualquer sequência dada.

- O pulsar rítmico pode ser bem lento. Entretanto, ao invés de programar o metrônomo para um tempo muito lento como 40 BPM, no qual é difícil ter uma boa noção do fluxo do tempo, coloque-o para 80 BPM e deixe passar duas batidas para cada nome de nota. Deixe três passarem se precisar de mais tempo. Isto também é bom treinamento de tempo, já que você estará sentindo a subdivisão do pulsar com o qual você estará de fato tocando.

Visualização ajuda muito aos músicos. De início, eu sugiro que você use o teclado do piano para seu conjunto imagético mental: notas no baixo têm várias localizações (portanto, padrões de notas podem ter diversas formas). No piano, cada nota tem uma localização única, por isso, as sequências de notas são de mais fácil visualização. Primeiramente, faça os exercícios a seguir olhando para o esquema do teclado do piano *com* o nome das notas (cifras) e, então, progrida para o esquema do teclado *sem* as cifras. Por fim, prossiga para uma imagem mental do teclado somente, sem olhar as ilustrações.

Você pode usar uma imagem mental do braço do baixo também, se você tiver conhecimento suficiente dele. Atentando-se ao conselho de que integração visual desses conceitos teóricos é útil para a maioria dos músicos, experimente com o que funciona melhor para o seu perfil de aprendizagem. Mesmo que você seja um aprendiz primordialmente cinestésico ou auditivo, adicione imagens mentais à sua rotina de estudos, uma vez que elas são muito práticas em instrumentos que possuem escala de digitação.

Fundamentos

Nos exercícios a seguir, diga o nome das notas em voz alta. Ouvir-se dizê-las ajuda sua memória e serve de reforço adicional.

Primeiro, comece somente com as teclas brancas:

EX 1 • Diga o alfabeto musical ascendendo

EX 2 • Diga o alfabeto musical descendendo

EX 3 • Alterne a cada nota, ascendendo (A–C–E–G–B–D–F etc.)

EX 4 • Alterne a cada nota, descendendo (A–F–D–B–G–E etc.)

EX 5 • Alterne a cada duas notas ascendendo (A–D–G–C–F etc.)

EX 6 • Alterne a cada duas notas descendendo (A–E–B–F–C etc.)

EX 7 • Alterne a cada três notas ascendendo (A–E–B–F–C etc.)

EX 8 • Alterne a cada três notas descendendo (A–D–G–C–F etc.)

Perceba que, ao pular três notas subindo, você chega à mesma sequência de notas que pulando duas notas descendo. Isto é explicado por certos *intervalos* (distâncias entre notas) sendo *inversões* (imagens espelhadas). Mais sobre esses tópicos pode ser encontrado no capítulo 3. Por ora, é bem útil saber e reconhecer estas sequências, porque pensar em inversões de intervalos abre opções criativas, bem como novas combinações de notas.

Você começou com apenas as teclas brancas, agora você irá incluir as teclas pretas.

Quando integrando as teclas pretas, ascender em tons inteiros incluirá ambas as teclas brancas e pretas.

EX 9 • Ascenda em semitons (também se diz cromaticamente) identificando as teclas pretas por seus nomes sustenidos: A–A♯–B–C–C♯–D–D♯, etc.

EX 10 • Ascenda em semitons (cromaticamente) identificando as teclas pretas por seus nomes bemóis: A–B♭–B–C–D♭–D–E♭, etc.

EX 11 • Descenda em semitons, identificando as teclas pretas por seus nomes bemóis: A–A♭–G–G♭–F–E, etc.

EX 12 • Descenda em semitons, identificando as teclas pretas por seus nomes sustenidos: A–G♯–G–F♯–F–E–D♯, etc.

EX 13 • Ascenda em tons, identificando as teclas pretas por seus nomes sustenidos: A–B–C♯–D♯–F–G–A e repita. Também comece do A♯: A♯–C–D–E–F♯–G♯–A♯.

EX 14 • Ascenda em tons, identificando as teclas pretas por seus nomes bemóis: A–B–D♭–E♭–F–G–A e repita. Também comece do A♭: A♭–B♭–C–D–E–G♭–A♭.

EX 15 • Descenda em tons, identificando as teclas pretas por seus nomes bemóis: A–G–F–E♭–D♭–B–A e repita. Também comece do A♭: A♭–G♭–E–D–C–B♭–A♭.

EX 16 • Descenda em tons, identificando as teclas pretas por seus nomes sustenidos: A–G–F–D♯–C♯–B–A e repita. Também comece do A♯: A♯–G♯–F♯–E–D–C–A♯.

Continue com estes exercícios escolhendo começar por outras notas que não o A. O objetivo destes exercícios é ficar confortável com os nomes das notas em diferentes sequências, e não saber tais sequências de cor. Uma vez que você comece a saber uma sequência, mude alguma coisa — a nota inicial, direção ou andamento. Ao escolher andamento, lembre-se que o propósito deste exercício não é executá-lo o mais rápido possível, mas sim tornar-se confortável em acessar as notas de ambas as direções e em várias sequências mantendo um andamento constante. Aliás, a sequência mais difícil que você mal consiga fazê-la confortavelmente te indica o andamento que você deveria escolher.

DICA: Pense à frente o máximo possível!

Por exemplo: tons inteiros ascendendo de C:

Pulsos do metrônomo:	∧	∧	∧	∧	∧	∧	∧
DIGA:	C	D	E	F♯	G♯	A♯	C
PENSANDO:	D e E vêm a seguir,		F♯ G♯ A♯ depois		depois do A♯ eu volto ao C.		

* Os vídeos citados neste livro podem ser encontrados em *arisbassblog.com*

O código QR na capa do livro leva ao link direto ou encontre-os na barra lateral da página inicial do site.

Como o Baixo é Organizado

PARA CIMA E PARA BAIXO

Quando músicos falam em subir ou descer uma escala ou padrão musical, nós nos referimos ao som, não à direção no espaço. Mesmo que você esteja se movendo para baixo (isto é, em direção ao chão) na escala de digitação do baixo, as notas estarão subindo (soando mais altas). Similarmente, você pode sentir-se tentado a dizer que está tocando escala abaixo à medida que sua mão esquerda se move em direção ao seu corpo (para baixo espacialmente), no entanto, as notas soarão mais altas, então você está, na verdade, indo braço acima.

O objetivo aqui é entender a direção geral de cordas soltas e quando você se move em uma corda (até este ponto, nós não trouxemos à discussão mover-se entre cordas com a mão de digitação).

Os nomes das cordas da mais grave à mais aguda são: E–A–D–G em baixos de quatro cordas, B–E–A–D–G em baixos de cinco cordas e B–E–A–D–G–C em um baixo de 6 cordas.

Ao apertar a nota da quinta casa da corda mais grave, produz-se a mesma nota da próxima corda mais aguda quando solta. As cordas estão desalinhadas por cinco casas subindo (a quinta casa na corda E é a nota A, a corda mais aguda seguinte) ou sete casas descendo (a sétima casa da corda A é E, a mesma da nota da corda solta abaixo — neste caso, as notas E estão em diferentes alturas, separadas por uma oitava).

Nesta imagem, aponto para as notas conforme sobem: Braço acima (isto é, em direção à ponte), as notas ficam mais altas. Em direção ao chão, conforme as cordas ficam mais finas, as notas ficam mais altas.

No baixo, a maioria das alturas (todas exceto 10 delas) podem ser tocadas pelo menos duas vezes em diferentes posições do braço. Notas referem-se a nomes de notas, alturas referem-se a notas em uma oitava específica.

- Um baixo de quatro cordas de 24 trastes possui 40 alturas únicas, mas tem 100 notas no total (24 casas por corda mais as notas das cordas soltas).

- Um baixo de quatro cordas de 20 trastes possui 36 alturas únicas, mas tem 84 notas no total (20 casas por corda mais as notas das cordas soltas).

- Um baixo de cinco cordas de 24 trastes possui 45 alturas únicas, mas tem 125 notas no total.

- Um baixo de cinco cordas de 20 trastes possui 41 alturas únicas, mas tem 105 notas no total.

- Um baixo de seis cordas de 24 trastes possui 50 alturas únicas, mas tem 150 notas no total.

- Um baixo de seis cordas de 20 trastes possui 46 alturas únicas, mas tem 126 notas no total.

Capítulo 2

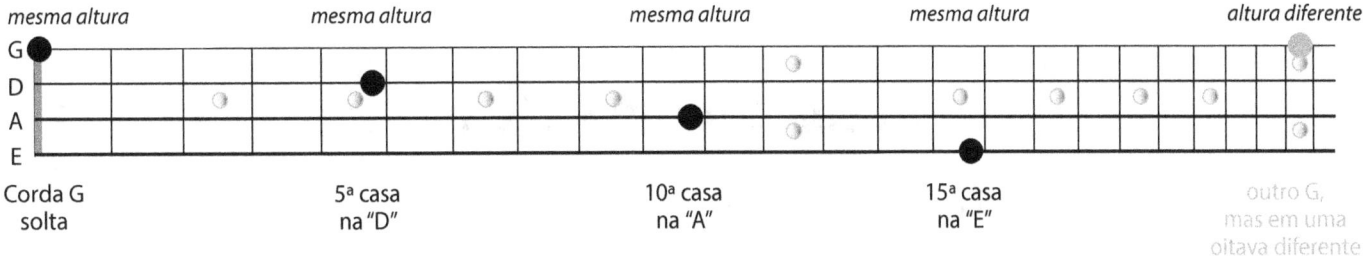

O diagrama acima mostra um exemplo da mesma nota ocorrendo quatro vezes (uma vez em cada corda).

EXERCÍCIO: Toque a quinta casa na corda E e perceba que produzirá a mesma altura da corda A solta. Agora suba para a sexta casa na corda E e digite a primeira casa da corda A — isto novamente produz a mesma nota. Continue este processo subindo nas cordas E e A até que você atinja a nota mais alta de sua corda E.

As notas tornam-se mais altas quando o número das casas aumenta (em direção à ponte) na mesma corda.

Entretanto, quando se move de uma corda mais grave para uma corda mais alta, o número das casas diminuindo pode ainda significar notas mais altas, como mostra a figura a seguir:

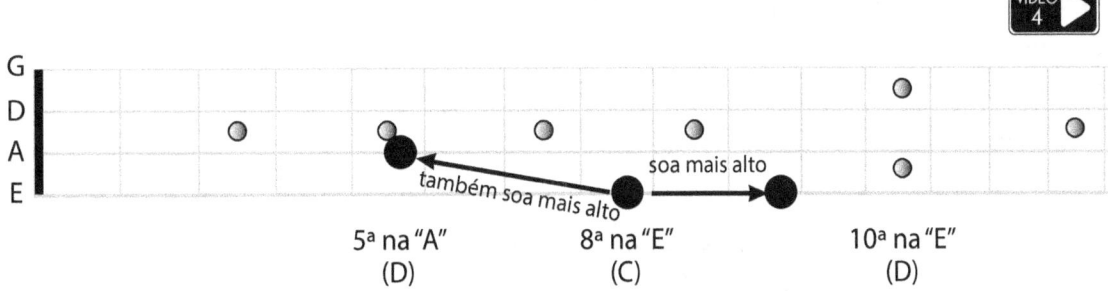

Ao tocar um C na 8ª casa da corda E e depois passar para a 5ª casa da corda A, a nota fica mais alta, ainda que você esteja tocando uma casa mais baixa.

SOBRE AS PERGUNTAS DO "TESTE SUA COMPREENSÃO"

Algumas delas são capciosas. Elas são projetadas para fazer você pensar e auxiliar na sua compreensão através da aplicação de conhecimento. Você não encontrará as respostas somente repetindo o que está escrito nas páginas anteriores, mas você tem todas as informações necessárias para depreender as respostas corretas a partir do que você leu até então. Lembre-se, da página 164 em diante estão listadas as respostas. No entanto, dê o seu melhor antes de conferi-las!

Como o Baixo é Organizado

TESTE SUA COMPREENSÃO N.º 1

a) Encontre as mesmas notas em duas cordas adjacentes.

   Preencha com os números das casas:

   E – 6 e A – ___
   E – 8 e A – ___
   E – 10 e A – ___

b) Encontre as mesmas notas em duas cordas adjacentes.

   Preencha com os números das casas:

   E – 1 e A – ___
   E – 3 e A – ___

c) Qual a diferença entre os pares de notas do item **a** e os do item **b**?

   a) _____   b) _____

d) Preencha as lacunas — o objetivo é criar a mesma altura em diferentes cordas:

   A – 10ª casa e D – ___
   D – 10ª casa e A – ___
   A – 5ª casa e D – ___
   D – 5ª casa e G – ___

e) Quantas vezes você pode encontrar a nota D no seu baixo? ___ vezes
   Quantas vezes você pode encontrar a nota F no seu baixo? ___ vezes

f) Corda D 2ª casa e corda G 9ª casa — mesma nota ou mesma altura? Mesma _____
   Corda D 6ª casa e corda G 1ª casa — mesma nota ou mesma altura? Mesma _____
   Corda D 10ª casa e corda G 1ª casa — mesma nota ou mesma altura? Mesma _____

g) Quais 10 alturas ocorrem somente uma vez no seu baixo? _____

A EXTENSÃO DO BAIXO

Oitavas são organizadas por números. Há várias nomenclaturas e sistemas de enumeração diferentes para as oitavas, mas neste livro você encontrará o sistema que chama o C central de "C4" (dó quatro).

O baixo é um instrumento de transposição. Isto significa que para que se evite notação por linhas suplementares excessivas, todos os gráficos de baixo são apresentados uma oitava acima do que eles soam. A partitura de piano a seguir mostra exatamente como as alturas soam, enquanto a partitura para baixos é o que nós baixistas lemos

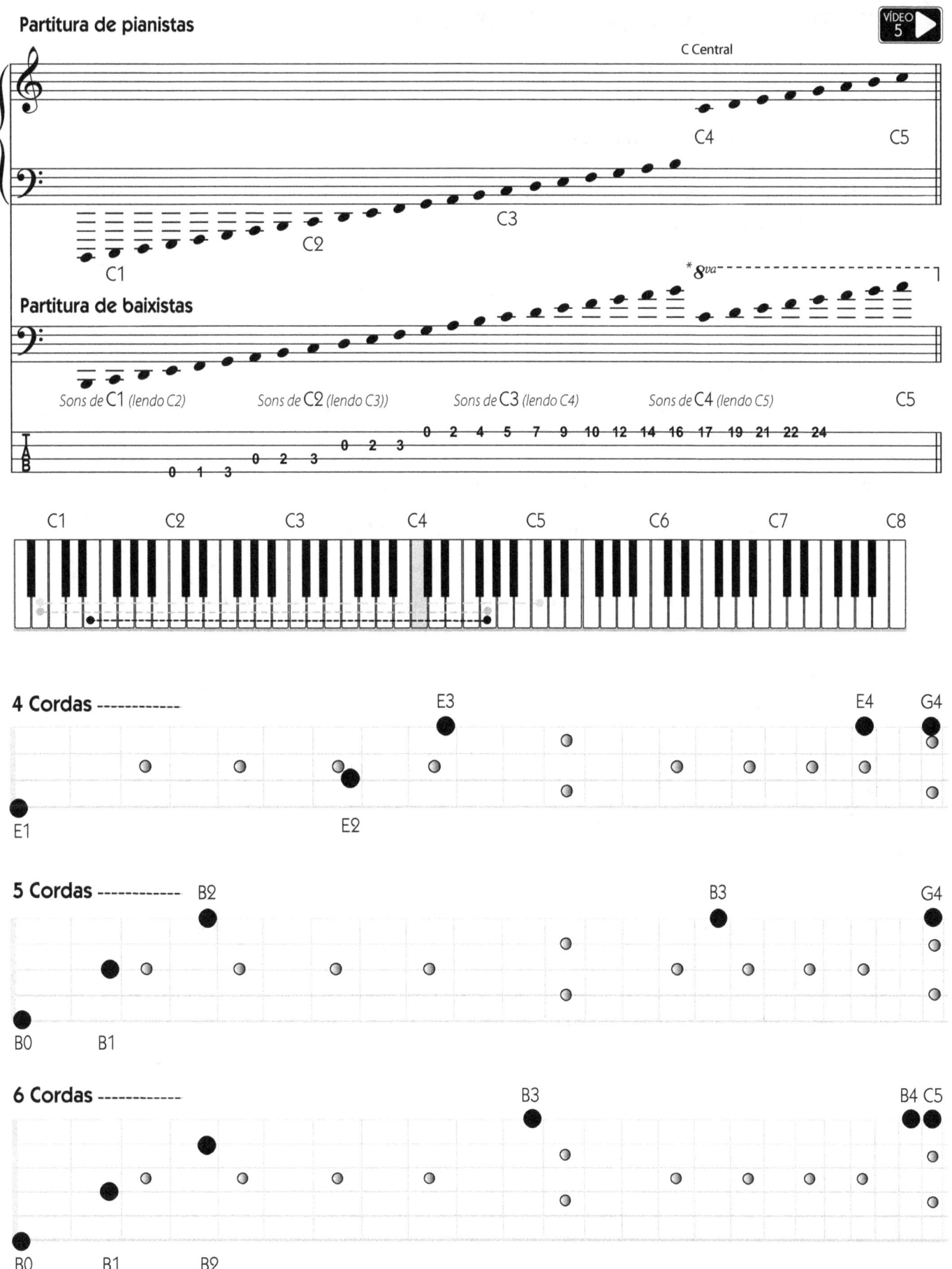

*8va é uma maneira de tornar as notas com muitas linhas suplementares mais fáceis de ler. Significa: leia uma oitava mais alta do que escrito.

Como o Baixo é Organizado

O EXERCÍCIO LOCALIZADOR DE NOTAS

O objetivo deste exercício é ganhar uma compreensão mais aprofundada de como o baixo é organizado e de facilitar a localização de notas em todas as cordas.

Siga as instruções cuidadosamente e use o seu metrônomo.

NOTA: Execute esta tarefa na área abaixo da primeira marcação dupla da escala do baixo. Em outras palavras, não vá para a segunda oitava do baixo, acima da marcação dupla (12ª casa).

1. Programe o metrônomo para um andamento confortável (por exemplo, 70 BPM) e entre no groove. Planeje tocar uma nota a cada dois tempos — um tempo para tocar, um para te dar tempo de pensar com antecedência.

2. Escolha uma nota (por exemplo, G).

3. Começando com a corda mais grave, toque G na corda E, depois na corda A e depois nas cordas D e G. Note que a oitava da sua nota escolhida vai mudar ao final.

4. Sem duplicar a nota na corda G, volte e toque os G em ordem reversa.

Não duplique a nota no fim.

Não pule uma corda.

Se você tiver dificuldades para acompanhar no tempo, programe um andamento mais lento ou deixe três batidas passarem para ter mais tempo de pensar.

Pulsos do metrônomo:	∧-----	∧-----	∧-----	∧-----	∧-----	∧-----	∧-----
TOQUE:	G1	G2	G2	G2 ou G3	G2	G2	G1
LOCALIZAÇÃO:	3ª na E	10ª na A	5ª na D	0 ou 12ª na G	5ª na D	10ª na A	3ª na E
DIGA:	G	G	G	G	G	G	G
PENSANDO:	uma ou duas cordas à frente						

Perceba que a relação entre os números de casas é sempre de –5 ou +7 quando passando para a próxima corda.

3ª casa na corda E +7 = 10ª casa na corda A; –5 = 5ª casa na corda D; daqui você pode ir tanto com –5 (para chegar a 0, G solto) como com +7 (para G na marcação dupla da 12ª casa).

Por que –5/+7?

–5 porque as cordas são desalinhadas por 5 casas umas das outras em uma direção, e 7 por causa das 7.

Capítulo 2

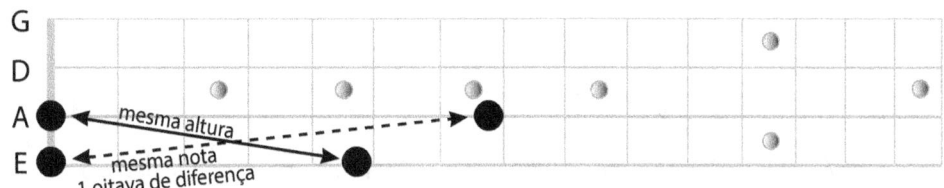

Cordas adjacentes estão desalinhadas por 5 ou 7 casas umas das outras

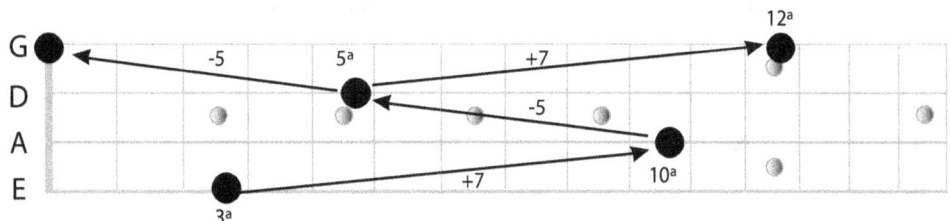

Exemplo do exercício localizador de notas com a nota "G"

- Subtraia 5 ou adicione 7 casas para encontrar a mesma nota na próxima corda mais aguda.
- Adicione 5 ou subtraia 7 casas para encontrar a mesma nota na próxima corda mais grave.

Coloque estas distâncias em sua memória muscular.

Obviamente, se você prosseguir para depois da oitava (marcação dupla na 12ª casa), você ainda chegará na nota correta, só que na extensão mais alta do baixo. Entretanto, mantenha este exercício dentro das 12 casas mais graves. Uma vez que você souber as notas lá, terá facilidade acima da marcação dupla, já que a região é organizada exatamente como aquela abaixo da marcação dupla.

Localizador de notas às cegas

Tente o exercício acima sem olhar para a escala do instrumento. Você ouvirá facilmente caso cometa um erro, então confie nos seus ouvidos. Foque na distância de 5 ou 7 casas.

NOTA: Confira capítulos mais avançados para a melhor prática de digitação para estes exercícios.

Como o Baixo é Organizado

TESTE SUA COMPREENSÃO N.º 2

a) Se você fizer o localizador de notas corretamente, quantas notas individuais você tocará? ___

b) Estas notas serão sempre da mesma altura?   ☐ sim   ☐ não

c) Em quantas oitavas diferentes as notas ocorrem?
Em ____, em baixos de quatro ou cinco cordas.   Em ____, em baixos de seis cordas.

d) Faça o localizador de notas para essas notas. Então preencha com os números das casas (da corda mais grave para a mais aguda):

D – (__)–__–__–__–__–(__)   G – (__)–__–__–__–__–(__)
A – (__)–__–__–__–__–(__)   G# – (__)–__–__–__–__–(__)
B – (__)–__–__–__–__–(__)   C – (__)–__–__–__–__–(__)
F – (__)–__–__–__–__–(__)   C# – (__)–__–__–__–__–(__)
B♭ – (__)–__–__–__–__–(__)   A♭ – (__)–__–__–__–__–(__)
E♭ – (__)–__–__–__–__–(__)   D♭ – (__)–__–__–__–__–(__)

Programe o metrônomo para 70 BPM. Inicialmente deixe um tempo (ou dois, ou três) de silêncio passarem entre cada nota; então dobre sua velocidade tocando uma nota por tempo, depois duas, três, quatro... quantas você consegue executar limpamente por tempo sem hesitação?

Como uma variação — em oposição a sempre começar pela corda mais grave — comece pela corda G, desça até a corda E e depois suba novamente.

NOMEIE UMA MARCAÇÃO

Marcações (ou outros ornamentos) ajudam você a navegar pelo braço. Tipicamente, elas são localizadas antes do terceiro, quinto e sétimo trastes com um ponto simples e antes do 12º traste com dois pontos para indicar a oitava. Após a 12ª casa, o padrão de pontos se repete. Alguns baixos têm um ponto antes do 1º traste, mas conte o ponto da 3ª casa como o primeiro. Baixos podem ter um traste zero logo após a pestana. Como o nome mesmo indica, é uma "traste zero" e não tem a necessidade de ser contado.

Lembre-se que entre todas as notas há um tom inteiro exceto entre E e F e B e C. Ao subir por cada corda, você deve agora ser capaz de encontrar cada nota.

Por exemplo, nomes das notas na corda E:

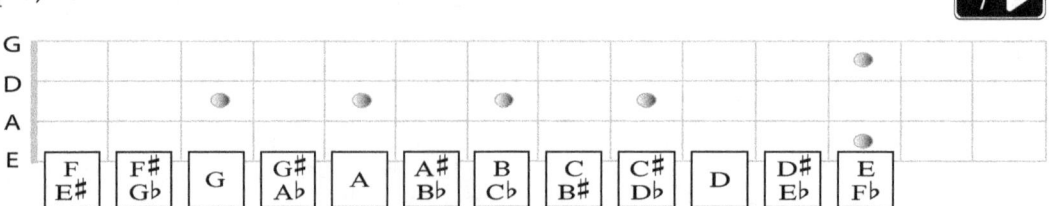

DICA: Aprenda as notas e as casas marcadas pelos pontos (3ª, 5ª, 7ª, 9ª, 12ª etc.).

Visualize o padrão que as marcações, casas e cordas criam.

Capítulo 2

Primeiramente, aprenda o nome das cordas a ponto de que você não tenha que parar e pensar sobre eles. Então repita o mesmo processo com as marcações. Faça-se perguntas aleatoriamente, por exemplo: Quais são as notas na 2ª marcação (5ª casa)? *Resposta* A–D–G–C

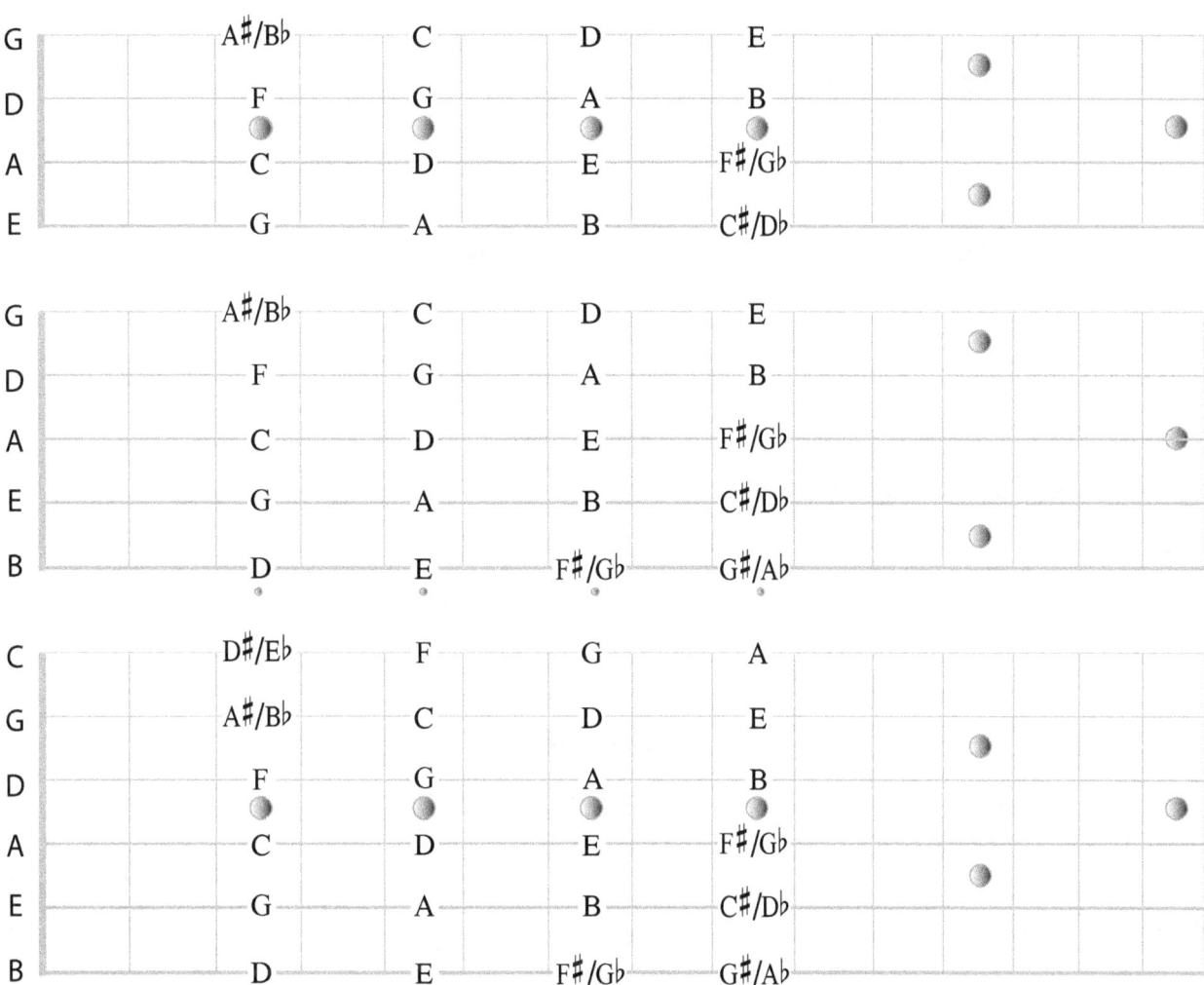

Aprenda as notas nas marcações de cor.

PRIMEIRA MARCAÇÃO — 3ª casa

Quatro cordas: G–C–F–B♭ ou G–C–F–A♯

Cinco cordas: D–G–C–F–B♭ ou D–G–C–F–A♯

Seis cordas: D–G–C–F–B♭–E♭ ou D–G–C–F–A♯–D♯

TERCEIRA MARCAÇÃO — 7ª casa

Quatro cordas: B–E–A–D

Cinco cordas: G♭–B–E–A–D ou F♯–B–E–A–D

Seis cordas: G♭–B–E–A–D–G ou F♯–B–E–A–D–G

SEGUNDA MARCAÇÃO — 5ª casa

Quatro cordas: A–D–G–C

Cinco cordas: E–A–D–G–C

Seis cordas: E–A–D–G–C–F

QUARTA MARCAÇÃO — 9ª casa

Quatro cordas: D♭–G♭–B–E ou C♯–F♯–B–E

Cinco cordas: A♭–D♭–G♭–B–E ou G♯–C♯–F♯–B–E

Seis cordas: A♭–D♭–G♭–B–E–A ou G♯–C♯–F♯–B–E–A

Como o Baixo é Organizado

DICA: Também inclua enarmônicos para B e E à sua prática. Por exemplo, em um quatro cordas, a terceira marcação poderia também ser nomeada como o seguinte: C♭–F♭–A–D.

Se você gosta de se aventurar, experimente incluir dobrados bemóis e dobrados sustenidos (abaixe ou aumente uma nota em dois semitons respectivamente). Por exemplo, a 3ª marcação no baixo de 4 cordas poderia também ser C♭–F♭–B♭♭–E♭♭ ou A×– D×–G×–C×.

Dicas para Prática

Programe seu metrônomo em um andamento desejado. Escolha uma marcação aleatória, toque as notas em cada corda e diga o nome destas em ritmo com o metrônomo.

Variações:

- Comece pela corda de cima e mova-se para baixo, em vez de subir partindo da corda de baixo.
- Altere a ordem das cordas (por exemplo, primeiro E, depois D, depois A, depois G).
- Quando precisar de acidentes, use apenas sustenidos.
- Quando precisar de acidentes, use apenas bemóis.

Exemplo: Dê nome às notas da **terceira marcação (7ª casa)**, a partir da *corda mais aguda para baixo*, usando *sustenidos* sempre que possível.

A POSIÇÃO DE UM DEDO POR CASA

Usar um dedo por casa significa que cada dedo tem seu lar designado. Se você treinar sua mão para que ela se acostume com essa posição básica você colherá vários benefícios ao trabalhar com este material, já que você estará apto a "sentir" onde as notas estão em relação umas às outras. Isto faz com que ler esquemas e partituras seja muito mais fácil porque você não tem que olhar para os dedos na escala o tempo todo. Também faz com que você tenha um timbre mais suave, uma vez que você pode manter o número de mudanças e de movimentos de mão no mínimo.

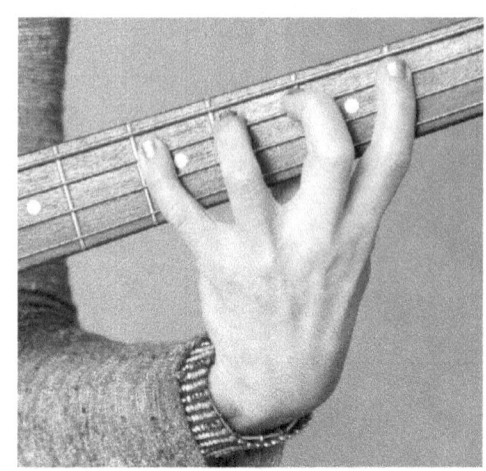

Há momentos em que outra posição de mão faz sentido. Por exemplo, usar 1–4 sobre apenas 3 trastes, esticar-se sobre 5 trastes ou usar diferentes dedos na mesma casa em diferentes cordas. Isso será discutido nos exemplos de suas respectivas ocorrências.

Técnica de boa digitação se origina a partir do pensamento acerca de quais notas vêm a seguir e do posicionamento dos dedos de modo que notas bem executadas estejam em fácil alcance. Você deve manter mudanças a um mínimo, então pense nisso ao escolher a posição de um dedo de início.

3 Intervalos

NOTA: Ainda que diversas escalas e acordes sejam mencionadas nas páginas a seguir, por favor, perceba que este capítulo não visa uma discussão aprofundada da teoria de escala de acordes.

O objetivo deste capítulo é te dar uma compreensão geral destas unidades essenciais de música e como elas são executadas no baixo. É útil saber os intervalos a ponto de você não precisar pensar neles conscientemente — isto fará com que groovar progressões de acordes, improvisar em mudanças de acordes e tocar melodias sejam mais acessíveis. Também melhorará sua técnica e, portanto, seu timbre. Ter um manuseio consistente dos intervalos também é útil ao ler partituras.

Estão inclusos alguns exemplos de grooves a fim de mostrar as aplicações destes sons em uma situação musical. Eles estão notados em partitura e tablatura. Alguns incluem ritmos avançados: estes grooves são opcionais, bem como são as *Ideias bacanas*.

As seções introduzidas com "Avançado" presumem um nível de conhecimento que será abordado mais à frente no livro ou são elaboradas para baixistas avançados. Uma vez que você faça os exercícios, tais seções farão sentido. Elas não são vitais para a compreensão básica de intervalos, então siga em frente caso essas seções ainda não estejam bem claras para você.

FUNDAMENTOS DOS INTERVALOS

BÊ-Á-BÁ

Um intervalo é a distância entre duas notas. A menor distância intervalar é um semitom (uma casa no baixo).

Intervalos podem ser tocados *melodicamente* (um após o outro; uma melodia é feita de intervalos soando em sucessão) ou *harmonicamente* (as duas notas que formam o intervalo soando simultaneamente, criando uma harmonia).

A tabela nesta página lista por semitons todos os intervalos até a oitava. Olhe para a primeira coluna na tabela; ela lista o nome dos intervalos.

Os intervalos vêm em variadas *quantidades* e *qualidades*.

- A quantidade é uma medida geral que te diz quantas notas o intervalo contém.
- A qualidade é uma medida exata que leva em conta o número de semitons.

Nome do intervalo	Número de semitons
Primeira justa	0
Segunda menor	1
Segunda maior	2
Terça menor	3
Terça maior	4
Quarta justa	5
Trítono (Quarta aumentada/Quinta diminuta)	6
Quinta justa	7
Sexta menor	8
Sexta maior	9
Sétima menor	10
Sétima maior	11
Oitava justa	12

INTERVALOS

Quantidades:
- Primeiras, segundas, terças, quartas, quintas, sextas, sétimas e oitavas.

É claro que você também pode levar os intervalos para além da oitava: nonas, décimas etc. Esses são chamados de intervalos *compostos*.

Qualidades:
- Segundas, terças, sextas e sétimas podem ser encontradas como *maior e menor*.
- Primeiras, quartas, quintas e oitavas são sempre *justas*.

Não existe quinta maior ou oitava menor. Não há "terça" sem especificação adicional indicando se é maior ou menor. Entretanto, é correto falar em uma "quinta", "quarta", "oitava" ou "primeira" sem qualquer adição ao nome; o termo "justa" é subentendido com estes intervalos.

Para determinar a ***quantidade*** de um intervalo, conte as notas (se o intervalo contém qualquer sustenido ou bemol como as notas de início ou fim, ignore-o por enquanto) — ao contar as notas, inclua a primeira e a última na sua conta.

Para determinar a ***qualidade*** de um intervalo conte os semitons (agora levando sustenidos e bemóis em consideração).

Aqui está um exemplo começando em uma nota sem o bemol ou sustenido: C–E

Quantidade primeiro:
- Conte notas: C para E = (C=1, D=2, E=3) → Terça

Depois qualidade:
- Conte semitons: C para C♯ (1); C♯–D (2); D–D♯ (3); D♯–E (4); quatro semitons = uma terça *maior*.

Aqui está um exemplo começando em um bemol ou em um sustenido: C♯–E

Quantidade primeiro:
- Conte notas deixando de fora todos os acidentes: C♯–E = (C=1, D=2, E=3) → Terça

Depois qualidade:
- Conte semitons trazendo de volta todos os acidentes: C♯–D (1); D–D♯ (2); D♯–E (3); três semitons = uma terça *menor*.

Esteja ciente dessa diferenciação:

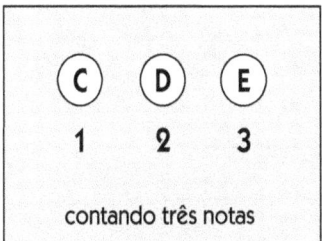

Quando você contar as notas para determinar a **quantidade**, inclua a primeira e a última nota na contagem; entretanto, para encontrar a **qualidade**, deve-se encontrar o número de semitons, portanto, você não deve contar a primeira nota.

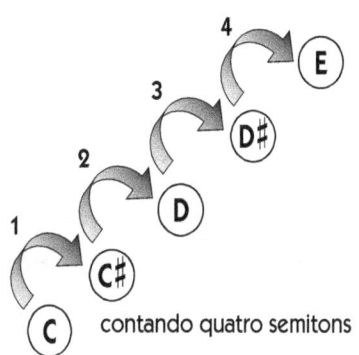

NOTA: Você poderia se perguntar: por que não somente contar os semitons e pronto?

É aconselhável seguir o primeiro passo de contar as notas. Se você deixar de fazer isto, você pode cair um uma armadilha enarmônica e nomear o intervalo incorretamente. Isto se torna especialmente importante dentro de um contexto musical, no qual você pode ouvir um centro tonal claro.

Todos os intervalos podem também ser diminutos ou aumentados:

- Se você adicionar um semitom a um intervalo justo ou maior ele torna-se *aumentado*.
- Se você subtrair um semitom de um intervalo justo ou menor ele torna-se *diminuto*.

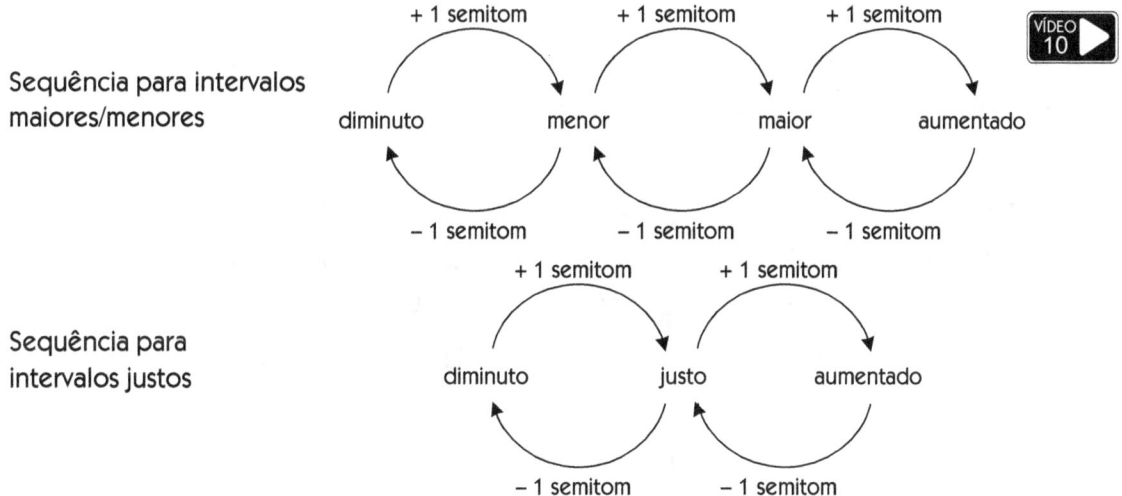

C–F é uma quarta justa. Se você subir a nota da extremidade de cima, você cria uma quarta aumentada: C–F♯.

Você também pode criar uma quarta aumentada abaixando a nota da extremidade de baixo dessa forma: C–F → C♭–F.

NOTA: C♭ é tecnicamente (enarmonicamente) um B. Todavia, o intervalo B–F seria uma quinta diminuta (e não uma quarta aumentada)!

Lembre-se sempre de contar as notas primeiro, ou você poderá cair na armadilha enarmônica!

Por que isso importa? Se você começar a pensar em notas primeiro, você pode muito bem pensar corretamente, enquanto o contrário somente cria mais confusão. O sentido musical de uma quarta aumentada é diferente daquele de uma quinta diminuta, ainda que ambas soem da mesma forma em nosso sistema de afinação.

INTERVALOS

TESTE SUA COMPREENSÃO N.º 3

a) Estas afirmações lhe dizem exatamente o que fazer? (sim ou não?)

Toque uma terça.   ☐ sim   ☐ não   por quê? _____

Toque uma quinta maior acima.   ☐ sim   ☐ não   por quê? _____

Toque uma sexta abaixo.   ☐ sim   ☐ não   por quê? _____

Dê-me uma oitava acima.   ☐ sim   ☐ não   por quê? _____

Toque uma terça maior harmonicamente.   ☐ sim   ☐ não   por quê? _____

Toque uma 5ª acima, depois uma 4ª acima,
   depois uma 2ª acima.   ☐ sim   ☐ não   por quê? _____

Toque esta melodia em oitavas.   ☐ sim   ☐ não   por quê? _____

Você consegue cantar uma harmonia em
   terças comigo?   ☐ sim   ☐ não   por quê? _____

b) Para determinar uma terça maior acima de D, tudo o que você precisa fazer é contar 4 semitons.
   ☐ verdadeiro   ☐ falso

c) Um intervalo menor sempre envolve um bemol.   ☐ verdadeiro   ☐ falso

d) Se você adicionar um bemol à nota mais grave do intervalo, este fica mais longo.
   ☐ verdadeiro   ☐ falso

e) e) Uma terça maior deve ter um sustenido.   ☐ verdadeiro   ☐ falso

f) Se você determinar um intervalo corretamente e adicionar o mesmo acidente a ambas as notas, o intervalo permanece o mesmo.   ☐ verdadeiro   ☐ falso

g) Se você tiver uma terça maior e colocar um bemol em frente a uma das notas, você fica com uma terça menor.   ☐ verdadeiro   ☐ falso

D – F ascendendo _____	D – G descendendo _____	C – D♯ ascendendo _____
D – G ascendendo _____	C – F descendendo _____	C – F♯ descendendo _____
C – F ascendendo _____	E – A descendendo _____	C – G♭ descendendo _____
E – A ascendendo _____	E♭ – A♭ descendendo _____	C – D♯ descendendo _____
E♭ – A♭ ascendendo _____	E♭ – G descendendo _____	C – E♭♭ ascendendo _____
E♭ – G ascendendo _____	E♭ – G♯ descendendo _____	D𝄪 – G♯ ascendendo _____
E♭ – G♯ ascendendo _____	C – F♯ ascendendo _____	
D – F descendendo _____	C – G♭ ascendendo _____	

h) Determine o nome do intervalo (quantidade e qualidade):

i) Por que você precisa usar duas cordas diferentes para tocar um intervalo harmonicamente?

_____

j) Estes nomes de intervalos estão corretos? Marque (com um ✓) os nomes certos.

Segunda menor diminuta ___   Terça aumentada ___   Sétima justa ___
Sexta maior diminuta ___   Quarta aumentada ___   Sétima menor ___
Quinta ___   Terça maior ___
Sexta ___   Quarta maior ___

Atalhos úteis

É fácil errar ao contar semitons. Os atalhos na lista ao fim deste capítulo ajudam você a pensar em intervalos de um modo que também ajudam você a encontrá-los no baixo.

Uma dica sobre treinamento do ouvido

Peça a um amigo que toque intervalos para você e tente identificá-los de ouvido. Use as ajudas de começo de músicas para cada intervalo por ajuda.

Você também pode usar softwares comerciais ou on-line para treinamento de ouvido. Pesquise pelas palavras-chave "praticar intervalos". A seção Recursos deste livro contém algumas recomendações.

Certifique-se de cantar os intervalos!

DICA: Caso você se sinta completamente perdido ao fazer os exercícios de treinamento de ouvido, leve isso em consideração: treinar o ouvido é treinamento de memória. Você deve tornar-se bem habituado a estes sons — só existem doze deles! Dê tempo a você mesmo. Toque-os melodicamente diversas vezes (ascendendo e descendendo), além de harmonicamente (no baixo você precisa usar duas cordas diferentes).

OS FUNDAMENTOS DO TREINAMENTO DE OUVIDO:

1. Soa tenso com um atrito claro entre as notas (chamado dissonância)? Indica algum tipo de segunda (se próximas) ou sétima (distantes).
2. Soa doce e agradável? Tente terças (próximas) e sextas (distantes).
3. Soa aberto, arcaico e forte, reforçando uma à outra, mas não doce demais? Provavelmente quartas e quintas.
4. Soa cheio de tensão, parece *blues*? Indica a quinta diminuta.
5. Parece a mesma nota? Uníssono ou oitava.

Ao afunilar as escolhas de intervalos desse modo e ao ganhar consciência de seus componentes emocionais, você os dominará bem rapidamente.

As páginas seguintes te guiarão por cada intervalo individualmente. Elas descrevem as maneiras mais comuns de digitá-los, de falar sobre seus sons, de usá-los em grooves, abordam ótimos jeitos de se lembrar deles, peculiaridades que os tornam memorizáveis e coisas interessantes a se fazer com eles. O objetivo aqui é que você crie fortes conexões físicas (bons jeitos para se digitar), visuais (diagrama de casas), auditivas e emocionais (som) com cada intervalo.

INTERVALOS

A PRIMEIRA E O UNÍSSONO

Introduzindo a primeira e o uníssono

Uma *primeira* é a mesma nota tocada duas vezes seguidas (melodicamente).

Uníssono refere-se à mesma nota sendo tocada harmonicamente. Como baixistas, nós podemos fazer isso tocando a mesma nota em duas cordas diferentes, tal como um A aberto com a 5ª casa da corda E grave. Outros instrumentos, como metais, precisam de outro instrumento para serem capazes de produzir um som de uníssono.

A primeira é um intervalo justo, então ela ocorre como:

Como é a primeira no baixo

- A mesma nota é tocada duas vezes.

Digitações sugeridas:

- Você pode tocar as duas notas da primeira com o mesmo dedo.

- Em alguns exemplos, faz sentido tocar as duas notas com dedos diferentes, como quando se muda de posição.

Faça o exercício a seguir com um timbre constante e um metrônomo. Toque a mesma nota com os dedos 1, 2, 3, 4. Dedos que não estejam digitando devem ficar pairando acima da corda. Sua mão estará se movendo para a esquerda à medida em que você faz isto

Como primeiras soam

Elas são a mesma nota.

Note que quando você toca uma primeira entre duas cordas, o timbre muda levemente, o que pode ser usado para efeitos interessantes. Experimente e divirta-se!

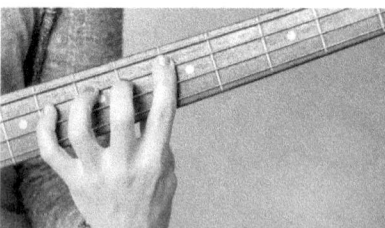
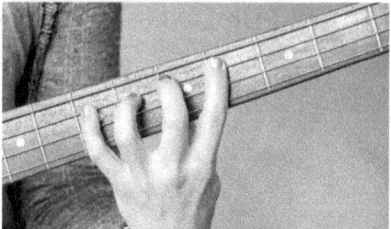
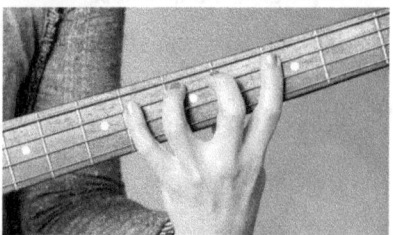
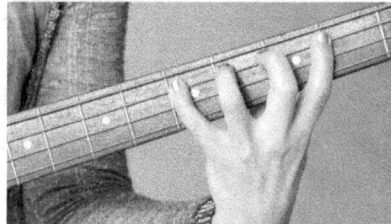

Tocando um D com dedos 1, 2, 3 e 4

Exemplos de grooves

"Bater colcheias" é o coração de vários grooves de rock. Enquanto permanecer na mesma nota pode parecer fácil, é realmente uma arte fazê-las tão iguais e groovadas quanto possível. Recorra à seção sobre técnica para dicas de como atingir isto.

Um típico groove de rock construído a partir de colcheias.

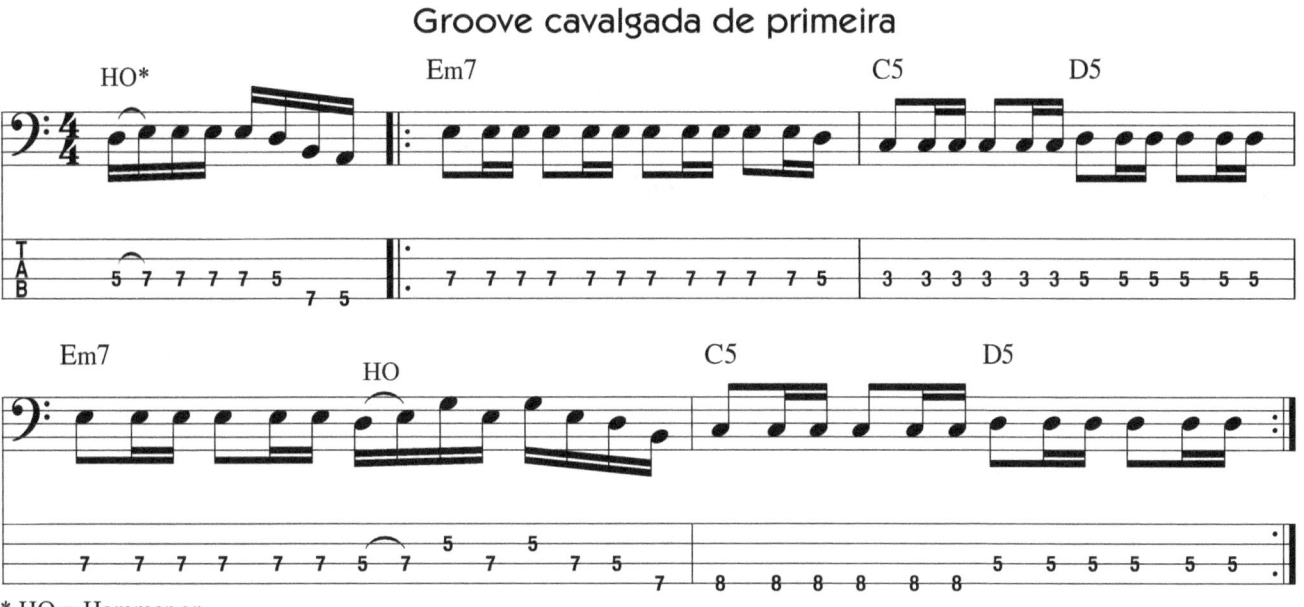

* HO = Hammer on

O groove acima usa primeiras em ritmo de um cavalo cavalgando.

Ideias bacanas

Experimente tocar uma nota repetidamente com um metrônomo, mas abafando o som ao não apertar a corda toda para baixo sobre os trastes em certos acentos. Estas notas abafadas são chamadas de notas mortas. Tente colocar a nota morta a cada dois tempos. Misture de acordo com o seu gosto.

Intervalos

Exercícios

1. Toque qualquer nota no baixo depois cante a mesma nota.
2. Toque e cante a mesma nota em uníssono com o seu baixo. Dependendo de sua extensão vocal, você pode ter que começar a tocar notas começando da 2ª ou 3ª oitavas no baixo.

A SEGUNDA

Introduzindo segundas

Há dois tipos de segundas:

- Segundas menores, que são iguais a um semitom.
- Segundas maiores, que são iguais a dois semitons ou um tom.

Como é a segunda no baixo e digitações sugeridas

Segunda menor em uma corda

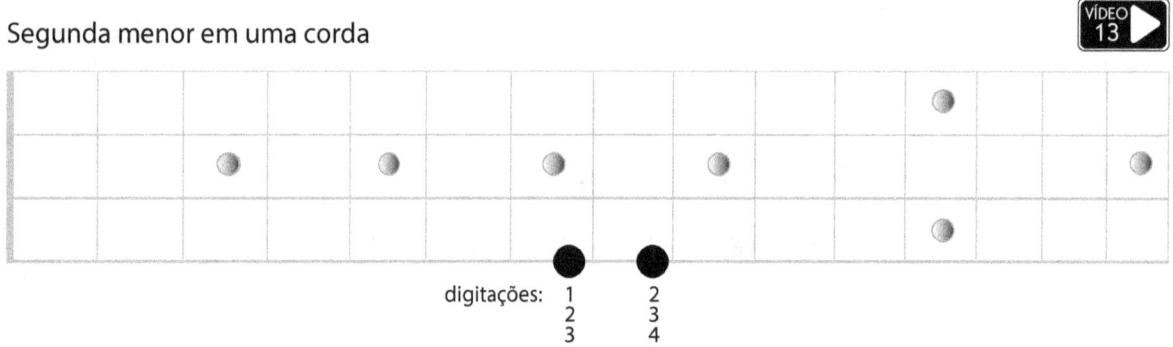

Digitação de segunda menor na mesma corda. Treine as três digitações possíveis: 1–2, 2–3, 3–4.

Segunda menor em duas cordas

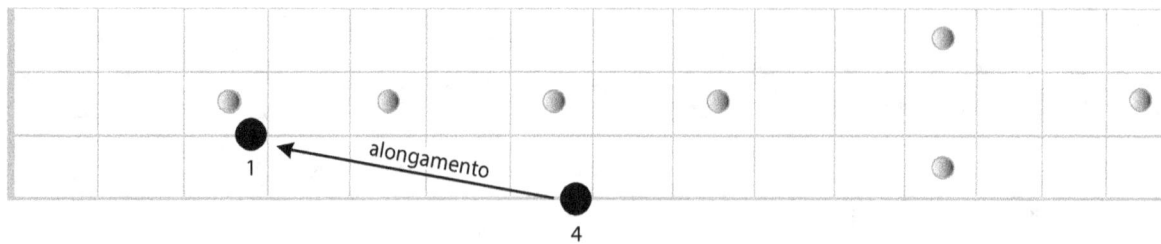

Entre duas cordas, a segunda menor só pode ser alcançada por meio de um alongamento por cima de uma casa ou fazendo uma pequena mudança. Digitando 4–(alongamento)–1 ou 4–(mudança)–1.

Segunda maior em uma corda

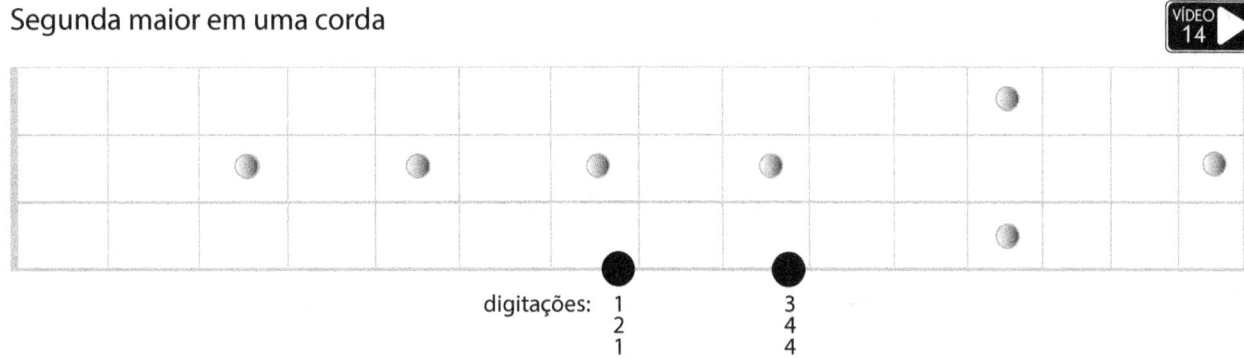

Digitação de segunda maior na mesma corda. Treine essas digitações: 1–3, 2–4. Também treine 1–4 (você tem que tornar sua mão um pouco menor para isto e deixar de lado a regra de um dedo por casa. A digitação 1–4 lhe permite mudar suavemente. Isto é parte de um movimento que eu chamo de "o caranguejo".

Segunda maior em duas cordas

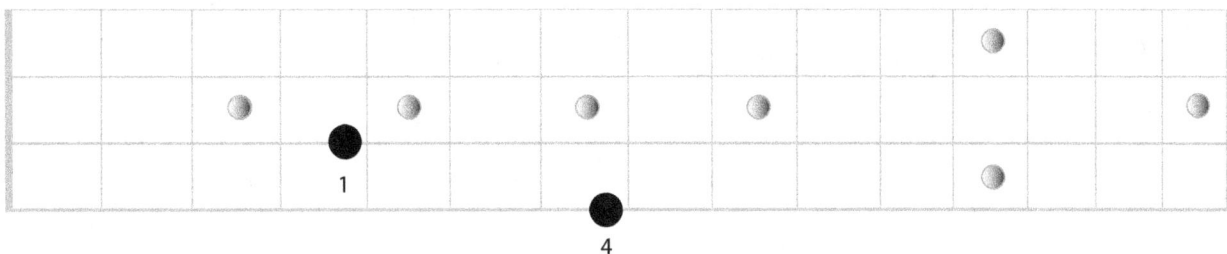

Entre duas cordas, a segunda maior é digitada 4–1 na posição de um dedo por casa.

Como segundas soam

HARMONICAMENTE:

Uma segunda menor tocada *harmonicamente* soa bem tensa e fortemente dissonante. As notas parecem atritar uma com a outra.

Uma segunda maior tocada harmonicamente ainda soa tensa, mas menos apertada que a segunda menor. Há um pouco mais de abertura na relação.

MELODICAMENTE

Tocada *melodicamente*, uma segunda menor soa como o fim de uma escala maior, de Si para Dó (Dó–Ré–Mi–Fá–Sol–Lá–**Si–Dó**).

Uma segunda menor terá muita tensão. Ela quer resolver. Outra maneira de expressar essa ideia é dizer que ela tem muita energia. Uma segunda maior tem uma tensão muito mais suave. Ainda quer mexer, mas menos intensamente. Tem um sutil movimento de passo à frente.

Especialmente em regiões graves, uma segunda menor ascendente soa como o tema do filme Tubarão, passando tensão de maneira eficaz. A famosa peça de piano de Beethoven "Für Elise" começa com segundas menores descendentes e ascendentes.

Melodicamente, uma segunda maior soa como o começo de uma escala maior (Dó–Ré).

INTERVALOS

A canção "Parabéns a você" apresenta (a partir da nota repetida de *Pa-ra*) uma segunda maior ascendente seguida por uma segunda maior descendente.

Exemplos de grooves

Groove de segunda menor

Groove de segunda maior

Vários grooves de rock utilizam *hammer-ons* menores e maiores como variações para o bater colcheias.

Linhas de *walking bass* geralmente movem-se por segundas menores e maiores (isso é chamado *movimento de andar*) para criar linhas suaves.

Exercícios

- Cante segundas maiores e menores ascendentes e descendentes.
- Toque uma pequena sequência lenta (segunda maior ou menor subindo, depois descendo) e ouça o som.
- Toque qualquer groove que você conheça e adicione um semitom ou tom acima ou abaixo das notas originais para gerar variação. Experimente qual movimento de andar soa melhor no contexto da sua música.

O que acontece se você tocar segundas menores ou maiores em sucessão?

- Semitons em sucessão = *escala cromática*
- Tons em sucessão = *escala hexafônica*
- Alternando tons e semitons = *escala diminuta ou escala dominante diminuta* (dependendo do ponto de início)

Uma escala é uma maneira de organizar o material de notas para uma canção ou melodia

Essas escalas são chamadas escalas *simétricas* porque elas são formadas pelo(s) mesmo(s) intervalo(s) em sucessão, repetidos dentro da oitava de modo que eles não tenham começo nem fim. Isso significa que não há nota que alguém possa perceber como "lar" ou a tônica. Em vez disso, cada nota tem peso igual. É inteiramente possível misturar sustenidos e bemóis dentro destas escalas. Vá pela notação de mais fácil leitura ao escolher os acidentes.

Escala cromática

- Tocar todos os semitons em sucessão produz uma escala *cromática*.

Dica: Semitons, quartas e quintas são os únicos intervalos que irão atingir todas as doze notas por meio da repetição destes (veja o capítulo 8 sobre o ciclo de quintas)

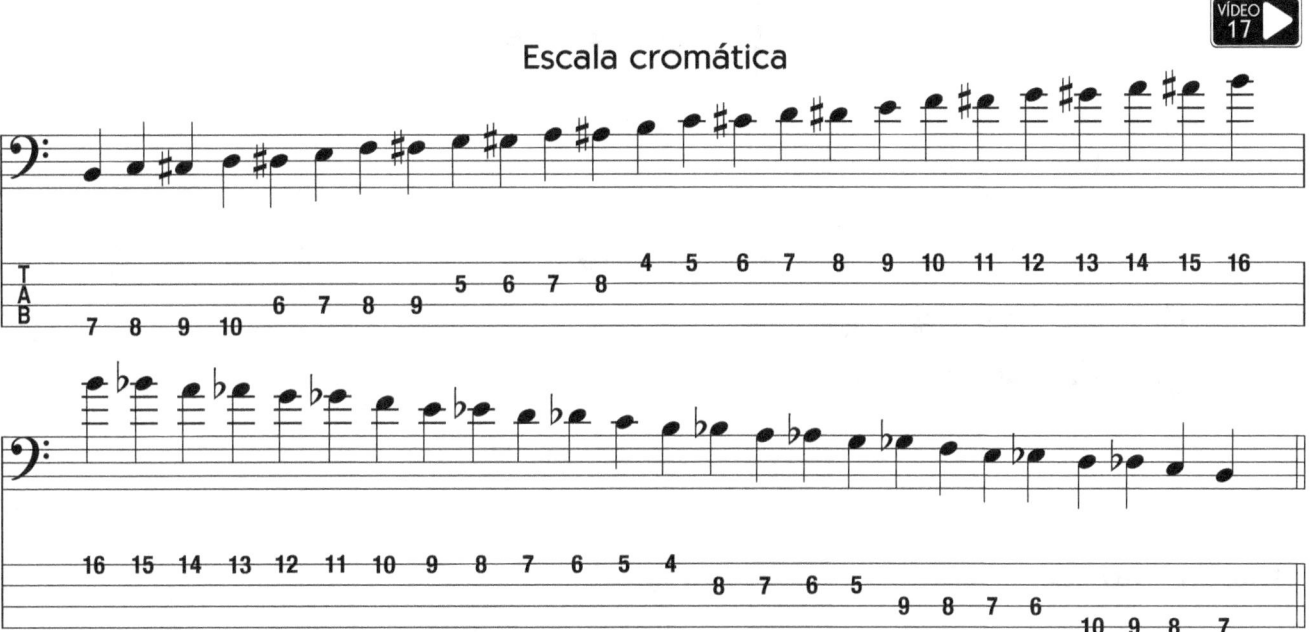

Avançado: Cromatismo adiciona cores legais às linhas de baixo. "Notas de aproximação" são usadas para criar um efeito de alívio de tensão ao chegar a um destino ou para apontar para sua nota-alvo. Elas também fazem uma linha de baixo ter uma direção específica. Notas de aproximação usam cromatismo com frequência.

No exemplo acima de uma progressão de acordes de F7–Bb7, duas ou três notas se aproximam da próxima fundamental cromaticamente. No primeiro compasso, três notas se aproximam do tempo "1" do compasso seguinte cromaticamente por baixo. No segundo compasso, os tempos 3 e 4 são aproximações cromáticas de cima para a próxima fundamental. Os próximos dois compassos demonstram uma figura geralmente chamada de *enclosure*: uma nota cromaticamente de cima e uma nota cromaticamente de baixo circundam a próxima nota-alvo.

INTERVALOS

Estes próximos diagramas mostram as digitações sugeridas para a escala cromática. Números pretos aplicam-se à escala ascendente, cinzas à escala descendente. As setas apontam para mudanças de mão esquerda que são feitas a fim de evitar mudanças com o mesmo dedo mais tarde.

preto = ascendente
cinza = descendente

Sugestão de digitação da escala cromática 1

Sugestão de digitação da escala cromática 2

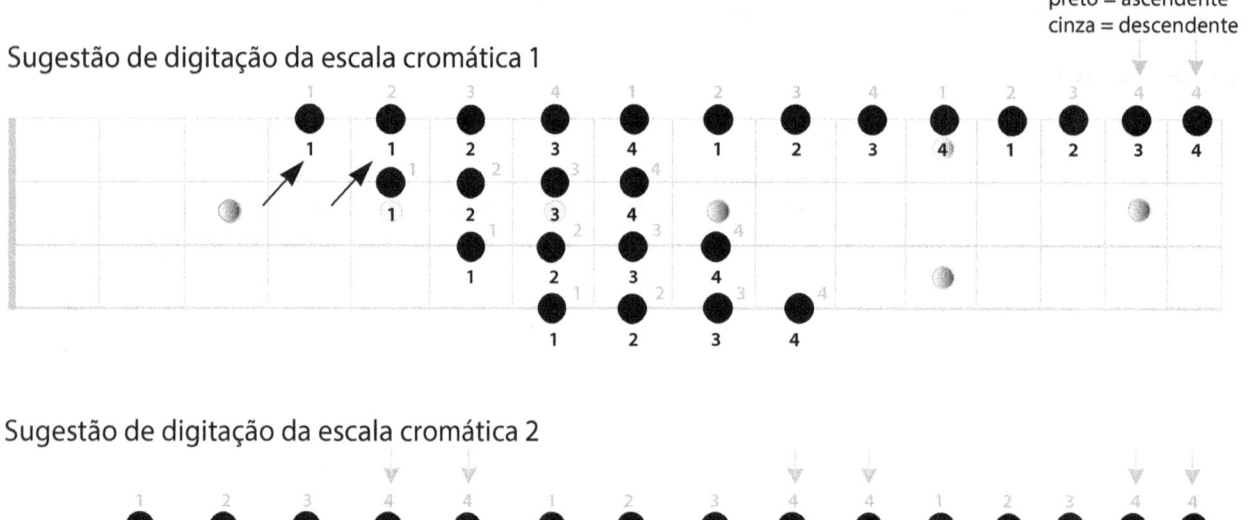

Escala hexafônica

Tocar somente segundas maiores em sucessão produz uma escala hexafônica. Assim como a escala cromática, é uma escala simétrica. Há somente duas escalas "de tons inteiros", cada uma contemplando 6 das 12 notas — daí hexafônicas. Cada uma dessas seis notas poderia ser a nota de início.

Duas escalas hexafônicas

Escala hexafônica de E (contém as mesmas notas que as escalas de tom inteiro de F#, G#, A#, C, e D):

Escala hexafônica de G (contém as mesmas notas que as escalas tonais de A, B, D♭, E♭, e F):

Sugestões de digitação para as duas escalas hexafônicas

preto = ascendente
cinza = descendente
seta = mudança ou alongamento

1. Escala hexafônica E–F#–G#–A#–C–D começando em E

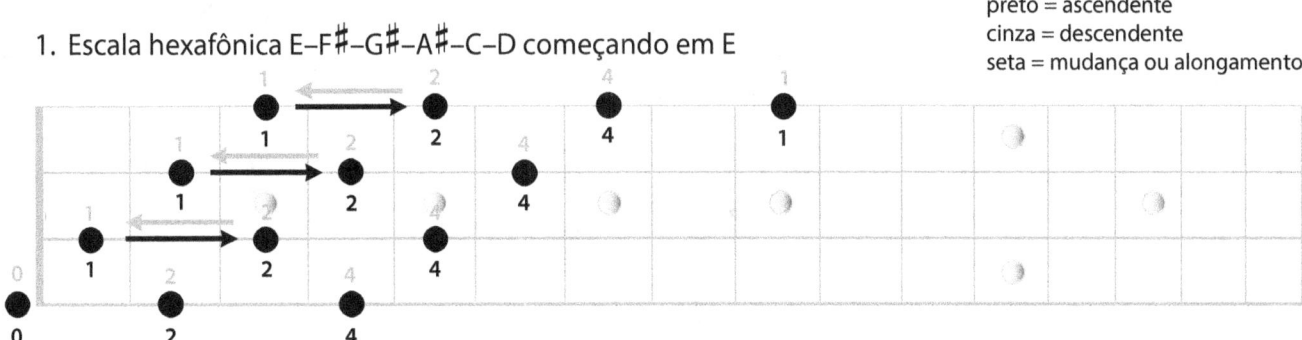

2. Escala hexafônica G–A–B–Db–Eb começando em G

Escalas hexafônicas no piano

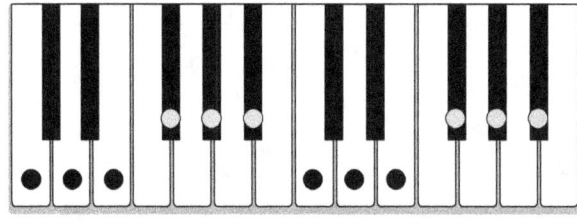

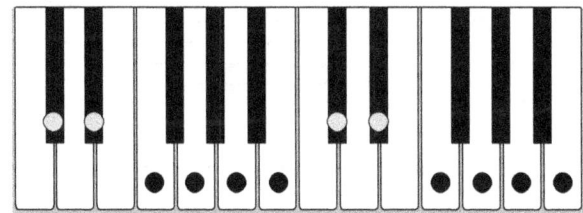

No piano, as duas escalas hexafônicas diferentes são de fácil visualização: ou as duas teclas pretas são seguidas pelas quatro brancas, ou o grupo de três teclas pretas é seguido pelas três teclas brancas.

Ouça a escala hexafônica na introdução de piano da música "You Are the Sunshine of My Life", de Stevie Wonder. Ele move o intervalo da terça maior na escala hexafônica para criar uma introdução inspiradora.

O som da escala hexafônica é aberto e misterioso — ocorre uma tensão prolongada interessante.

A ESCALA DIMINUTA E A ESCALA DOMINANTE DIMINUTA

- **Escala diminuta:** A escala diminuta é outra escala simétrica composta por uma sucessão de segundas maiores e segundas menores alternantes. Isso torna essa escala simétrica por uma terça menor, o que significa que você pode transpor (mudar para cima ou para baixo) cada *lick* em terças menores e permanecer dentro da escala. Há três escalas diminutas diferentes, cada uma contendo quatro fundamentais possíveis. Em outras palavras, as escalas diminutas de E, G, Bb, e Db contêm as mesmas notas, assim como as de F, Ab, B, e D, e as escalas diminutas de C, Eb, F#, e A.

INTERVALOS

As três escalas diminutas

Escala diminuta de E (contém as mesmas notas que as escalas diminutas de G, B♭, e D♭):

Escala diminuta de F (contém as mesmas notas que as escalas diminutas de A♭, B, e D):

Escala diminuta de F♯ (contém as mesmas notas que as escalas diminutas de A, C, e E♭):

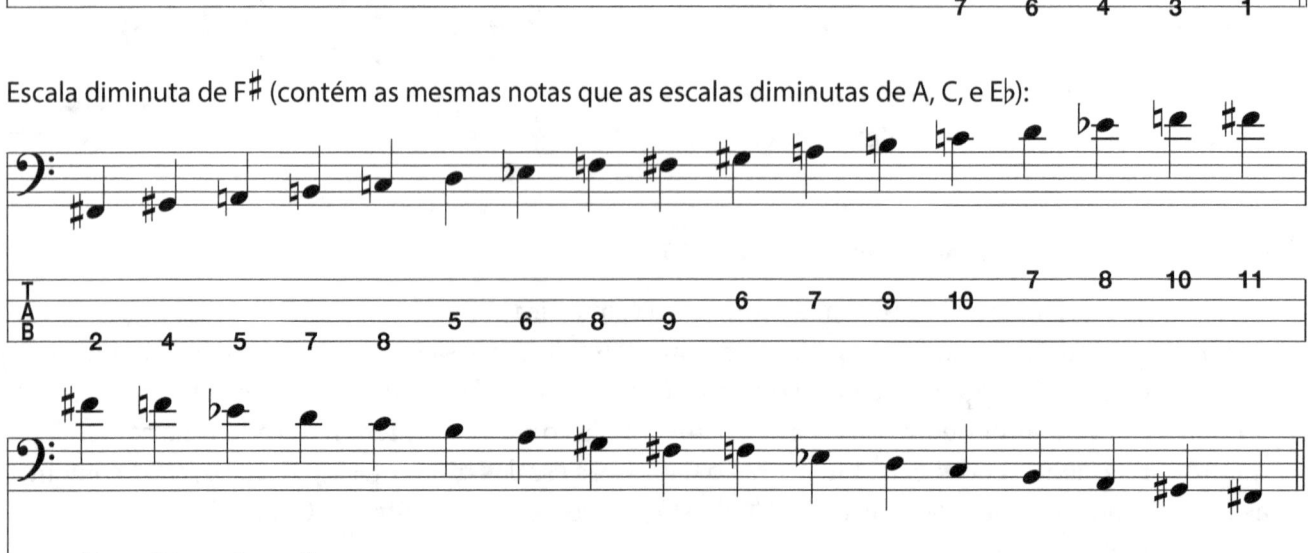

CAPÍTULO 3

Digitando uma escala diminuta

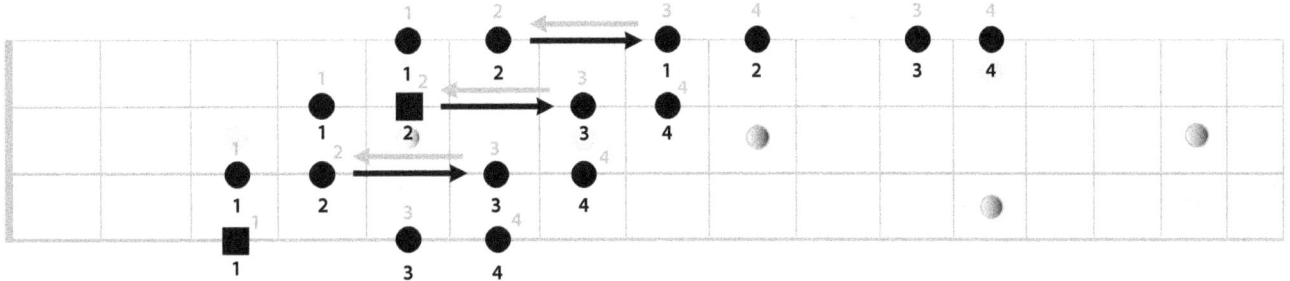

- **Escala dominante diminuta:** A escala dominante diminuta começa com um semitom. Também simétrica por uma terça menor, existem três diferentes escalas dominantes diminutas, cada uma contendo quatro diferentes fundamentais possíveis. Em outras palavras, as escalas dominantes diminutas de E, G, B♭, e D♭ contêm as mesmas notas, assim como as de F, A♭, B, e D e as de F♯, A, C e E♭.

As três escalas dominantes diminutas

Escala dominante diminuta de E (contém as mesmas notas que as escalas dominantes diminutas de G, B♭, e D♭):

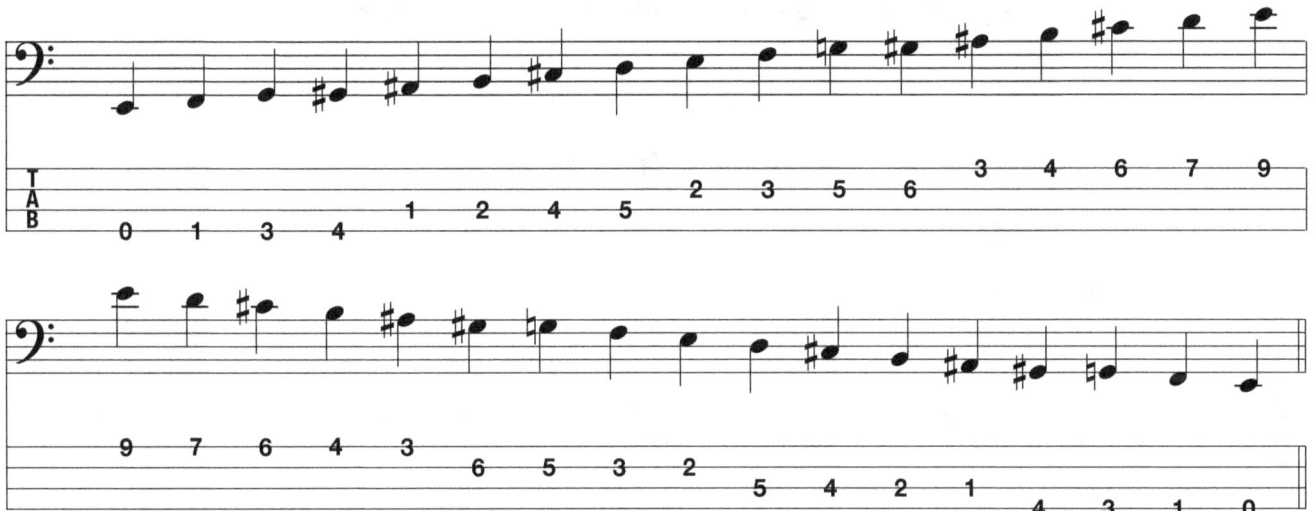

Escala dominante diminuta de F (contém as mesmas notas que as escalas dominantes diminutas de A♭, B, e D):

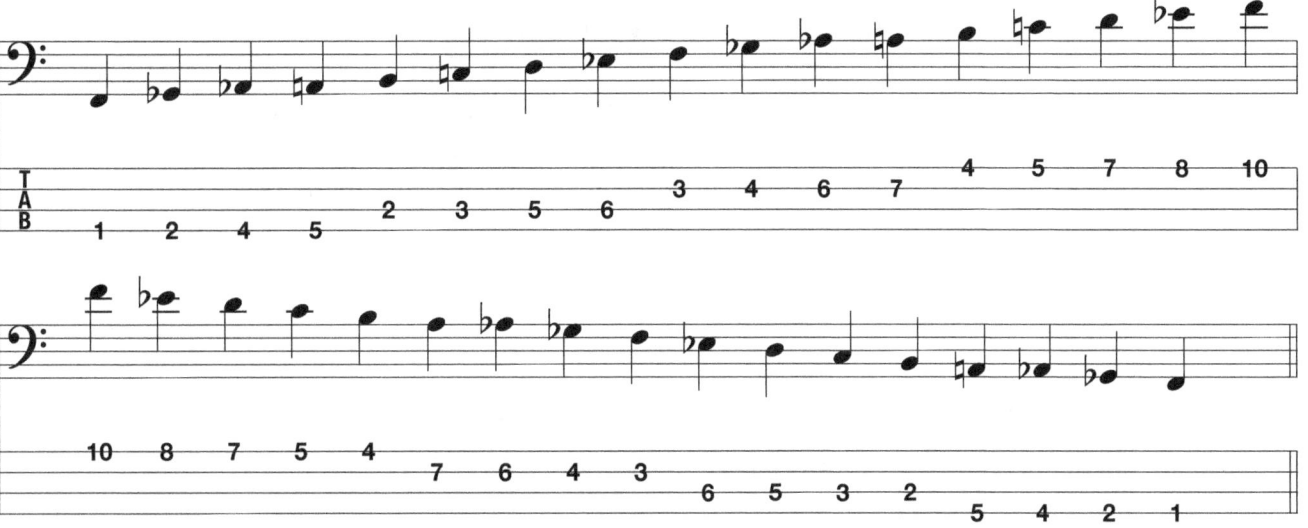

INTERVALOS

Escala dominante diminuta de F# (contém as mesmas notas que as escalas dominantes diminutas de A, C, e E♭):

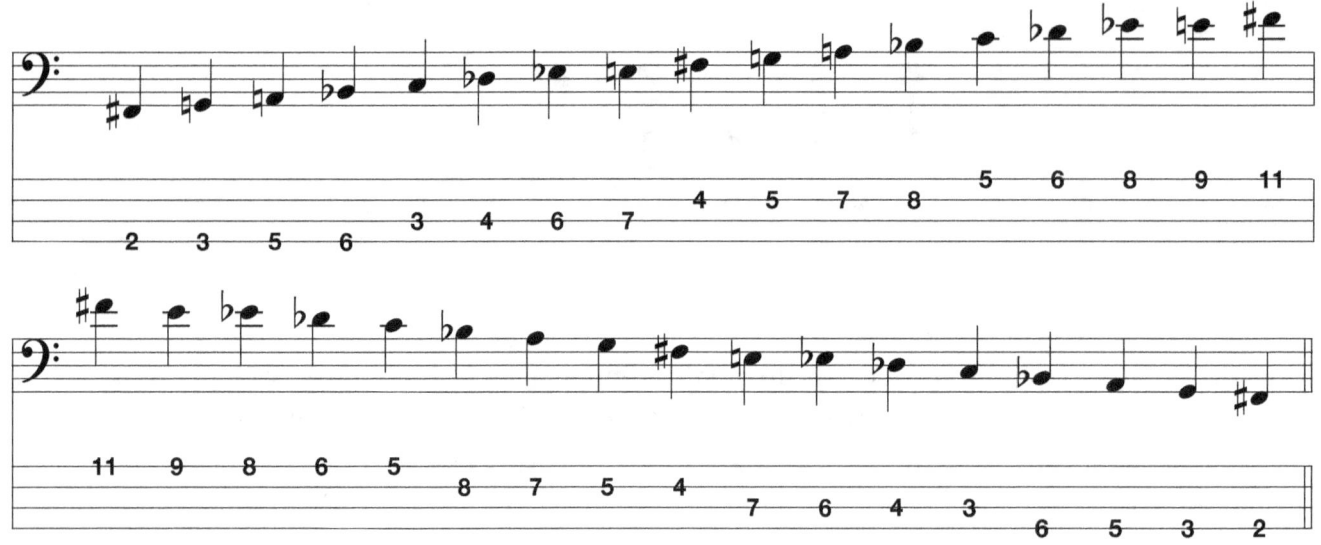

Digitando uma escala dominante diminuta

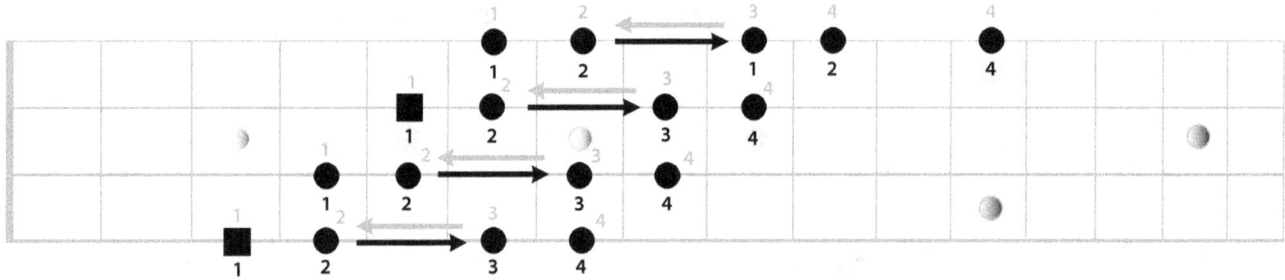

É divertido brincar com estas escalas simétricas porque elas contêm formas (como tríades — vide capítulo 5) que você pode mover pelo intervalo no qual elas são simétricas. Isso cria alguns *licks* interessantes e algumas ideias de ótima sonoridade para solos e grooves.

Resumo

Segundas são os tijolos para se construir escalas: escalas maiores, menores, *blues*, *bebop* e muitas outras utilizam segundas maiores e menores em diferentes combinações. Segundas criam o efeito de uma sucessão ou direção do andar, ao contrário dos saltos ou avanços que intervalos maiores criam. A segunda menor é bem tensa, então procure-a em momentos assustadores em filmes e outras situações musicais nas quais busca-se tensão (tais como uma resolução para a fundamental).

A TERÇA

Introduzindo terças

- Uma *terça menor* é composta de três semitons (ou um tom e um semitom).
- Uma *terça maior* é composta de quatro semitons (dois tons).

Capítulo 3

Como são as terças no baixo e digitações sugeridas

Terças menores:

Terças maiores:

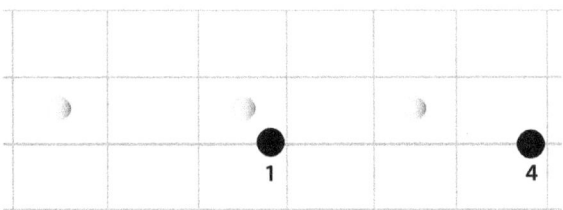
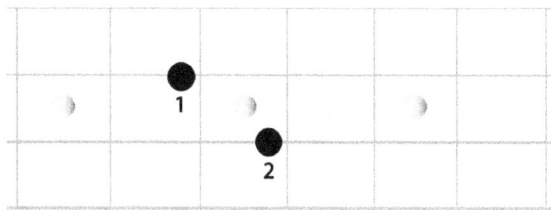

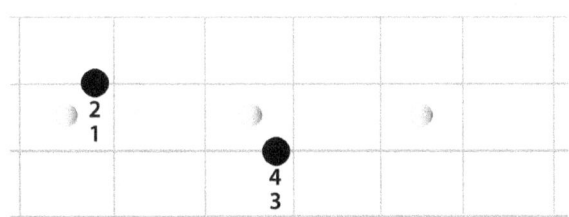
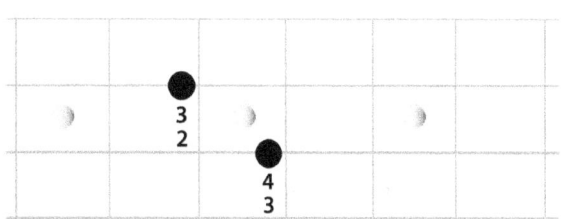

A terça maior não pode ser digitada na mesma corda sem alongamento. Isso não significa que digitações com alongamentos são ruins. Por exemplo, uma delas foi usada anteriormente na digitação da escala hexafônica, então tem sim suas utilidades. Entretanto, para fins de consistência e treinamento de padrões, eu recomendo usar a abordagem de um dedo por casa.

NOTA: O intervalo da corda aberta até a primeira marcação (geralmente a 3ª casa) é uma terça menor.

Maior e *menor* são uma referência não somente para escalas, mas também para acordes e tons. As terças maior e menor têm uma profunda diferença em qualidade de som. A terça define o aspecto principal de vários acordes e escalas. É geralmente parte do nome de um acorde ou escala, tais como a escala maior de C ou o símbolo do acorde F#m.

Lembre-se que sempre que um acorde ou escala é *maior*, ele contém uma terça maior, portanto, é prático começar com o *segundo dedo* na escala do instrumento para que você possa acessar a terça maior com seu dedo um.

Sempre que um acorde ou escala for *menor*, comece com o *primeiro dedo* na escala do instrumento para que você possa tocar a terça menor com o quarto dedo na mesma corda.

Você pode acessar *ambas* as terças *maior e menor* a partir do *quarto dedo* usando duas cordas para criar os intervalos.

Como as terças soam

Harmonicamente

Terças soam harmoniosas e bonitas. Elas são intervalos *consonantes* e têm um aspecto de descanso nelas (lar ou tônica).

Você pode distinguir entre terças maiores e menores buscando ouvir um "clichê sônico":

Terças maiores soam alegres

Terças menores soam tristes

Intervalos

Melodicamente:

Terça menor ascendendo: "Alone Together" (composta por Arthur Schwartz)

Terça menor descendendo: "Hey Jude" (The Beatles)

Terça maior ascendendo: "Morning Has Broken" (Cat Stevens)

Terça maior descendendo: "Summertime" (George Gershwin)

Exercícios

Cante terças maiores e menores ascendentes e descendentes a partir de notas aleatórias que você tocar no baixo.

Exemplos de grooves

Diversos grooves são compostos por tríades, as quais são conjuntos de três notas constituídas por duas terças tocadas em sequência. Veja o capítulo 5 sobre tríades para maiores detalhes.

Exemplos de grooves de terças maior e menor

Groove construído em terças menores (com a exceção dos últimos dois tempos do 2º compasso):

Mesmo groove construído em terças maiores:

Mnemônico

> **Regra de digitação para várias escalas e acordes comuns**
>
> A maioria das escalas e acordes maiores: comece com 2 ou 4.
>
> A maioria das escalas e acordes menores: comece com 1 ou 4 (ou 3).

CAPÍTULO 3

O que acontece se você tocar terças menores ou maiores em sucessão?

Terças menores: Ao tocar terças menores consecutivamente, você cria o som de um acorde diminuto (mais sobre isso posteriormente). Após quatro notas, você atinge a nota com a qual começou em uma oitava acima. Isto cria um divertido padrão simétrico no baixo que lembra o movimento lateral de um caranguejo.

Lembre-se de que "o caranguejo" é um jeito bem econômico de digitar tais mudanças.

Depois de acumular quatro terças menores, você chega na nota de início, uma oitava acima.

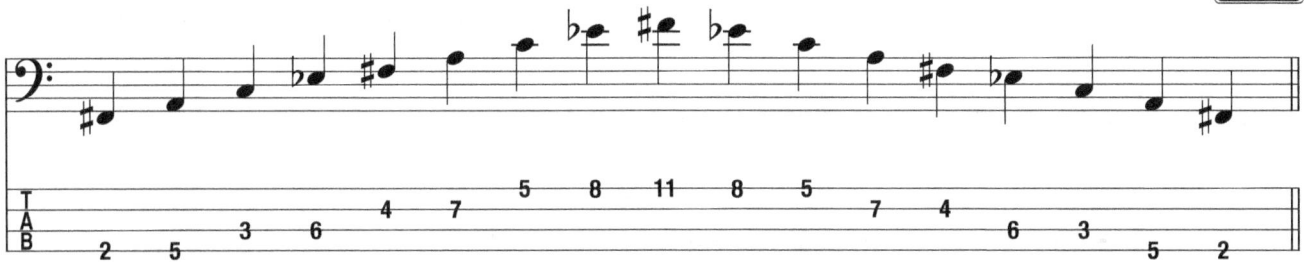

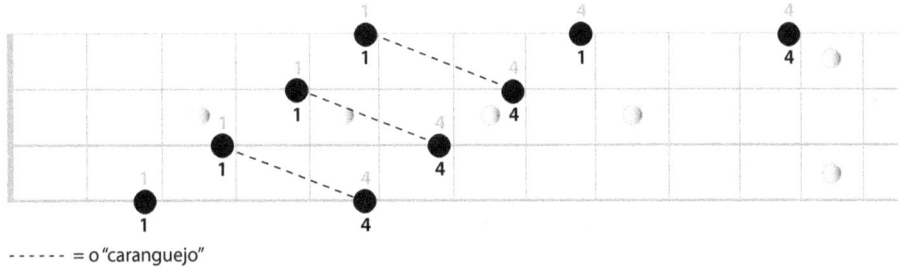

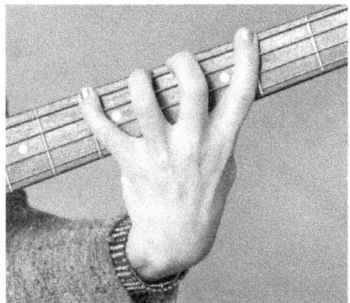

Posição inicial (dedos 1 e 4)

Essa digitação econômica permite que se mude a posição da mão um semitom acima ou abaixo ao, temporariamente, tornar a mão menor (digitação de 1–4, mas somente abrangendo 3 casas) para, então, alongá-la de volta para um dedo por casa. Como mostrados nessas fotos, o caranguejo se move para a direita.

Tornando a área da mão menor (para cobrir somente três casas)

Alongando a mão de volta para um dedo por casa na próxima corda

Intervalos

Terças maiores: se você tocar as terças maiores em sucessão, você estará delineando um acorde aumentado (veja posteriormente). Após três notas, você chega à nota inicial uma oitava acima.

Após acumular três terças maiores, você chega à nota inicial novamente.

Terças maiores em sucessão na escala do instrumento:

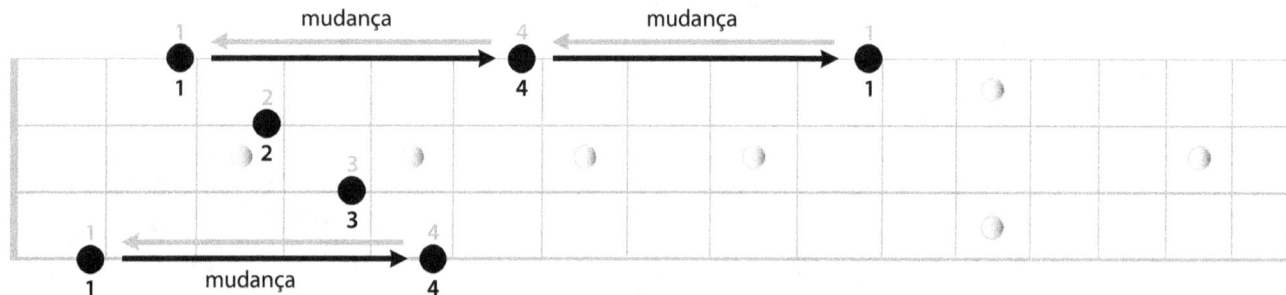

Ao repetir terças *menores*, você atinge a nota inicial após quatro terças menores, criando três sequências únicas:

A–C–E♭–F♯–A

B♭–D♭–E–G–B♭

B–D–F–A♭–B

Ao repetir terças *maiores*, você atinge a nota inicial após três terças maiores, criando quatro sequências únicas:

A–C♯–F–A

B♭–D–F♯–B♭

B–D♯–G–B

C–E–G♯–C

Resumo

Segundas são os principais elementos de escalas; terças são os principais elementos de tríades e acordes com mais de três notas.

Lembre-se disso sobre tríades:

> **Regra de digitação (aplica-se ao intervalo da terça bem como a escalas e acordes):**
>
> Se é maior: comece com 2 ou 4.
>
> Se é menor: comece com 1 ou 4.

CAPÍTULO 3

A QUARTA

Introduzindo quartas

- Uma quarta compreende 5 semitons.
- Uma quarta não tem uma qualidade de maior ou menor, é chamada de quarta *justa*.
- Se você a subir em um semitom, é chamada de uma *quarta aumentada*.
- Se você a abaixar em um semitom, é chamada de uma *quarta diminuta*.

Como são as quartas no baixo e digitações sugeridas

Praticar atravessamento de cordas com cada dedo da mão esquerda é um ótimo exercício. Veja exercícios de atravessamento de cordas na seção sobre técnica para algumas ideias.

Para uma abordagem sistemática, usar o mesmo dedo da mão esquerda em cada casa é crucial (como mostra esse diagrama).

Ao tocar quartas como "paradas duplas" (isto é, tocando as duas notas ao mesmo tempo), por vezes, faz sentido usar dois dedos diferentes na mesma casa:

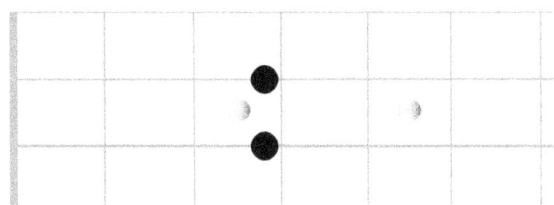

Digitação: 1 – 1
2 – 2
3 – 3
4 – 4

A quarta: mesma casa, uma corda acima.

Um jeito de tocar uma parada dupla de uma quarta usando um dedo.

Tocando uma parada dupla de uma quarta usando dois dedos diferentes.

NOTA: Começando em uma corda aberta, a quarta está na 2ª marcação, que é a 5ª casa.

Mnemônico

A quarta — mesma casa, corda seguinte.

INTERVALOS

Exemplos de Groove

Confira o groove de baixo de "Addicted to Love", de Robert Palmer. É um groove bem empolgante que começa com uma quarta ascendente.

Como quartas soam

HARMONICAMENTE

Todos os intervalos que não têm qualidades de maior ou menor (justa, oitava, quarta e quinta) soam abertos, descompromissados ou arcaicos. Quando tocada harmonicamente, a quarta é o intervalo que soa mais desagradável entre eles. Um acorde sus4 (um acorde "suspenso") é um em que a terça [menor ou maior] é omitida e substituída pela quarta justa. Acordes sus4 soam bem instáveis e, portanto, querem resolver ou continuar movendo-se. Na música clássica, acordes sus geralmente ocorrem como parte de cadências, as quais marcam o fim de um segmento musical. Você pode pensar no som da palavra *amen* (do inglês) em alguns estilos de música religiosa.

MELODICAMENTE

- Ascendente: "Here Comes the Bride", "Amazing Grace"
- Descendente: "O Come, All Ye Faithful"

Se as fundamentais de um acorde (progressão de acorde) se movem por uma quinta descendente (ou sua inversão, uma quarta ascendente), há um grande senso de resolução. Isso se dá porque, ao resolver um acorde dominante para a tônica, o movimento da fundamental é o de uma quinta descendente.

A quarta é o primeiro intervalo que é considerado um salto (um tanto quanto) grande em uma melodia. Quanto maior o salto, maior a quantidade de energia implicada e, portanto, emoção. A quarta (juntamente com a quinta) poderia ser considerado um intervalo forte, heroico ou épico.

Exercícios

- Pratique tocar quartas com cada dedo da mão esquerda, tocando por todas as quatro cordas, ou somente entre duas cordas, indo e voltando. Toque-as emendadas (legato). Pular de corda em corda na mesma casa de forma limpa não é fácil a princípio. Confira a seção sobre técnica para mais ajuda, se necessário.
- Cante quartas subindo e descendo a partir de notas aleatórias que você tocar no baixo.

Capítulo 3

O que acontece se você tocar quartas em sucessão?

Você pode tocar quartas justas repetidamente e você irá eventualmente retornar à sua nota inicial, tendo tocado todas as 12 notas. Você está essencialmente tocando o ciclo de quintas em sentido anti-horário (vide capítulo 8). No baixo, você pode fazer isto caso você pule a oitava algumas vezes, porque você não tem a extensão para continuar subindo por todas as 12 notas. Veja o exemplo abaixo sobre como fazer isto.

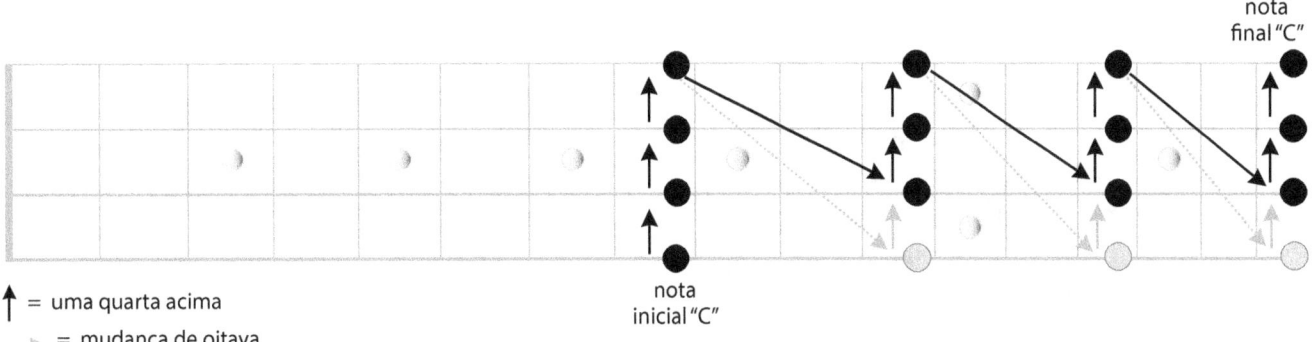

Tocar quartas usando três mudanças de oitavas no quatro cordas:

- *Siga a direção da seta ao tocar a sequência acima.*
- *Siga as setas/notas cinzas para entender a mudança de oitavas.*

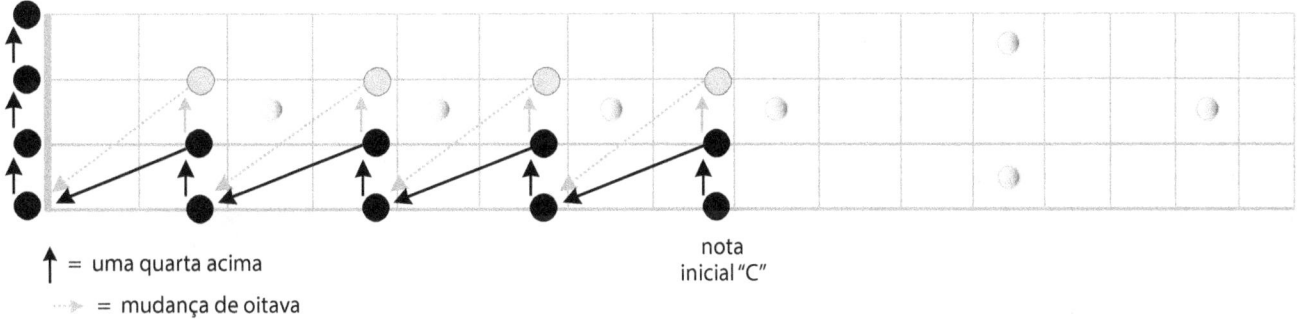

Outra maneira de se tocar quartas em sucessão:

- *Siga a direção da seta ao tocar a sequência acima.*
- *Siga as setas/notas cinzas para entender a mudança de oitavas.*

Pratique o reconhecimento de quartas. Fundamentais geralmente tendem a mover-se em quintas descendentes (ou quartas ascendentes) na música — é um movimento de fundamental bem marcante que sugere liberação ou tensão. Saber o som de quartas e encontrá-las em sucessão é uma habilidade essencial. Estude as figuras acima e não deixe de elaborar suas próprias maneiras de repetir quartas incessantemente. Programe um metrônomo e diga o nome das notas em voz alta à medida que pratica.

INTERVALOS

A QUINTA

Introduzindo quintas

- Uma quinta é composta de sete semitons.
- A quinta é a melhor amiga do baixista. O intervalo é facilmente acessível a iniciantes, e muitos grooves utilizam quintas

Como são as quintas no baixo e digitações sugeridas

Ótima maneira de digitar uma quinta no baixo: um "dois por um" — duas casas acima, uma corda a seguir.

Pratique a digitação com os dedos 1 e 3, bem como com os dedos 2 e 4.

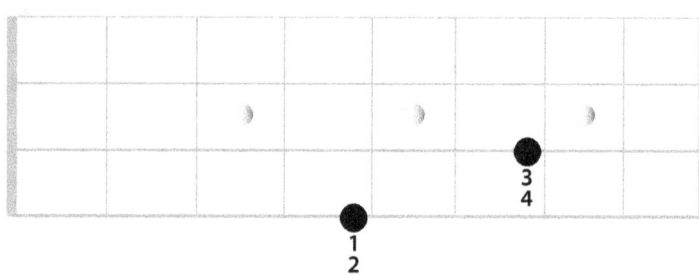

Em algumas situações, você pode se pegar querendo usar o primeiro e quarto dedos — esta digitação funciona bem para grooves repetitivos no registro grave. Para fins de consistência, atenha-se à abordagem de um dedo por casa (1–3 e 2–4 somente).

Essa maneira de digitar a quinta abrange três cordas. A digitação é 4–1.

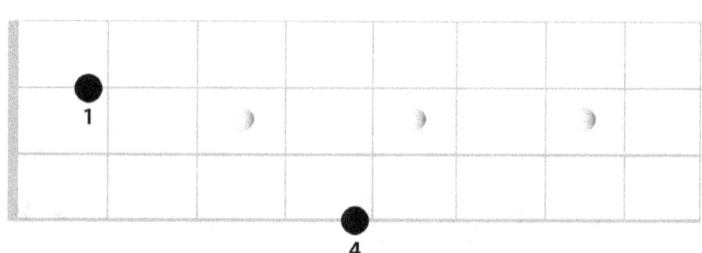

NOTA: Da corda solta até a 3ª marcação é uma quinta justa.

Mnemônico

Esse é um conceito muito útil para iniciantes: uma quinta é um "2×1": duas casas acima, uma corda a seguir.

Como quintas soam

HARMONICAMENTE

Tocadas harmonicamente, quintas soam "abertas e fortes". Elas soam como a fundamental com algum peso adicionado ou completude. Portanto, são usadas no rock no qual vários riffs são construídos usando sucessões de quintas harmônicas, os chamados *power chords*. Eles também soam bem no baixo, e podem até ser tocados nas regiões graves sem que soem muito lamacentos

MELODICAMENTE

- Ascendente: "Brilha, brilha, estrelinha"
- Descendente: tema de "Os Flintstones" (Hoyt Curtin)

Capítulo 3

Exercícios

- Escolha notas aleatórias no baixo e toque quintas usando as duas digitações possíveis. Também toque quintas ao mover-se em sete casas acima na mesma corda. As marcações na escala do instrumento te ajudarão a localizar rapidamente o número de casa correto.
- Cante quintas subindo e descendo a partir de notas aleatórias que você tocar no baixo.

Exemplos de grooves

A quinta é um dos intervalos mais importantes nos grooves de baixo. Country, bluegrass, estilos latinos, pop, baladas e outros estilos empregam quintas amplamente. Geralmente, o groove de baixo move-se por entre a fundamental do acorde e a quinta em vários ritmos e combinações. Isso adiciona movimento à linha de baixo sem alterar o contexto harmônico. A quinta é um sobretom, significando que mesmo que você toque apenas uma nota única o som da quinta estará embutido naquela nota (só que muito mais suave e uma oitava acima). O que é relevante aqui é que tocar a quinta é uma maneira de variar o som de um acorde sem entrar na frente do que mais quer que esteja acontecendo sonoramente.

Confira o fim deste capítulo ("Inversões de intervalos") para mais maneiras de usar o som da quinta.

DICA: Fique atento para acordes que têm um ♭5, dim, diminuto, °, ou ⌀ após a letra da cifra. Esses símbolos se referem à quinta sendo diminuta; portanto, uma quinta justa tocada com uma quinta diminuta em outra fonte qualquer (piano, guitarra, melodia...) conflitariam.

INTERVALOS

Ideia bacana

Experimente usar quintas como paradas duplas (*power chords*) e toque *riffs* no estilo de guitarra. Eles são amplamente usados em diversos estilos de rock, mas também são eficazes em outros contextos.

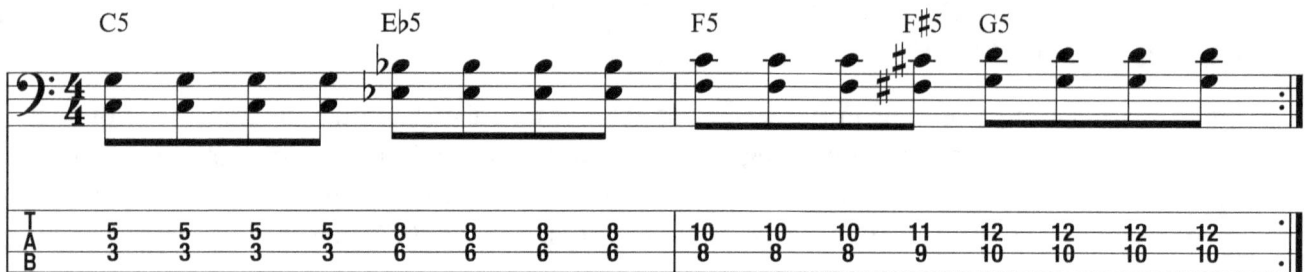

O que acontece se você tocar quintas em sucessão?

Você pode tocar quintas justas repetidamente e você eventualmente chegará à sua nota de início, tendo tocado todas as 12 notas. No baixo, você somente pode fazê-lo se pular uma oitava abaixo algumas vezes, porque você não tem a extensão para continuar subindo. Aqui estão duas possibilidades de como você pode fazer isto, mas não deixe de tentar elaborar a sua própria maneira.

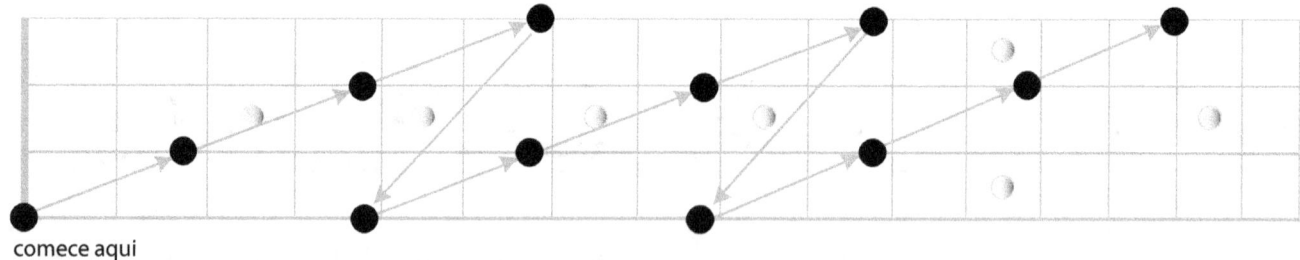

Quintas em sucessão por todo o baixo

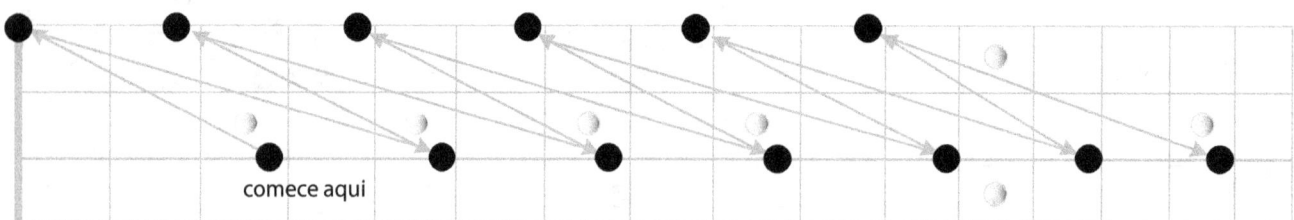

Siga as setas e diga os nomes das notas em voz alta.

Pratique suas quintas. Saber o som de quintas e encontrá-las em sucessão é uma habilidade crucial. Estude os exemplos acima, além de elaborar suas próprias maneiras de repetir quintas incessantemente no baixo. Programe um metrônomo e diga o nome das notas em voz alta à medida que as pratica.

A SEXTA

Introduzindo sextas

- Sexta menor = 8 semitons
- Sexta maior = 9 semitons

Como são as sextas no baixo e digitações sugeridas

As figuras abaixo mostram as digitações para a sexta menor. Encontre as respectivas quintas e observe que a sexta menor é uma quinta mais um semitom. Quando tocada em duas cordas, a digitação é 1–4. Quando tocada em três, você tem a opção de digitar este intervalo 3–1 ou 4–2.

Digitações da sexta MENOR

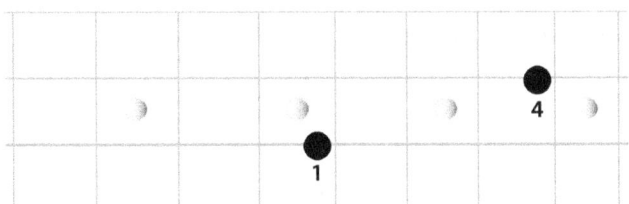
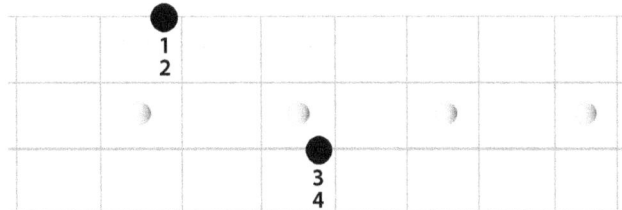

Digitações da sexta MAIOR

Na figura à direita, a sexta maior é digitada em três cordas. Pratique todas as digitações possíveis: 2–1, 3–2, 4–3.

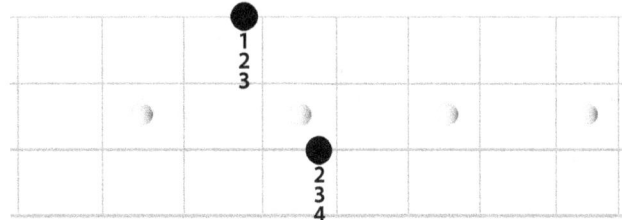

NOTA: Da corda solta até a quarta marcação (9ª casa) é uma sexta maior.

Mnemônico

Em vez de pensar em sextas em termos de semitons, pense nelas como uma quinta justa mais um semitom (sexta menor), ou uma quinta justa mais um tom (sexta maior).

Como sextas soam

HARMONICAMENTE

Sextas soam harmoniosas e bonitas — desejosas, românticas e dramáticas.

MELODICAMENTE

- Sexta menor ascendente: tema de *Black Orpheus*
- Sexta menor descendente: tema de *A Love Story*
- Sexta maior ascendente: "My Bonnie Lies Over the Ocean"
- Sexta maior descendente: "Man in the Mirror" (refrão, cantada por Michael Jackson)

Intervalos

Exercícios

- Toque sextas ascendendo e descendendo a partir de várias notas. Crie um groove com sextas.

- Toque uma quinta harmonicamente (*power chord*) e, então, mude a nota mais alta para cima em um semitom ou tom e volte para baixo. Aplique vários ritmos a este padrão e veja se você consegue descobrir como formar o *riff* principal de "Kashmir" do Led Zeppelin.

- Cante sextas maiores e menores subindo e descendo a partir de notas aleatórias que você tocar no baixo.

Ideias bacanas

Toque essa sucessão: fundamental, quinta, sexta maior, quinta. Este é um *riff* de blues e de rock 'n' roll amplamente usado: C–G–A–G ou (incluindo a terça) C–E–G–A–C–A–G–E.

Use a sexta maior e a nota um semitom acima como material tonal para grooves de funk, por exemplo, em C: C–A–B♭.

Exemplos de grooves

Groove balada com sextas menores

Groove latino com sextas maiores

Capítulo 3

O que acontece se você tocar sextas em sucessão?

A sexta é um grande intervalo, então você tem que escolher seu ponto de início o mais grave possível para encaixar as sequências na extensão do baixo de quatro cordas. Ao tocar sextas maiores em sucessão, você atingirá o ponto inicial após quatro notas (ou três sextas maiores). Ao tocar sextas menores em sucessão, você voltará ao início após duas "rodadas" de intervalos (tendo tocado três notas). Isto é similar a tocar terças maiores e menores em sucessão. Você saberá mais sobre essa relação no fim deste capítulo.

Sextas menores em sucessão

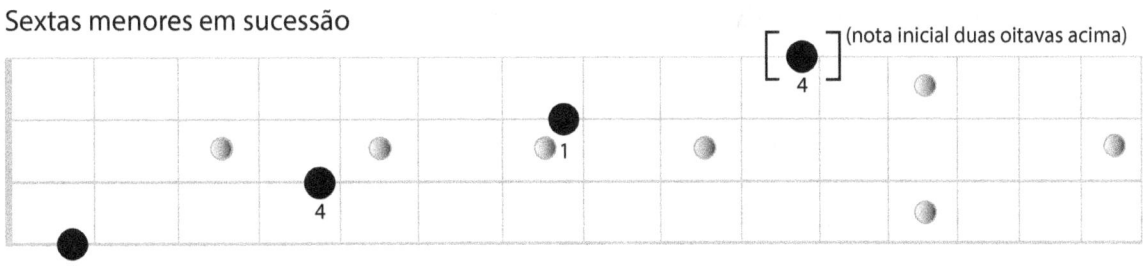

Sextas maiores em sucessão

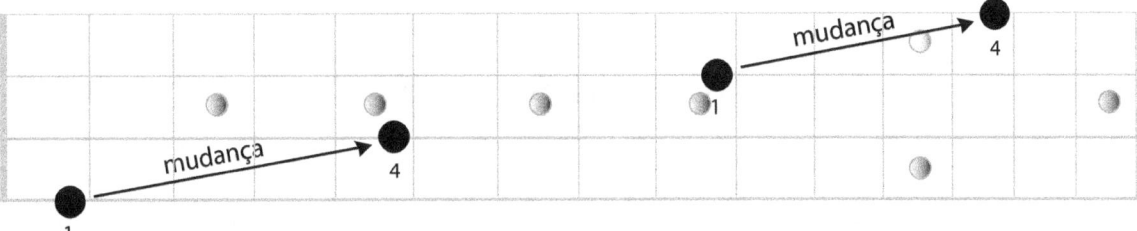

A SÉTIMA

Introduzindo sétimas

Sétima menor = 10 semitons

Sétima maior = 11 semitons

Sétimas estão tão distantes da fundamental que você pode pensá-las em relação à oitava.

Como são sétimas no baixo e digitação sugerida

Encontre sétimas subtraindo um tom (segunda maior) ou semitom (segunda menor) da oitava. A oitava é mostrada em cinza nos diagramas abaixo.

Sétimas menor e maior com digitações

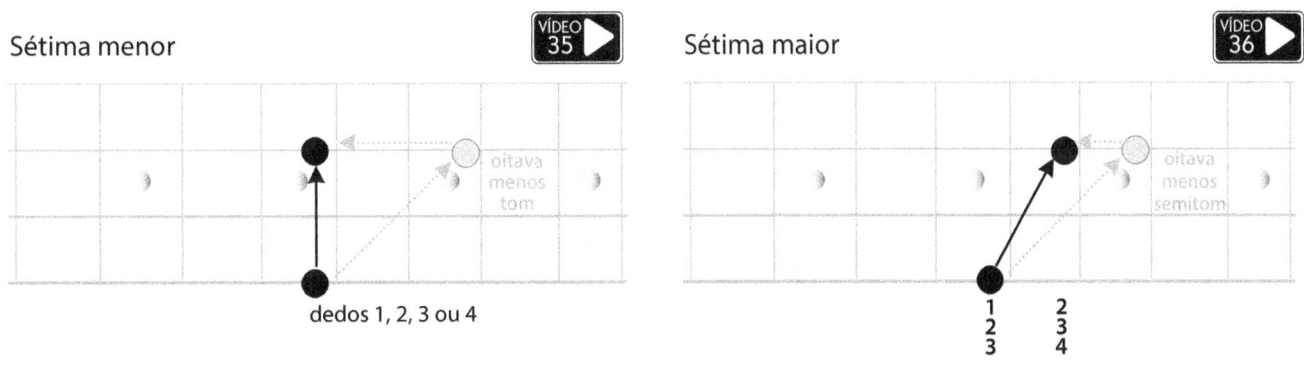

Intervalos

Assim como quartas, a sétima menor deve ser praticada com os dedos 1, 2, 3 e 4 da mão esquerda. Para se tocar esse salto através de cordas na mesma casa suavemente, pratique tais saltos lentamente. A seção *A mão esquerda*, do capítulo 12, fornece mais informações sobre os aspectos técnicos destes movimentos. Para além disto, assim como as quartas, às vezes, faz sentido usar dedos diferentes para as duas notas (1–3, por exemplo). Praticar todas as combinações é recomendado, ou seja, 1–1, 2–2, 3–3, 4–4.

Em alguns exemplos, é melhor digitar a sétima menor como *pestana*, o que significa que você coloca o dedo achatado pela escala do instrumento. Digite a fundamental com a ponta do dedo e a 7ª com qualquer parte do dedo que cubra a respectiva casa.

Mnemônicos

- Sétima menor = mesma casa, duas cordas acima.
- Sétima maior = oitava menos um semitom.

Como sétimas soam

Harmonicamente

Tocadas harmonicamente, sétimas soam tensas e dissonantes, mas relativamente distantes entre si.

Melodicamente

Toque as sétimas melodicamente no seu baixo e então cante ou toque a oitava da nota inicial para resolver a tensão. Você cantará um tom acima até a oitava no caso de uma sétima menor e um semitom até a oitava se for uma sétima maior.

A sétima menor é geralmente associada com um som de blues ou funk.

- Sétima menor ascendente: "Somewhere" (da *West Side Story*, de Leonard Bernstein)
- Sétima menor descendente: "Watermelon Man" (Herbie Hancock)
- Sétima maior ascendente: "Don't Know Why" (Norah Jones)
- Sétima maior descendente: "I Love You" (Cole Porter)

Exercícios

- Pratique tocar sétimas com os dedos 1, 2, 3 e 4 da mão esquerda. Toque as notas emendadas (legato). Saltar de corda em corda na mesma casa de maneira limpa (necessário para a sétima menor) não é fácil. Confira o capítulo sobre técnica para mais ajuda com isso, se necessário.

- Cante sétimas maiores e menores subindo e descendo a partir de notas aleatórias que você tocar no baixo.

Exemplos de grooves

Grooves de funk e afins geralmente pulam da fundamental para a sétima menor e oitava. Experimente com estes sons tendo um baterista tocando um padrão de funk.

Capítulo 3

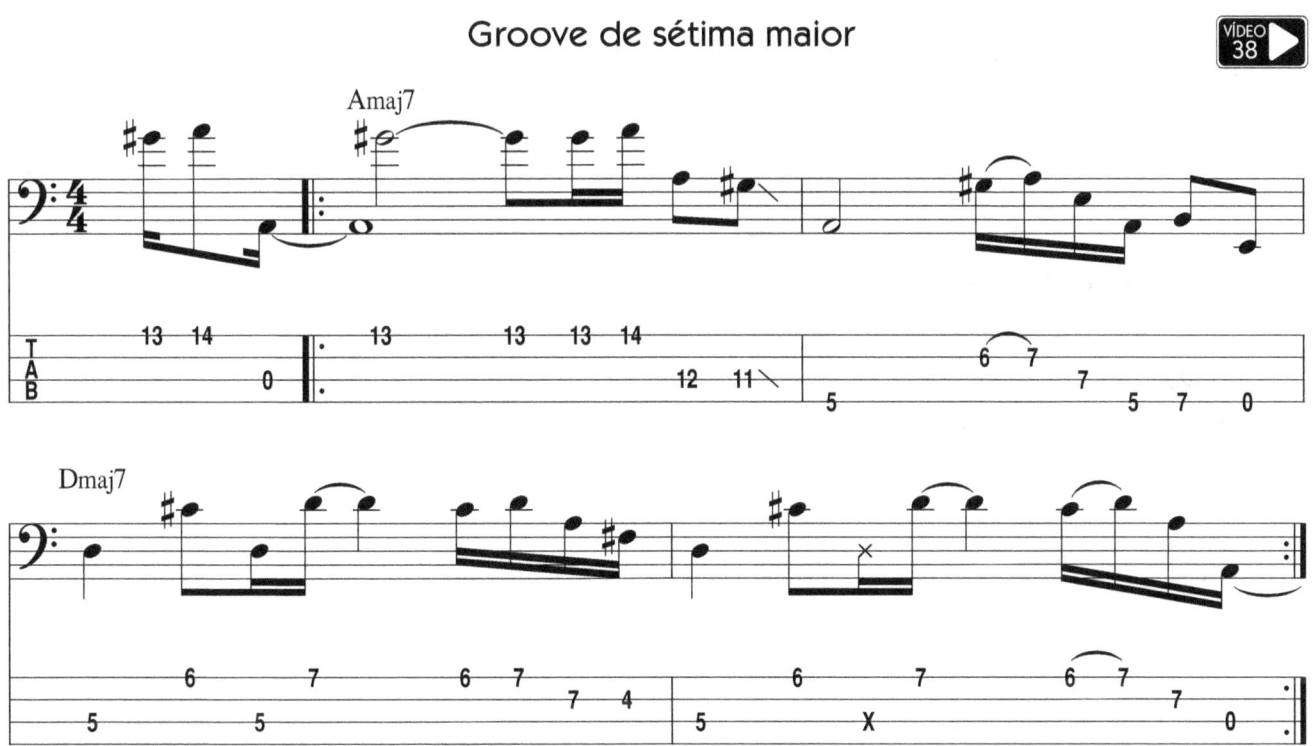

O que acontece se você tocar sétimas em sucessão?

Você já descobriu que quanto maior o intervalo fica, mais você precisa pular oitavas para adequá-lo à extensão do baixo. A sétima é um intervalo grande, então você tem que se movimentar muito para fazê-la funcionar. Confira a sequência que se tem ao tocar sétimas menores em sequência: C–B♭–A♭–G♭–F♭–D–C (nomes de notas são simplificados para evitar dobrados sustenidos e dobrados bemóis). As notas são as mesmas se você estiver repetindo sétimas maiores, só que de trás para frente! Portanto, tudo que se aplica a segundas maiores se aplica aqui. Note que você precisa de duas sequências para atingir todas as 12 notas: C–B♭–A♭–G♭–E–D–C e D♭–C♭–A–G–F–E♭–D♭.

No caso das sétimas maiores, a sequência fica assim: C–B–A♯–A–G♯–G–F♯–E♯–E–D♯–D–C♯–B♯ (C). A sequência de sétimas maiores ascendendo repetidamente abrange todas as doze notas — se nós corrigirmos para oitavas, você chega até a *escala cromática*! Essa relação entre sétimas e segundas será esclarecida mais adiante neste capítulo (em "Inversões de intervalos").

INTERVALOS

A OITAVA

Introduzindo oitavas

Oitava = 12 semitons. A oitava é um intervalo perfeito (não há maior ou menor).

Como são as oitavas no baixo e digitações sugeridas

Digitação da oitava "2×2"

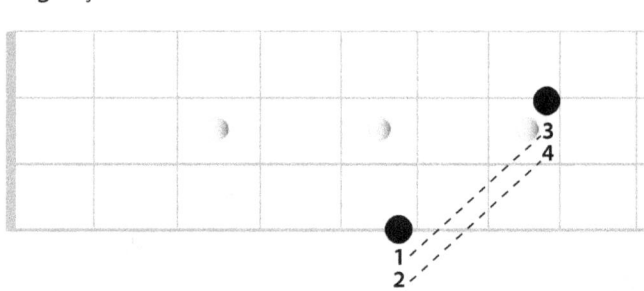

Eu chamo esta digitação de "2 por 2" — duas casas acima e duas cordas seguintes. Digitações recomendadas são 1–3 e 2–4. Em algumas situações, a 1–4 pode funcionar também.

Digitação da oitava através de quatro cordas

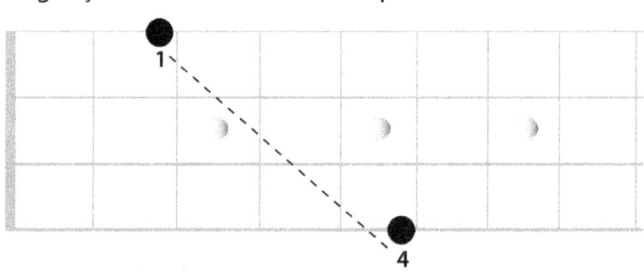

Esta digitação envolve 4 cordas e é digitada 4–1.

NOTA: As marcações duplas na 12ª casa marcam a oitava da corda solta.

Mnemônico

Uma oitava é um "2 por 2" (2×2): duas cordas, duas casas.

Como oitavas soam

HARMONICAMENTE

Muito estáveis. Trata-se da mesma nota, mas em uma região diferente. Adicionar uma oitava traz brilho para a fundamental e algum volume.

MELODICAMENTE

- Oitavas ascendentes: "(Somewhere) Over the Rainbow"
- Oitavas descendentes: "Willow Weep for Me"

Exercícios

Tocar oitavas é uma ótima forma de se construir técnica:

- Mova sua mão esquerda pela escala do instrumento, tocando diferentes fundamentais em oitavas, mas toque cada nota duas vezes. Trabalhe gradativamente melhorando sua velocidade. Ótimas canções que têm grooves construídos nessa ideia são "River People" de Jaco Pastorius ou a versão do Red Hot Chili Peppers para "I Feel Love", de Donna Summer.
- Cante oitavas subindo e descendo a partir de notas aleatórias que você tocar no baixo.

CAPÍTULO 3

Exemplos de grooves

Grooves de baixo *disco* usam oitavas amplamente.

O símbolo "8va" no groove acima indica que se deve tocar tal passagem uma oitava acima do que escrito. Isso é feito a fim de evitar linhas suplementares. "Loco" significa "continuar como escrito".

O TRÍTONO

Introduzindo trítonos

O único intervalo do qual não tratamos ainda é o *trítono*, também chamado de quarta aumentada, enarmonicamente, a quinta diminuta. Ele abrange seis semitons ou três tons (portanto, "tri-tom").

Como são trítonos no baixo e digitação sugerida

Ele corta a oitava exatamente ao meio, o que é fácil de observar no baixo.

Se você tocar dois trítonos em sequência, enarmonicamente falando, você atinge a oitava (é na verdade uma sétima maior aumentada).

Digitação: 1–2, 2–3 ou 3–4.

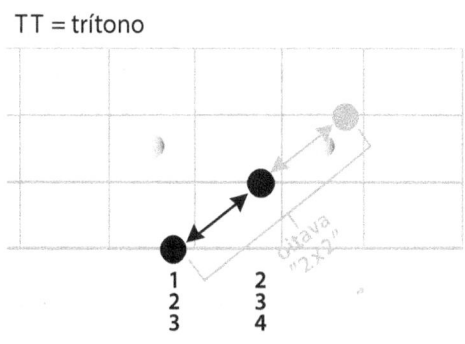

INTERVALOS

Como trítonos soam

HARMONICAMENTE

Quando você tocar esse intervalo você perceberá sua tensão inerente e forte tendência a se resolver. É um intervalo dissonante que carrega muita energia. Houve um tempo na história em que o trítono era chamado do "Intervalo do Diabo" por causa de sua tendência carregada e incômoda. Diz a estória que o "papai" Mozart tirava seu filhinho da cama tocando um trítono no piano. Compulsivamente, Mozart Junior tinha que se levantar da cama para resolver tal tensão.

MELODICAMENTE

Trítono ascendente: o tema de *Os Simpsons*

Trítono descendente: "Black Sabbath", do Black Sabbath

Mnemônico

O trítono é digitado como um "1×1" (1 por 1 — uma casa acima, uma corda acima).

Ideias bacanas

Resolvendo o trítono: você pode resolver o trítono "fazendo um x" (a nota de cima desce um semitom, a nota de baixo sobe um semitom para ser resolvida) — seus dedos desenharão um x.

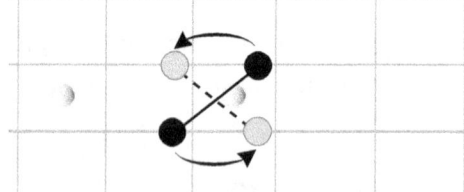

Você também pode fazer o contrário, isto é, a nota aguda sobe um semitom e a nota grave desce um semitom. Os acordes de resolução estarão a um trítono de distância entre si.

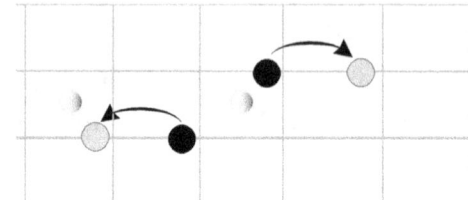

O trítono é um intervalo interessante porque é basicamente sua própria imagem espelhada. Pode-se fazer coisas divertidas com ele porque há duas maneiras de resolvê-lo — para *fora* ou para *dentro*. Olhe para o diagrama acima novamente para observar como cada nota do trítono se resolve por meio de um semitom. Ouça o som da resolução; soa bem familiar porque é a essência de uma resolução dominante-tônica — ou resolução V-I — a qual é a espinha dorsal da música ocidental desde o século XVII.

O trítono desempenha um papel importante em acordes de sétima dominante e no blues. Entre a terça e a sétima de um acorde de sétima dominante, tem-se um trítono (para saber mais sobre isso, confira "O acorde de sétima dominante" no capítulo 6 e leia sobre o blues no capítulo 11).

Exercícios

Cante o trítono. Este pode ser um intervalo difícil para alguns acertarem de início. Cante uma quarta (ou quinta) primeiro; então ajuste-a um semitom acima (ou abaixo). Então cante a fundamental original e o trítono sem a ajuda de quaisquer notas entre elas:

Por exemplo: cante C–F, então cante um semitom acima para F♯ agora cante diretamente C–F♯.

Exemplos de grooves

Tocarei esse próximo *groove* com *palm muting*: a palma da mão direita repousa sobre as cordas só o bastante para encurtar o *sustain* e abafar as frequências altas enquanto eu toco as cordas com meu dedão.

Groove de trítono

INVERSÕES DE INTERVALOS

Entendendo Inversões

Você já observou que as qualidades sonoras de certos intervalos estão relacionadas:

- Uníssonos e oitavas soam como *a mesma nota;*
- Segundas e sétimas soam *tensas* e querem se resolver;
- Terças e sextas soam *doces e agradáveis;*
- Quartas e quintas soam *abertas;*
- O trítono soa como *blues.*

A razão para essa relação sônica é que esses pares de intervalos são inversões uns dos outros. A inversão é o intervalo necessário para se atingir a oitava de uma dada nota.

Intervalos

Intervalos são invertidos tomando-se a nota mais grave do intervalo e movendo-a uma oitava acima para que um segundo intervalo (a inversão) aconteça (você também pode mover a nota mais aguda uma oitava abaixo para obter o mesmo resultado). Em outras palavras, a nota mais grave é movida uma oitava acima para que a nota de baixo/de cima seja revertida. A notação abaixo mostra a inversão de intervalos.

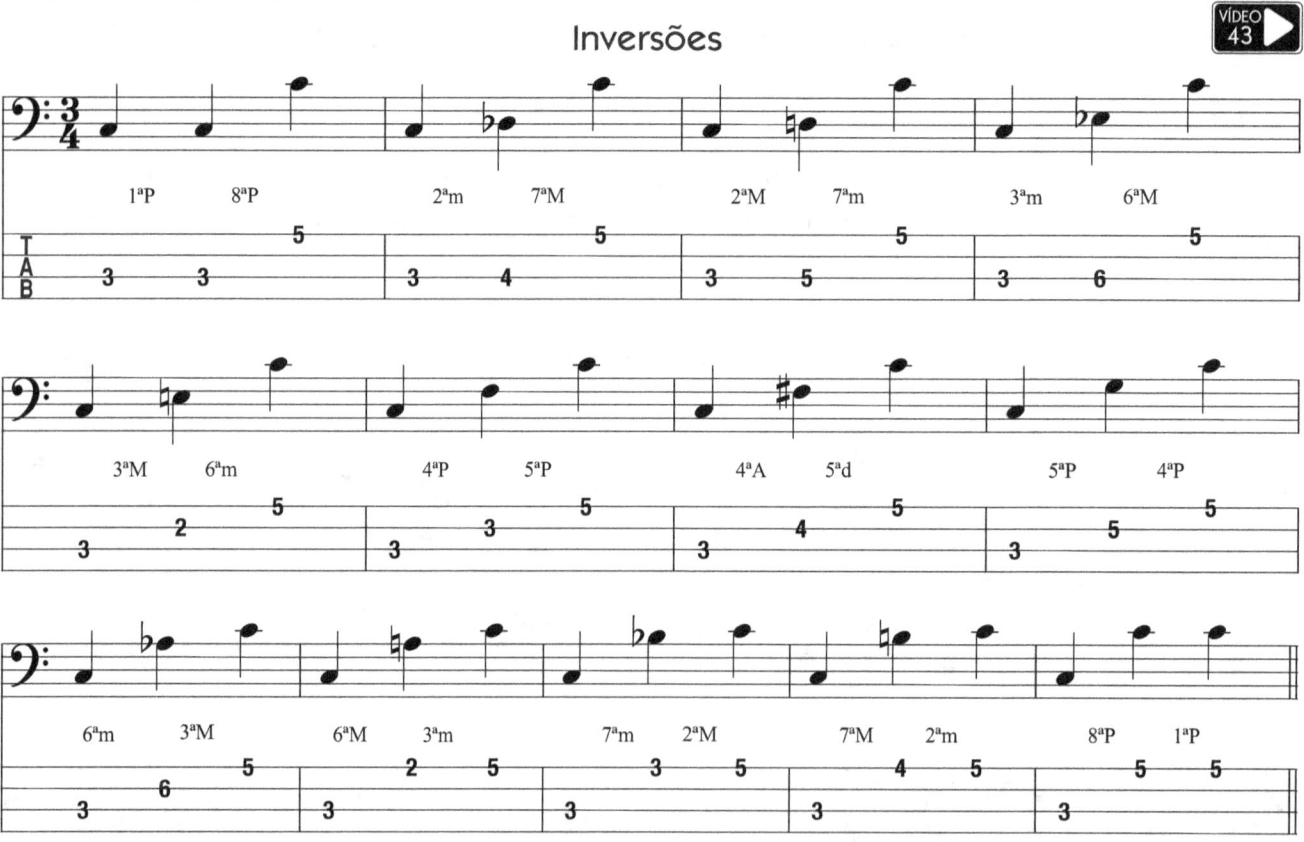

Todos os 12 intervalos e suas inversões.

Fórmulas para inversões

Quantidade: A soma do intervalo e sua inversão precisa ser 9. Aqui, a matemática musical não parece muito lógica à primeira vista: 7 + 2 = oitava [8]? Entretanto, faz sentido sim, pois você está contando a nota do meio duas vezes, portanto, 9, e não 8.

Quantidade	
Intervalo inicial	Inversão
1	8
2	7
3	6
4	5
5	4
6	3
7	2
8	1

Quantidade	
Intervalo inicial	Inversão
menor	maior
maior	menor
justa	justa
diminuta	aumentada
aumentada	diminuta

Capítulo 3

Exercícios

- Escolha uma nota inicial, então toque um intervalo e adicione a sua inversão para atingir a oitava. Toque o primeiro intervalo; em seguida, a inversão. Ouça como eles se complementam.

- Toque uma nota e qualquer intervalo ascendendo, por exemplo C para um E mais alto. Escute o som da terça maior. Em seguida, toque a inversão da terça maior, a sexta menor, de C descendendo até E. Perceba como as notas das extremidades (os dois E) formam uma oitava.

- Toque um intervalo e sua inversão. E então mude a nota no meio, movendo-a para cima (ou para baixo) um semitom. Observe como o intervalo de cima precisa se tornar menor por um semitom a fim de acomodar o semitom adicionado.

Ter um bom domínio de inversões ajuda sua compreensão dos sons de intervalos e abre a sua execução para variações.

DICA: Uma fonte comum de confusão é a diferença entre intervalos e inversões ascendentes/descendentes.

Qualquer intervalo tocado melodicamente pode ser ascendente ou descendente, mas isso não tem relação com inverter o intervalo, ação em que a quantidade e, potencialmente, também a qualidade do intervalo são alterados.

Ascendente/descendente vs. inversão

Vejamos a diferença entre intervalos ascendentes/descendentes e inversão de intervalos. Intervalos ascendentes e descendentes compartilham das mesmas qualidades e quantidades de intervalo, mas são tocados em ordens inversas: toque C até G e de volta para C. As mesmas duas notas estão envolvidas. Isso não é uma inversão. Intervalos invertidos não compartilham da mesma qualidade e quantidade do intervalo. Em uma inversão, uma das duas notas é representada em sua oitava, então três diferentes alturas estão envolvidas.

NOTA: Às vezes, músicos confundem-se porque pressupõem um tom. Eles podem olhar para o segundo compasso acima e insistir que C para G descendendo é de fato uma quinta. Está correto que, no contexto de Dó maior (ou se o símbolo do acorde é C), qualquer G seria o quinto grau da escala. Nesse exemplo, entretanto, nenhum tom é especificado. Pelo mesmo padrão, o tom acima poderia ser G (ou o acorde G), e, neste caso, qualquer C seria a quarta.

INTERVALOS

Aplicações de inversões em grooves

Quando você dominar bem os intervalos no baixo, pratique suas inversões também. Um grande jeito de se iniciar nisso é elaborar um groove e mover notas selecionadas em uma oitava.

Aplicações de inversões para teoria e prática

Lembre-se, tanto se você *ascende em um certo intervalo ou descende em uma inversão*, o nome da nota resultante será o mesmo.

Às vezes pode ser mais rápido subir uma terça menor que descer uma sexta maior. Pode ser mais fácil subir uma segunda menor que descer uma sétima maior. Subir uma quinta = descer uma quarta. É claro que você precisará ajustar para oitavas (se isso for importante em um contexto específico), mas você pode ver como inversões podem ser úteis ao procurar o som de certo intervalo rapidamente, ainda mais no caso de intervalos maiores (sextas, sétimas). As sétimas ilustram esse fato da melhor maneira possível: subir em sétimas maiores produz a mesma sequência de notas que descer em segundas menores: C–B–A♯ (B♭)–A, etc.

> Esses construtos podem parecer bem abstratos quando tirados de contexto. O propósito deles é te ajudar a desenvolver uma intuição no sentido de perceber como esses sons estão intimamente relacionados. Você está trabalhando para colocar os intervalos nas pontas dos dedos e conectar os sons aos seus movimentos. Saber e depreender a partir disto em tempo real é muito útil e aplicável para improvisação, construção de grooves, compreensão de teoria, entre outras habilidades.

INTERVALOS COMPOSTOS

Entendendo Intervalos Compostos

Intervalos compostos são intervalos maiores que uma oitava. Uma nona maior, por exemplo, é uma oitava mais um tom. Uma décima menor é uma oitava mais uma terça menor e assim por diante.

Na tabela de intervalos ao fim deste capítulo, você encontrará uma coluna de intervalos compostos. Em essência, você somente continua contando após a oitava, então uma segunda mais uma oitava é igual a uma nona. Adicione a qualidade do intervalo acima da oitava para completar o nome: oitava mais segunda maior igual a uma nona maior. Assim como nas inversões, a matemática musical não é muito lógica à primeira vista: 8 + 2 = 9? Faz sentido quando você leva em consideração que a oitava é contada duas vezes ao somar os intervalos individuais.

Intervalos compostos desempenham um papel importante em extensões de acordes (que serão discutidas posteriormente neste livro).

Exercícios

- Aumente a extensão do seu treinamento de intervalo para além da oitava. Certifique-se de afiar seus ouvidos dentro da oitava o bastante para que você reconheça as qualidades de suave/tenso/harmonioso. Estas qualidades são mantidas para intervalos compostos, mas as tensões parecerão menos pronunciadas quanto mais distantes entre si as notas estiverem.

Intervalos compostos para baixistas

Intervalos de dentro da oitava tocados harmonicamente no baixo podem soar lamacentos, especialmente quando tocados em regiões mais graves. Abrir os intervalos para além da oitava pode ajudar a clarear o som deles. Um ótimo intervalo para usar em grooves e linhas de baixo é a décima. Por exemplo, a música "Shining Star", do Earth Wind & Fire, tem uma linha de baixo legal construída em décimas.

Intervalos

Décimas em uma escala maior de G

Digitação de décimas maiores e menores

Décimas em uma escala maior de G

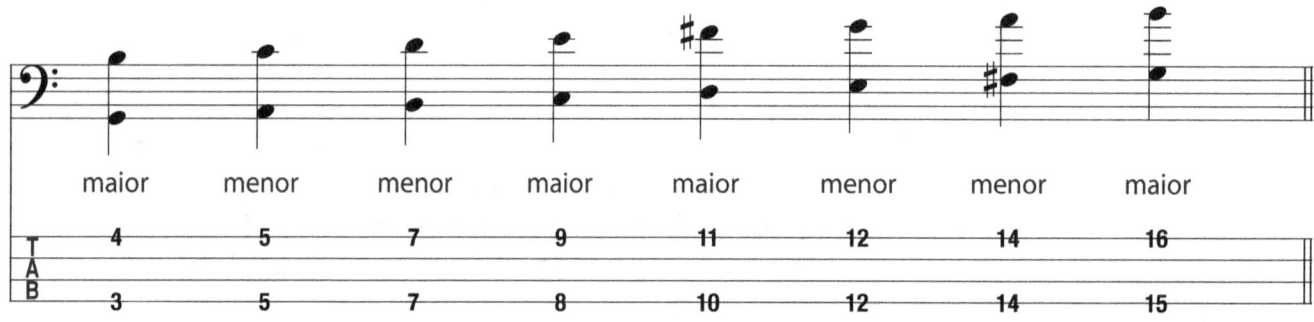

Décimas soam ótimas no baixo e são bem fáceis de serem acessadas. Escala de G maior com as décimas correspondentes.

Exemplo de groove usando décimas

TESTE SUA COMPREENSÃO N.º 4

As afirmações a seguir são verdadeiras? Marque sim ou não.

a) C para um E acima da oitava C é um intervalo composto. ❑ sim ❑ não

b) C até E é a inversão de C descendo até o E mais grave. ❑ sim ❑ não

c) Tocar C subindo para E e então E descendo de volta para C, com ambos estando na mesma oitava não é uma inversão. Isso é apenas tocar o intervalo ascendendo e descendendo. ❑ sim ❑ não

d) Quando você toca C para G em um groove você pode tocar o C e o G em qualquer região do baixo com efeitos similares, mas levemente diferentes. Isso pode significar que você esteja tocando intervalos compostos, inversões ou intervalos ascendentes e descendentes. ❑ sim ❑ não

e) Tocando fundamental–quinta–fundamental como um groove, você pode tanto tocar uma quinta acima da fundamental quanto uma quarta abaixo. ❑ sim ❑ não

f) Uma nona maior é uma oitava mais uma segunda maior. ❑ sim ❑ não

g) Uma 11ª aumentada é uma oitava e uma terça aumentada. ❑ sim ❑ não

h) Uma 13ª maior é incorreta. Deve ser 13ª justa.. ❑ sim ❑ não

A inversão de uma:

i) terça maior é uma _____

j) terça menor é uma _____

k) quarta justa é uma _____

l) quarta aumentada é uma _____

m) sétima menor é uma _____

n) sétima diminuta é uma _____

o) sexta aumentada é uma _____

Intervalos

Nome do intervalo	Número de Semitons	Visualmente	Dicas úteis e atalhos
Primeira justa	0		Mesma nota.
Segunda menor	1		Semitom. Menor distância. Envolve ♯ ou ♭ a menos que seja E/F ou B/C.
Segunda maior	2		Tom inteiro
Terça menor	3		Dá a qualidade de menor a acordes e escalas. 1 ½ tom
Terça maior	4		Dá a qualidade de maior a acordes e escalas. 2 tons.
Quarta justa	5		Mesma casa, corda seguinte.
Tritono (quarta aumentada/ quinta diminuta)	6		O "intervalo do diabo". Corta a oitava ao meio.
Quinta justa	7		"2×1" (duas casas acima, 1 corda acima).
Sexta menor	8		Quinta justa mais um semitom.
Sexta maior	9		Quinta justa mais um tom.
Sétima menor	10		Oitava menos um tom.
Sétima maior	11		Oitava menos um semitom.
Oitava justa	12		Mesma nota, só em uma região diferente de seu instrumento. "2×2" (duas casas e duas cordas acima).

Capítulo 3

Qualidade sonora quando tocado harmonicamente	Inversão	Composto	Extensões
Uma nota.	Oitava		
Muito tenso.	Sétima maior	9ª menor ou 9ª♭	9ª♭
Tenso.	Sétima menor	9ª maior ou 9ª	9ª
Soa doce e agradável. Som clichê: triste (dependente de contexto).	Sexta maior	10ª menor, enarmonicamente 9ª♯	9ª♯
Soa doce e agradável. Som clichê: alegre (dependente de contexto).	Sexta menor	10ª maior	
Soa aberto, arcaico, mas com um atrito, quer se resolver para a terça maior.	Quinta	11ª	sus
Quer se resolver. Tensão interessante. Soa como blues.	Quinta diminuta/ Quarta aumentada/ Trítono	11ª aumentada ou 11ª♯	11ª♯ ou tom de acorde 5ª♭
Soa aberto, arcaico, sem atrito. Não adiciona muita informação a um acorde, mas adiciona completude de som.	Quarta	12ª	
Notas mais distantes entre si que terças. Soa passional, desejoso.	Terça maior	13ª menor ou 13ª♭	13ª♭
Soa doce e agradável. Notas mais distantes entre si que terças.	Terça menor	13ª maior ou 13ª	13ª ou 13ª natural
Tenso, mas menos que segundas.	Segunda maior	14ª menor	
Muito tenso, quer se resolver para a oitava, mas pode soar estável e agradável com outras notas presentes.	Segunda menor	14ª maior	
Mesma nota, só que em região diferente.	Uníssono		

4 Cartilha da Escala Maior

CONSTRUINDO QUALQUER ESCALA MAIOR

C–D–E–F–G–A–B–C — as teclas brancas do piano — formam uma escala maior. Você está familiarizado com este som: soa Dó–Ré–Mi–Fá–Sol–Lá–Si–Dó. Há semitons entre o 3º e 4º graus e entre 7º e 8º graus da escala (em outras palavras, entre E e F e entre B e C). Eu não recomendo o raciocínio tom–tom–semitom–tom–tom–tom–semitom para organizar a escala maior em sua cabeça. Essa maneira somente lhe permite tocar a escala a partir da tônica (a primeira nota da escala) até a oitava seguinte em sucessão. O aspecto mais importante aqui é saber a relação entre qualquer nota específica e sua fundamental ou tônica sonoramente (como ela soa?), bem como cinestesicamente (como é tocá-la na escala do instrumento?). Você deve fazer com que todas as notas que fazem parte de qualquer dada escala "acendam em sua cabeça" como uma figura na escala de seu instrumento, não importa sua posição no baixo.

Tenha em mente:

> **Regras:**
> 1. **Entre todas as notas há tons, exceto pelos semitons entre E e F e entre B e C.**
> 2. **Uma escala maior tem semitons entre o 3º e o 4º graus de escala e entre o 7º e o 8º graus de escala.**
> 3. **Cada nome de nota é representado uma vez — sem nomes repetidos, sem saltos.**

Com as regras acima, você pode construir qualquer escala maior. Tente.

F maior? F–G–A–B♭–C–D–E–F (se você tiver dito A♯, você está indo contra a Regra 3 — portanto, B♭. Essa escala tem um bemol, B♭— bemol).

A regra 2 torna claro o porquê de, às vezes, você precisar usar dobrados sustenidos ou dobrados bemóis.

Experimente G♯ maior e atenha-se às regras: G♯–A♯–B♯–C♯–D♯–E♯–F𝄪–G♯. Essa escala inclui oito sustenidos: F𝄪, C♯, G♯, D♯, A♯, E♯, B♯. Portanto, não é usado.

Conceitualmente, esse é um modo bem difícil de ver a escala. Em vez disso, a escala chamada por seu nome bemol é mais facilmente acessível: A♭–B♭–C–D♭–E♭–F–G–A♭. Agora a escala tem 4 bemóis. B♭, E♭, A♭, D♭. Assim é muito mais fácil de se pensar e de ler em notação musical.

A fim de evitar escalas desnecessariamente complexas, siga essa regra adicional:

> **4. Nomes de escalas maiores:**
>
> Se um bemol estiver no nome da tônica, use bemóis.
>
> Se um sustenido estiver no nome da tônica, use sustenidos (só se aplica a C♯ e F♯).
>
> Se começar em uma nota de "tecla branca", use sustenidos, exceto por C (sem sustenidos ou bemóis) e F (use um bemol).
>
> Se começar em uma nota de "tecla preta", use bemóis e nomeie a nota por seu nome bemol (exceções: F♯ e C♯, para os quais ambas as versões são possíveis).

Não use sustenidos e bemóis dentro de uma escala (isso somente é válido para a escala maior e seus modos, não para uma variedade de outras escalas, tais como escalas simétricas, escalas menores melódicas e harmônicas e seus modos, escalas de bebop e muitas outras com as quais você pode ou não já ter se deparado).

Ande uma corda

Toque uma escala maior em uma corda (observe a digitação indicada) a partir de uma nota inicial em uma corda solta.

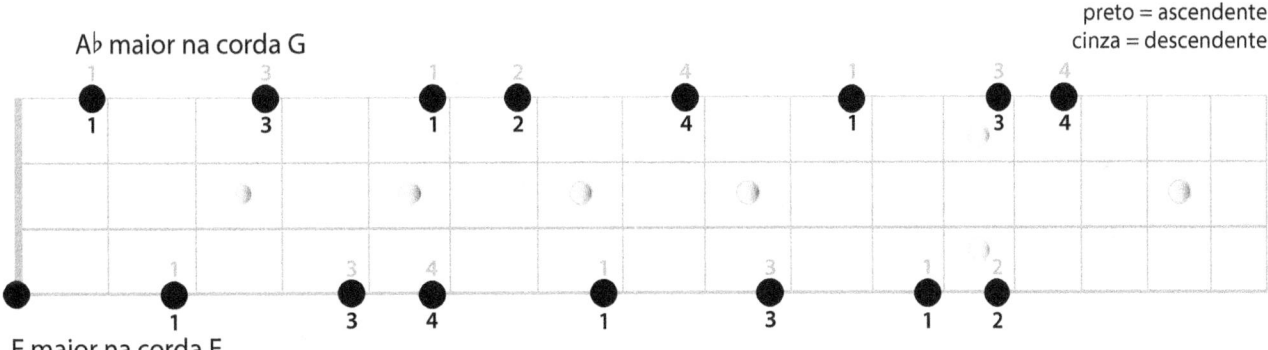

Digitações para escalas maiores em uma corda: E maior (começando a partir de E solta), A♭ maior (começando a partir da primeira casa da corda G).

Intervalos construídos a partir da tônica da escala maior

Em uma escala maior ascendente, os intervalos construídos a partir da tônica são maiores (exceto pelos que são justos):

- Primeira — segunda maior — terça maior — quarta justa — quinta justa — sexta maior — sétima maior — oitava

Em uma escala maior descendente, todos os intervalos a partir da tônica de cima até embaixo são menores (exceto pelos que são justos):

- Primeira — segunda menor — terça menor — quarta justa — quinta justa — sexta menor — sétima menor — oitava

Cartilha da Escala Maior

Toque a escala maior com um dedo por casa como mostrado a seguir. Comece com o dedo 2 na tônica grave. Toque a tônica da escala entre todas as outras notas, todas as vezes. Em outras palavras, se você estiver em C, toque: C–C, C–D, C–E, C–F, C–G, C–A, C–B, C–C. Em seguida, descenda da oitava C: C–C, C–B, C–A, C–G, C–F, C–E etc. Diga os intervalos à medida que os toca.

Ascendendo: Primeira, segunda maior, terça maior, quarta justa, quinta justa, sexta maior, sétima maior, oitava.

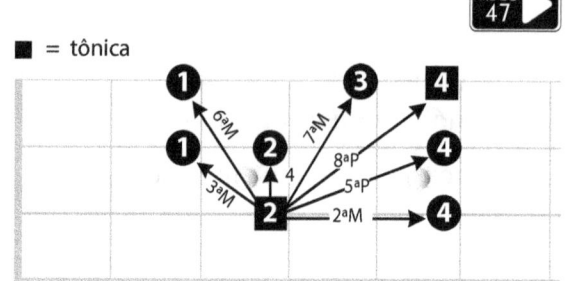

Descendendo: Primeira, segunda menor, terça menor, quarta justa, quinta justa, sexta menor, sétima menor, oitava.

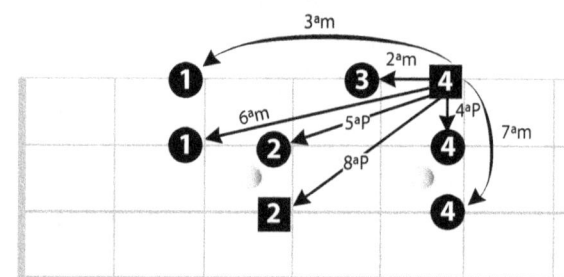

Intervalos a partir da tônica na escala de C maior

 **DICA:** As segundas, terças, sextas e sétimas ascendentes são maiores. As contrapartes descendentes são menores. Isso é útil porque ajudará você a memorizar as formas dos intervalos.

C maior ascendente

C maior descendente

TESTE SUA COMPREENSÃO N.º 5

a) Se uma tecla branca é a fundamental, use sustenidos. Se uma tecla preta é a fundamental, use bemóis.

   As exceções a esta regra são duas teclas pretas. Quais? _____ e _____
   Por quê? Porque: _____
   As exceções a esta regra são duas teclas brancas. Quais? _____ e _____
   Por quê? Porque: _____

b) Escreva as escalas a seguir para demonstrar por que elas não existem:

   G♯ maior: __-__-__-__-__-__-__-__   E♯ maior: __-__-__-__-__-__-__-__

   D♯ maior: __-__-__-__-__-__-__-__   B♯ maior: __-__-__-__-__-__-__-__

   A♯ maior: __-__-__-__-__-__-__-__   F♭ maior: __-__-__-__-__-__-__-__

   (Como você descobrirá, estas escalas têm mais acidentes do que têm notas. Espera-se que, fazendo este exercício, você se lembre que existem boas razões para não as utilizar! Eu lhe poupo das acrobacias mentais que seriam necessárias para repetir esse exercício com os demais 4 tons. Estes teriam dobrados bemóis como fundamentais. Eu listei-os na seção Gabarito para que você entenda o panorama completo.)

c) Escreva as escalas a seguir e especifique quantos sustenidos ou bemóis (caso haja):

   A maior: __-__-__-__-__-__-__-__ (__)   E maior: __-__-__-__-__-__-__-__ (__)

   B♭ maior: __-__-__-__-__-__-__-__(__)   F maior: __-__-__-__-__-__-__-__ (__)

   B maior: __-__-__-__-__-__-__-__ (__)   F♯ maior: __-__-__-__-__-__-__-__ (__)

   C maior: __-__-__-__-__-__-__-__ (__)   G♭ maior: __-__-__-__-__-__-__-__(__)

   D♭ maior: __-__-__-__-__-__-__-__(__)   G maior: __-__-__-__-__-__-__-__ (__)

   D maior: __-__-__-__-__-__-__-__ (__)   A♭ maior: __-__-__-__-__-__-__-__(__)

   E♭ maior: __-__-__-__-__-__-__-__(__)

d) Com base em suas descobertas do item c, coloque as escalas em ordem de quantos sustenidos elas têm (de um a seis) e em ordem de bemóis descendentes (de seis a um). Qual intervalo você tem entre cada nota? O intervalo de uma _____ .

CARTILHA DA ESCALA MAIOR

PREPARAÇÃO PARA O CICLO DE QUINTAS

Se você fez o *Teste sua compreensão n.º 5* corretamente, sua resposta para o item **d** deve estar assim:

(Eu estou adicionando o novo acidente ao fim de cada linha. Você verá na página 108 como e por que isso faz sentido.)

C (0)
G (1♯ – F♯)
D (2♯s – F♯, C♯)
A (3♯s – F♯, C♯, G♯)
E (4♯s – F♯, C♯, G♯, D♯)
B (5♯s – F♯, C♯, G♯, D♯, A♯) ou C♭ (7♭s – B♭, E♭, A♭, D♭, G♭, C♭, F♭)
F♯ (6♯s – F♯, C♯, G♯, D♯, A♯, E♯)
G♭ (6♭s – B♭, E♭, A♭, D♭, G♭, C♭)
D♭ (5♭s – B♭, E♭, A♭, D♭, G♭) ou C♯ (7♯s – F♯, C♯, G♯, D♯, A♯, E♯, B♯)
A♭ (4♭s – B♭, E♭, A♭, D♭)
E♭ (3♭s – B♭, E♭, A♭)
B♭ (2♭s – B♭, E♭)
F (1♭ – B♭)

O intervalo entre essas fundamentais de escalas maiores é de uma quinta. Cada escala uma quinta acima adiciona um acidente sustenido aos pontos (F♯ e C♯) em que mudamos para bemóis (agora G♭ e D♭). Desse ponto em diante, o número de acidentes (agora bemóis) decresce em um bemol até que cheguemos a zero acidentes (C) novamente.

Visto em sentido anti-horário, o intervalo entre as fundamentais de escalas maiores é o de uma quarta (inversão da quinta). Cada escala uma quarta acima adiciona um acidente bemol até os pontos (G♭ e C♭) em que mudamos para sustenidos (agora F♯ e C♯). Deste ponto em diante, o número de acidentes (agora sustenidos) decresce em um sustenido até que cheguemos a zero acidentes (C) novamente.

Os sustenidos adicionados ocorrem por ordem de quartas descendentes: F♯, C♯, G♯, D♯, A♯, E♯, B♯.

Os bemóis adicionados ocorrem por ordem de quintas descendentes: B♭, E♭, A♭, D♭, G♭, C♭, F♭

Eu considero o **círculo de quintas** (ou "ciclo", como os jazzistas preferem) uma das ferramentas mais úteis e subestimadas para compreensão de harmonia, prática de conceitos, memorização e análise de canções e mais. Baixistas se beneficiam especialmente de ter um bom domínio dele, uma vez que o baixo é afinado dentro do ciclo. O capítulo 8 explora mais a fundo o ciclo.

Este livro e os 89 vídeos que o acompanham funcionam em conjunto.

Para acessar os 89 vídeos que acompanham este livro, registre-se para acesso livre através do link:

https://arisbassblog.come/free-vids-to-book/

Ou se você tem um escâner de QR, basta escanear este código QR para acessar o endereço acima.

Nós também desenvolvemos um curso de instrução on-line que usa este livro como livro de atividades. Encontre maiores informações sobre este curso aprofundado de 20 unidades na página 162.

Cartilha da Tríade Para Baixistas

INTRODUÇÃO A TRÍADES

Uma tríade é o soar simultâneo de três notas. Se as três notas forem tocadas uma após a outra, a tríade é *arpejada*. As formas mais comuns de tríades são construídas ao utilizar duas terças.

Você se lembrará, do capítulo 3, de que terças soam harmoniosas e agradáveis, estáveis sem soar insossas. Por meio da combinação de uma terça com outra, nós obtemos um dos quatro sons que mais ou menos cumprem esta premissa sonora.

A maneira mais simples de se pensar uma tríade é essa fórmula:

Pegue uma escala e, então, começando a partir de qualquer nota desta escala:

> ***toque uma nota*** – *pule uma nota* – ***toque uma nota*** – *pule uma nota* – ***toque uma nota***

Exemplo

Uma escala maior utilizando terças começando da fundamental (A)

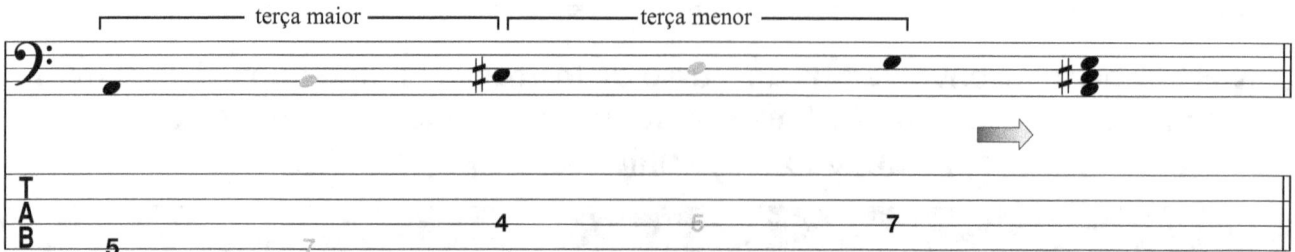

Uma escala maior utilizando terças começando da segunda nota da escala (B)

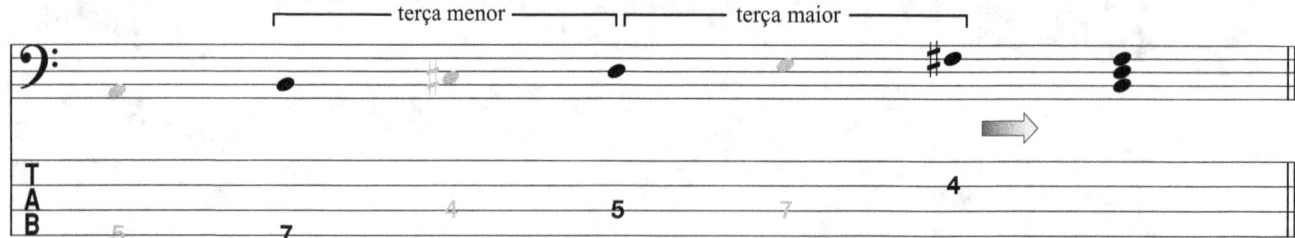

Ao tocar notas desta maneira você utilizou duas terças.

Dependendo de onde na escala você começou e de qual escala você usou, você obtém tríades com diferentes qualidades sonoras. Qual qualidade depende se terças maiores ou menores são usadas e onde essas terças estão posicionadas dentro da tríade. A primeira e a última nota formam uma quinta justa, diminuta ou aumentada.

Quatro combinações são possíveis:

- Terça maior embaixo, terça menor em cima
- Terça menor embaixo, terça maior em cima

- Duas terças maiores juntas
- Duas terças menores juntas

> Se a quinta é justa, tríades são nomeadas pela qualidade da terça mais grave:
> - Terça maior embaixo, terça menor em cima: esta é chamada uma tríade maior.
> - Terça menor embaixo, terça maior em cima: esta é chamada uma tríade menor.
>
> Se a quinta não é justa, a tríade é nomeada pela qualidade da quinta:
> - Duas terças menores juntas resultam em uma quinta diminuta, então a tríade é chamada diminuta.
> - Duas terças maiores juntas resultam em uma quinta aumentada, então a tríade é chamada aumentada.

A TRÍADE MAIOR

Introduzindo terças maiores

- Terça maior embaixo, terça menor em cima
- As notas de baixo e de cima formam uma quinta perfeita

DIGITAÇÕES SUGERIDAS

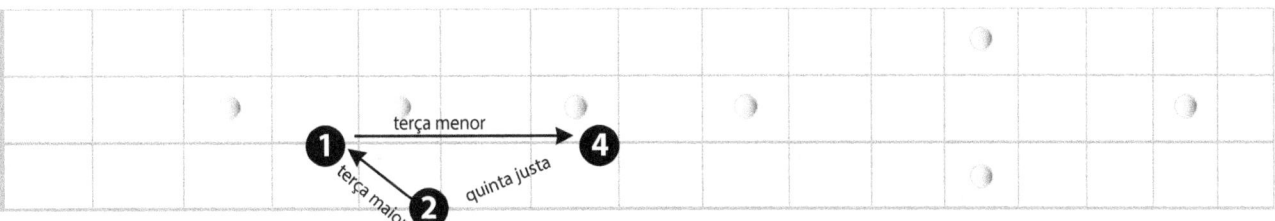

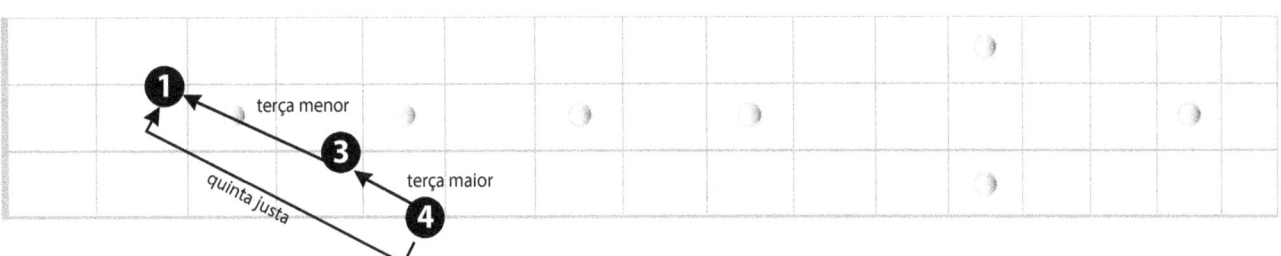

Eu as recomendo como as duas digitações mais acessíveis porque elas não requerem deslocamento. Lembre-se das regras de digitação do intervalo de terça:

- Para a terça maior, comece com dedo 2 ou 4.
- Para a terça menor, comece com dedo 1 ou 4.

Pratique essas formas ascendendo e descendendo.

Cartilha da Tríade Para Baixistas

Som da tríade maior

Terças maiores soam estáveis, alegres, fortes, brilhantes ou agradáveis.

Símbolo de acorde

A fundamental do acorde por si só (exemplo: C, F♯, D♭).
Nos diagramas anteriores: A.

NOTA: Em tabelas e livros musicais você pode ver tanto símbolos de acordes escritos acima da partitura da linha melódica quanto as mudanças de acordes isoladas e separadas entre si por barras. Essas são maneiras eficazes de se anotar mudanças de acorde porque elas te dizem precisamente por quanto tempo cada acorde dura e em qual tempo do compasso mudar de acorde.

No entanto, a prática de colocar símbolos de acordes sobre letras de músicas tem um uso limitado, pois não dá a duração nem pontos exatos de mudança de acorde. Cantores muitas vezes esticam o tempo de uma melodia de maneira bem livre, então você não tem informação sobre quando exatamente a mudança de acorde ocorre a menos que você conheça bem a canção. Se você somente a conhece um pouco, esse método pode funcionar em último caso, mas eu não recomendo o uso desse tipo de notação, especialmente quando ela vem de fontes não confiáveis da internet.

Terça maior na partitura

Começando em C:

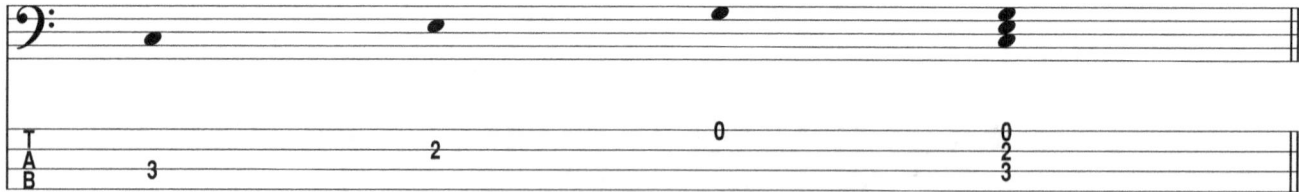

Exemplos de músicas que usam tríades maiores proeminentemente em linhas de baixo:

"Ob-La-Di Ob-La-Da" (The Beatles)

"Stir It Up" (Bob Marley)

"La Bamba" (Richie Valens)

"Twist and Shout" (Phil Medley e Bert Berns)

Comece a tocar

Comece a tocar com as seguintes progressões de acordes[1].

Sempre coloque a fundamental no tempo um (por enquanto), em seguida preencha o resto do compasso com a terça maior e a quinta para ajudar a colocar as formas dos intervalos nas pontas de seus dedos. É claro, você pode repetir ou segurar quaisquer notas por mais de um tempo.

---

[1] Cada compasso (separado por barras, " | ") contém quatro tempos. Barras duplas com pontos são símbolos de repetição.

Coloque uma faixa de bateria e divirta-se tocando com tríades! Melhor ainda, convide um amigo baterista, guitarrista ou tecladista para a sua *jam session*.

Cada compasso tem quatro tempos.

❶ 4/4 ‖: C | C | F | F |
        | G | F | C | C   :‖

❷ 4/4 ‖: D♭ | A♭ | D♭ | G♭ |
        | D♭ | D♭ | A♭ | D♭   :‖

❸ 4/4 ‖: B♭ | D | E♭ | C |
        | B♭ | F | B♭ | F   :‖

A TRÍADE MENOR

Introduzindo tríades menores

- Terça menor embaixo, terça maior em cima.
- As notas de baixo e de cima formam uma quinta justa.

DIGITAÇÕES SUGERIDAS:

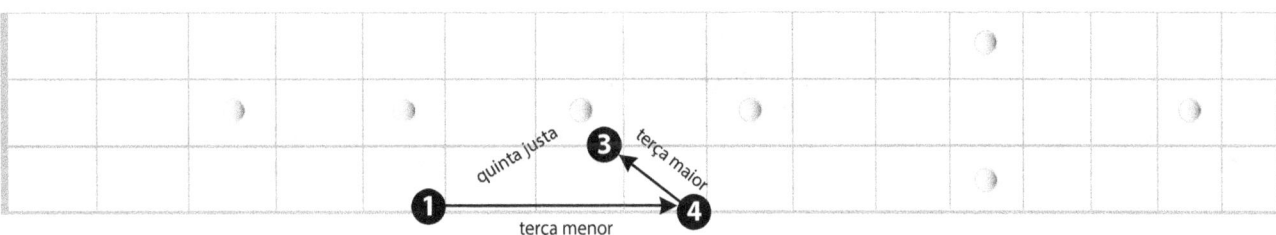

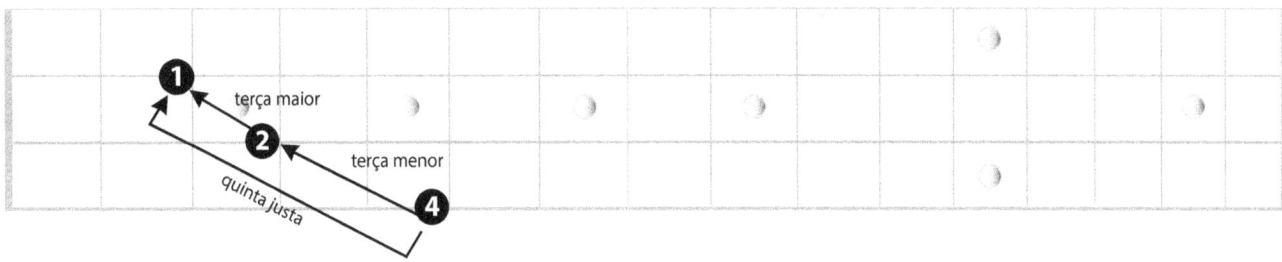

Eu recomendo essas duas como as digitações mais acessíveis porque elas não requerem deslocamento.

Lembre-se das regras de digitação do intervalo de uma terça:

- Começar com dedos 1 ou 4 permite que você alcance a terça menor facilmente.
- Começar com dedos 2 ou 4 permite que você alcance a terça maior facilmente.

Pratique estas formas tanto ascendendo quanto descendendo.

Cartilha da Tríade Para Baixistas

Som da tríade menor

Tríades menores soam estáveis (ainda que um pouco menos que a tríade maior), tristes, escuras e fortes de uma maneira levemente mais dramática que tríades maiores.

Símbolo de acorde

A fundamental do acorde com um sinal de menos (–), *min* ou *m* adicionado (por exemplo: Cmin, Cm, C–, F♯min, F♯m, F♯–, D♭min, D♭–, D♭m). Os diagramas anteriores seriam Am.

O convencionado em teoria musical clássica é usar letras minúsculas para acordes menores e letras maiúsculas para acordes maiores. Entretanto, esta prática não é comum em estilos que baixistas elétricos geralmente tocam.

Tríade menor na partitura

Começando em C:

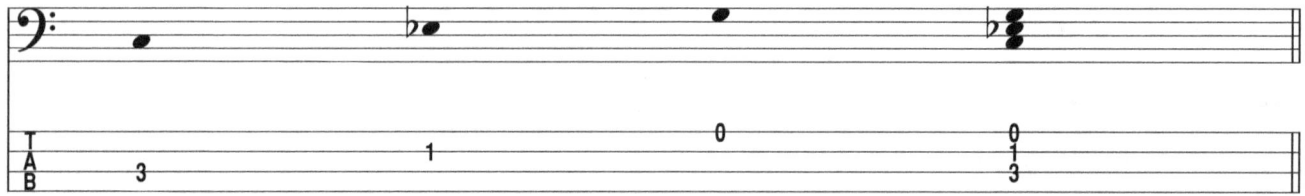

Exemplos de músicas usando uma combinação de tríades maiores e menores proeminentemente:

"Master Blaster" (Stevie Wonder)

Linha melódica de "Minor Swing" (Django Reinhardt)

Comece a tocar

Comece a tocar as seguintes progressões de acordes:

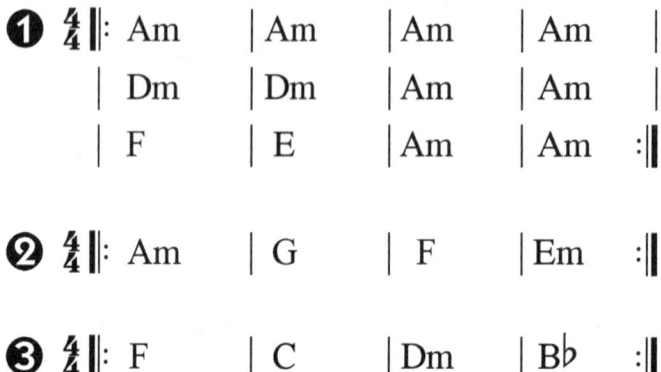

Capítulo 5

A TRÍADE DIMINUTA
Introduzindo tríades diminutas

Uma tríade diminuta é composta por duas terças menores.

Digitações sugeridas:

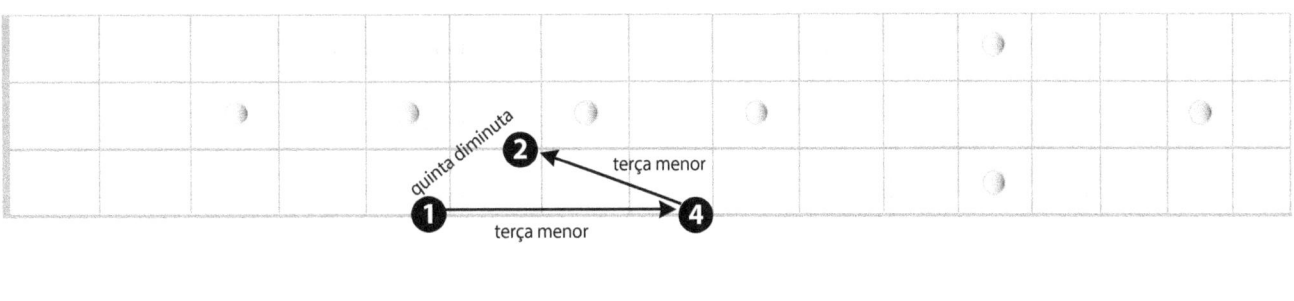

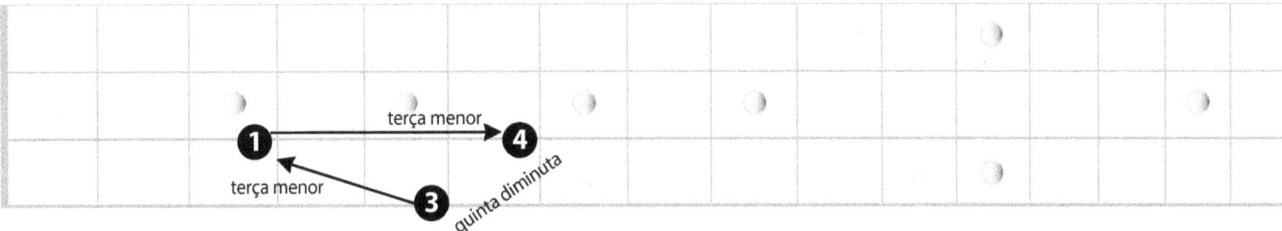

Estas duas digitações são recomendadas como as duas opções mais acessíveis porque elas não requerem deslocamento. O dedo inicial deve ser 1 ou 3, uma vez que ambos dão acesso à terça menor e quinta diminuta, respectivamente.

Pratique estas formas ascendendo e descendendo.

Som da tríade diminuta

Tríades diminutas soam tensas, dissonantes e têm uma forte vontade de resolver.

Símbolo de acorde

A fundamental do acorde com um símbolo de diminuto (°) ou a notação "dim" (por exemplo C°, Cdim, F♯°, F♯dim). Os diagramas acima seriam A°.

NOTA: Tenha em mente que C° é uma tríade. Há acordes de tétrades (de quatro notas) usando símbolos similares (vide capítulo 6).

Tríade diminuta na partitura

Cartilha da Tríade Para Baixistas

COMECE A TOCAR

Comece a tocar as seguintes progressões de acordes:

❶ 4/4 ‖: A | A | G#dim | G#dim |
       | A | A | E | E   :‖

❷ 4/4 ‖: Ddim | G | Cm | Cm   :‖

❸ 4/4 ‖: G | F#dim | Em | D |
       | G | C | D | G   :‖

A TRÍADE AUMENTADA

Introduzindo tríades aumentadas

Uma tríade aumentada é composta por duas terças maiores juntas.

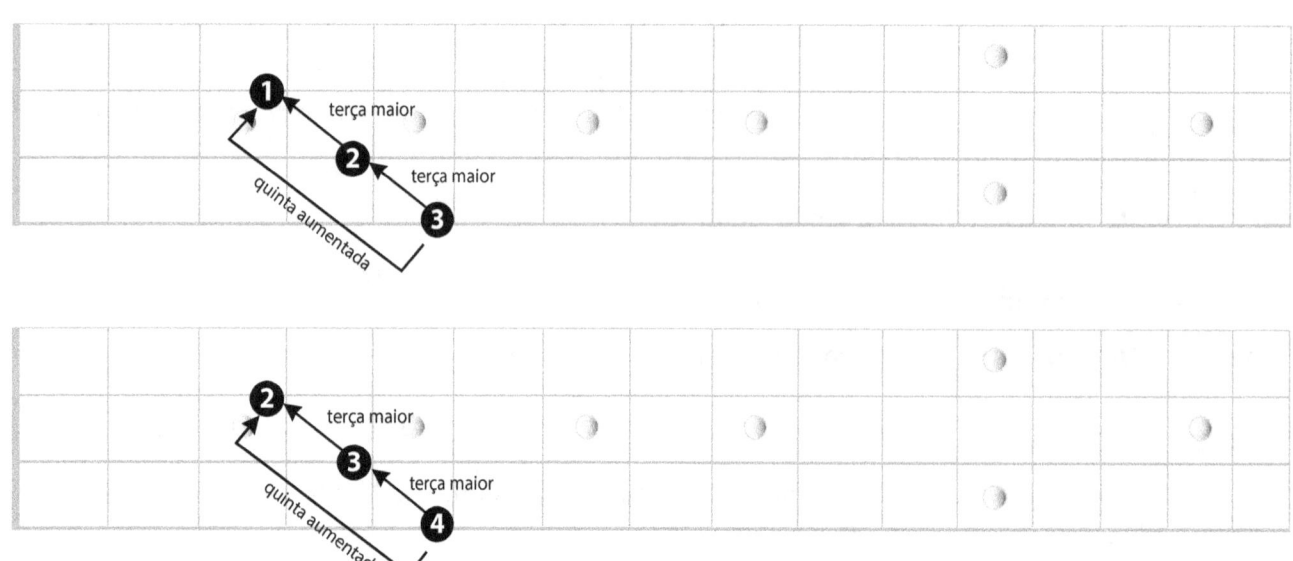

DIGITAÇÕES SUGERIDAS

Eu recomendo estas duas digitações como as mais acessíveis.

Na segunda opção, você poderia até adicionar a oitava de cima apenas colocando o primeiro dedo na segunda casa.

Pratique estas formas tanto ascendendo quanto descendendo.

SOM DA TRÍADE AUMENTADA

Tríades aumentadas soam instáveis, abertas e chocantes. Elas criam um senso de contemplação ou mistério.

Capítulo 5

Símbolo de acorde

A fundamental do acorde com um símbolo de mais (+) ou a notação "aug" (por exemplo: C+, Caug, D♭+, D♭aug). Os diagramas anteriores seriam A+.

Tríade aumentada na partitura

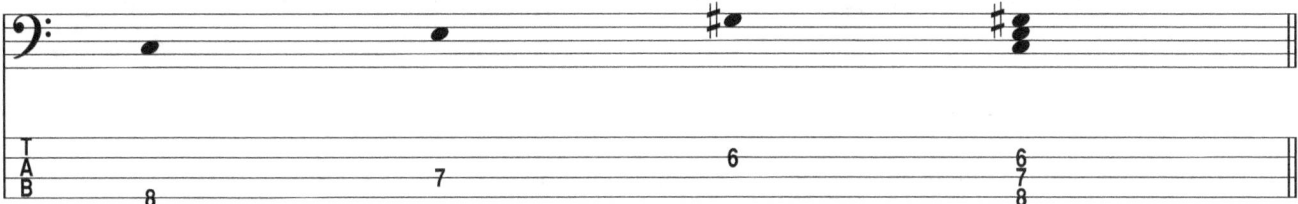

NOTA: Uma tríade aumentada é um acorde simétrico. Como discutido no capítulo 3 sobre intervalos (terças), somar três terças maiores em sucessão te leva de volta à sua nota inicial (só que uma oitava acima).

Ideia bacana

Tocar tríades aumentadas separadas por um tom usa somente notas da escala hexafônica. Mover uma tríade aumentada desta forma é bem acessível e soa bacana. Quais ritmos você usaria para criar alguns licks legais com este material?

Tríades aumentadas em uma escala hexafônica

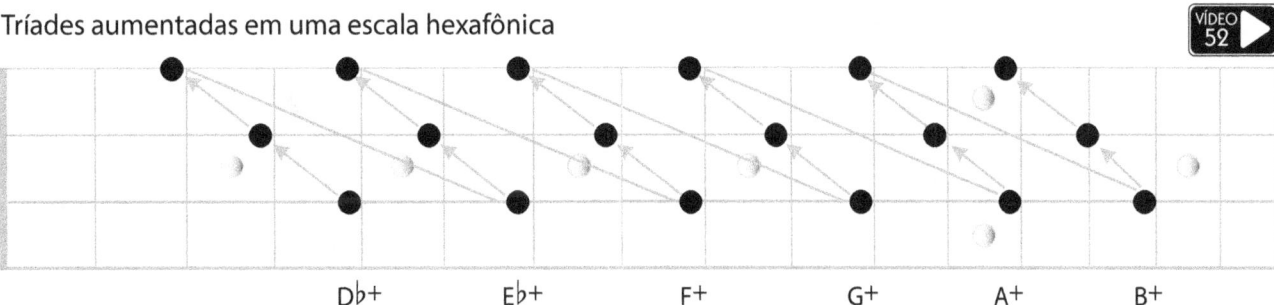

Comece a tocar

Comece a tocar as progressões de acordes a seguir (estes exemplos te ajudarão no início, mas espere por sons mais interessantes que podem ser criados quando abordarmos acordes invertidos e tétrades).

❶ 4/4 ‖: D | D+ | D | A :‖

❷ 4/4 ‖: G | D+ | G | Cm :‖

❸ 4/4 ‖: D♭+ | E♭+ | F+ | G+ | A+ | B+ :‖

Isto é o mais fácil de se executar ao começar cada acorde na corda A e movendo as formas escala (do instrumento) acima em tons inteiros. Esta sequência é mostrada no diagrama anterior.

DESAFIOS DE TRÍADES ESPECÍFICOS PARA O BAIXO

As formas recomendadas permitirão que você toque tríades sem deslocar a mão esquerda ao começar a partir de qualquer fundamental nas cordas E e A.

E SE VOCÊ FICAR SEM CORDAS??

Se você começar nas cordas D e G você pode não ser capaz de incluir todas as notas. Para solucionar este problema:

- Use as digitações sugeridas pelo diagrama abaixo;

- Comece pelas cordas que te permitem incluir todas as notas desejadas (lembre-se do exercício localizador de notas do capítulo 1 e só procure pela mesma nota em uma corda diferente e, neste caso, mais grave).

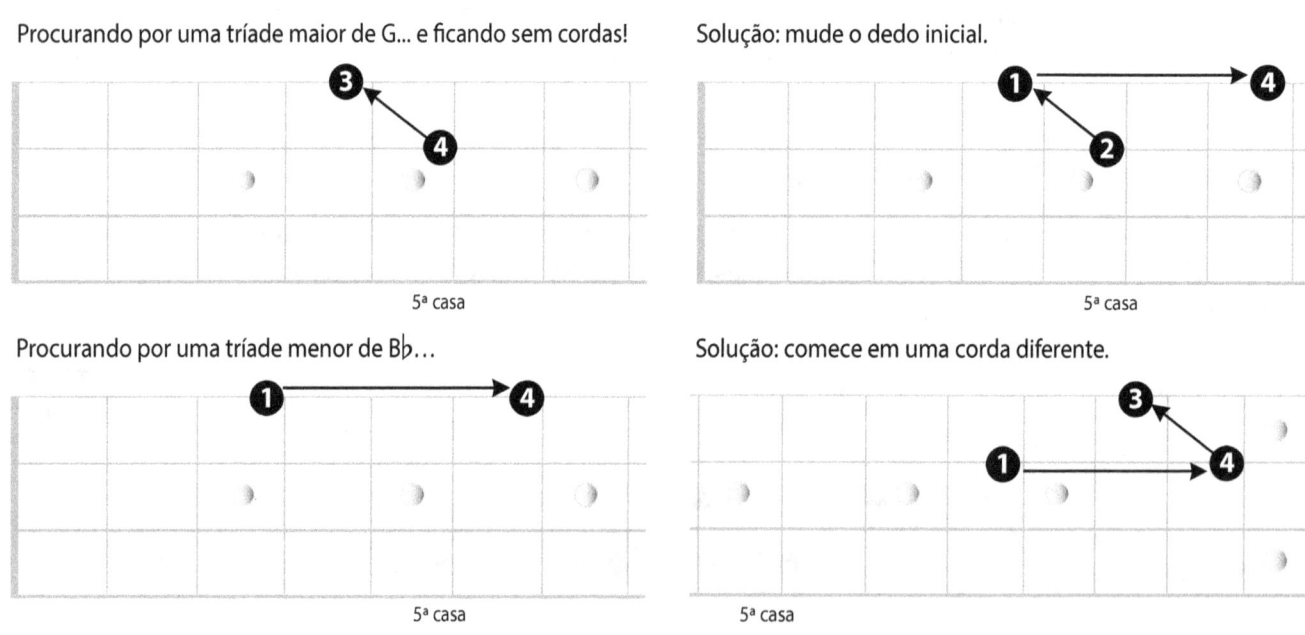

Uma coisa para aprender com estes exemplos é que às vezes faz sentido começar em uma posição mais aguda, porque a digitação para a figura que você está tocando será facilitada e mais eficaz.

É claro que você pode também deslocar e alongar-se até as notas desejadas na corda G.

Mudanças precisam ser praticadas para que soem boas. Discutirei isto detalhadamente no capítulo 13. Por enquanto, considere duas coisas:

- Levante minimamente os dedos das cordas. Ainda que o movimento deva ser ligeiro, use o mínimo de tensão muscular possível;

- Uma boa tática para digitações ao se deslocar é crucial. Para ter como um guia simplificado: após o deslocamento, pare nos dedos 1 ou 2 ao continuar ascendendo ou nos dedos 3 ou 4 ao continuar descendendo.

Experimente essas duas possibilidades a gosto: qual você prefere?

Tríade de B♭ menor na corda G com uma mudança (e um alongamento)

Tríade de B♭ menor na corda G com uma mudança

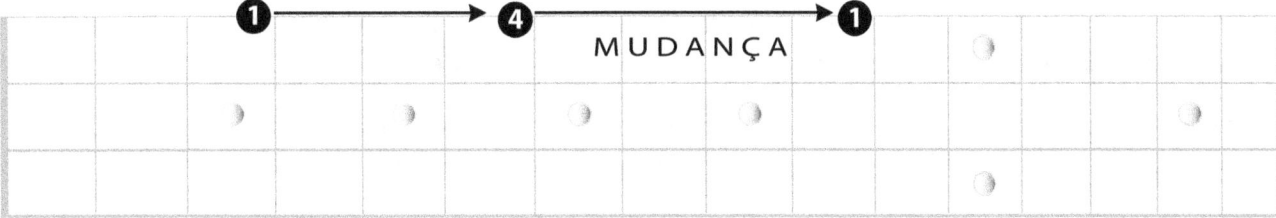

Assim como intervalos, tríades podem ser invertidas. Isso significa que a nota mais grave pode ser a terça ou a quinta ao invés da fundamental.

Tríade menor de B♭

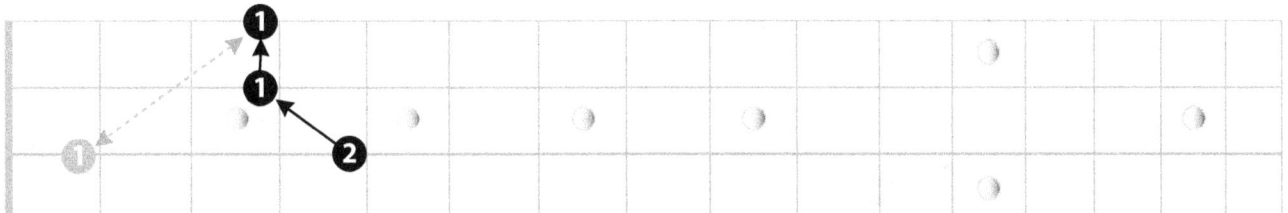

> *Inversões podem trazer variedade para suas linhas de baixo
> ao passo que se mantêm harmonicamente corretas.*

E SE VOCÊ FICAR SEM CASAS?

Você pode ficar sem casas estando em uma região grave do baixo. Às vezes você pode resolver isso usando uma corda solta, como mostrado abaixo.

Por exemplo, tríade de F maior usando uma corda solta:

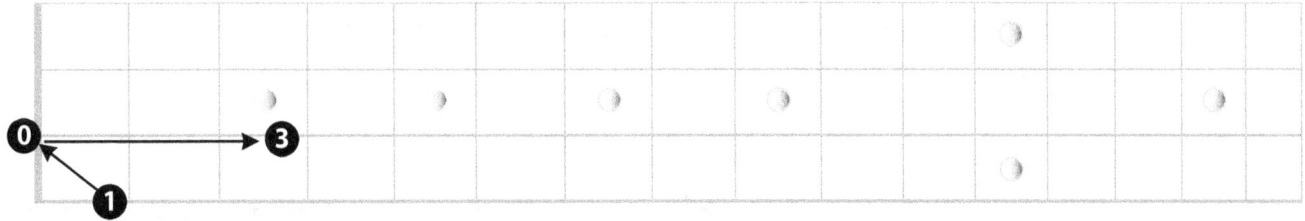

Cartilha da Tríade Para Baixistas

Tríade de G menor usando uma corda solta:

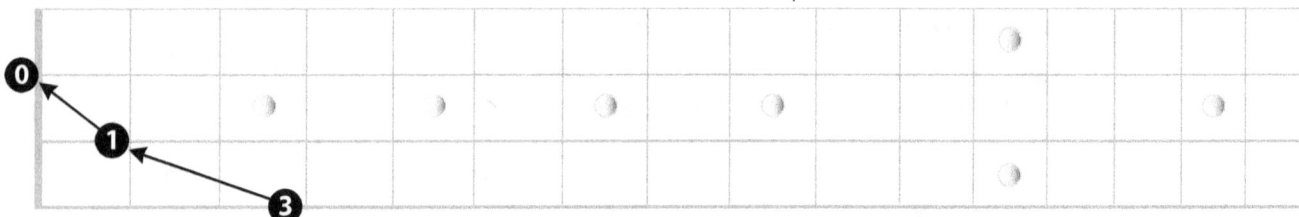

Tríades requerem atravessar cordas

Digitar tríades geralmente requer tocar em mais cordas, o que significa que você muda de corda mais comumente que ao tocar escalas. Atente-se para a digitação de mão direita e pratique estritamente digitação alternada de indicador-médio a princípio, ascendendo e descendendo.

Outro desafio imposto pelas tríades são deslocamentos de uma quarta, os quais requerem que o mesmo dedo da mão esquerda mude para a próxima corda (veja o exemplo abaixo).

DICA: Somente levante o dedo o suficiente para liberar a corda, mas continue em contato com ela. Depois mude para a próxima corda. Pratique isto separadamente com todos os quatro dedos (vide capítulo 13).

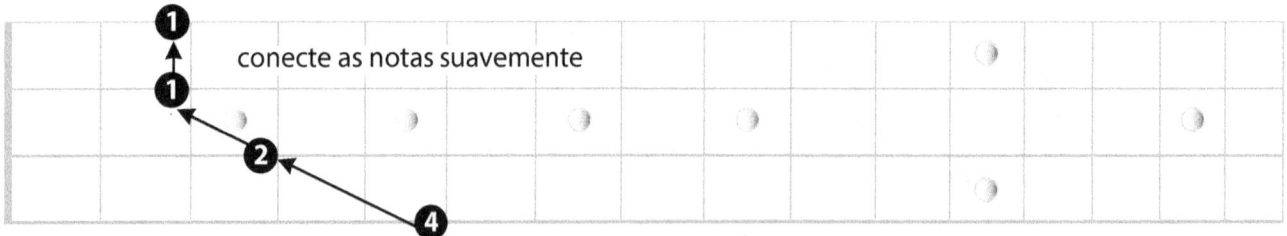

Pense à frente

O objetivo de considerar e praticar estas digitações é ajudar você a perceber a importância de se treinar para pensar com antecedência. Habitue-se a posicionar seus dedos de modo que notas seguintes estejam facilmente acessíveis para você.

Isso também vale para qualquer formato de escala do instrumento (intervalos, escalas etc.) bem como para ler melodias. É importante *pensar à frente* para que você possa planejar digitações eficazes instantaneamente. Isto relaxará sua mão e sua mente, o que se traduzirá em melhor ritmo e um som mais estável — soando mais próximo daquele que você ouve em sua cabeça.

Pense em tríades como um formato ou unidade ao invés de três notas individuais. Deste modo, você tem três notas (sons) imediatamente disponíveis para você quando vir um símbolo de acorde para uma tríade. Essas três notas sempre soarão bem, não importa o que outros instrumentistas façam. A opção mais segura é tocar a fundamental no tempo um.

Use seus ouvidos e experimente!

TRÍADES DIATÔNICAS

Diatônico significa que você está usando somente as notas pertencentes a uma certa escala, geralmente uma escala maior ou menor. Diatônico no tom de C maior significa que você está usando somente as notas da escala de C maior.

Lembre-se de que uma escala maior sempre tem sete notas e cada uma das letras do alfabeto musical é representada uma vez. Em uma escala que tem um F♯, sempre use F♯ em vez de F.

Você pode pensar em algo que é diatônico para uma certa escala como composto por sete "fichas de jogo" específicas. As fichas que você tem para jogar ocorrem em diversas oitavas, é claro, então elas podem ser tocadas em várias regiões diferentes do baixo. Entretanto, você está usando as mesmas sete fichas (notas).

Tipicamente, o termo "diatônico" é aplicado a escalas maiores e menores e seus modos. Modos, tais como escalas dóricas ou lídias, são derivados de escalas maiores (vide capítulo 9).

Em um contexto cromático, que pode ser visto como um contraste ao diatônico, você usa todas as 12 notas: você tem 12 "fichas" para jogar, por assim dizer.

Vamos construir tríades a partir de cada uma das sete notas da escala de G maior. Como explicado anteriormente, use a fórmula "toque uma — pule uma", começando de cada grau da escala. Os graus da escala são enumerados com algarismos romanos (teoria musical clássica usa algarismos romanos em letras minúsculas para acordes menores, como ii para IIm. Eu usarei letras maiúsculas tanto para acordes maiores quanto para menores, já que essa é a convenção usada na maioria das partituras e *song books* populares).

Tríades diatônicas da escala maior de G:

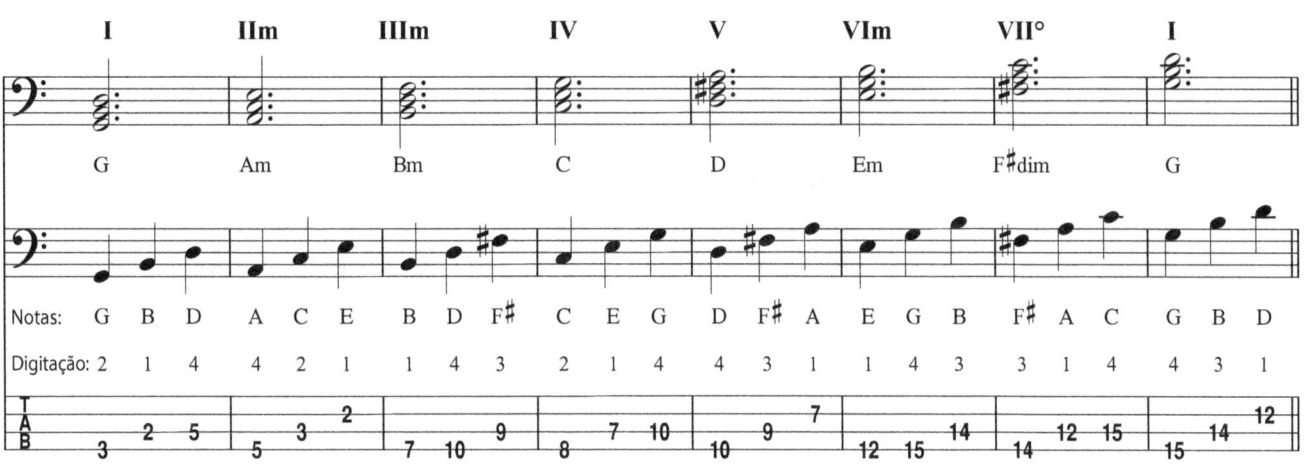

Comece em G na corda E e mova as tríades corda E acima como mostrado na tablatura anterior. Existem maneiras mais elegantes de se executar isso (tais como ficar em uma só posição), mas as digitações acima te permitirão ouvir os sons destas tríades e suas funções, então é um bom começo. O gráfico na página seguinte pode te ajudar a encontrar o caminho, uma vez que ele te mostra posições iniciais para se executar as digitações sugeridas acima.

The grey lines mark triads that are fingered in the same position.

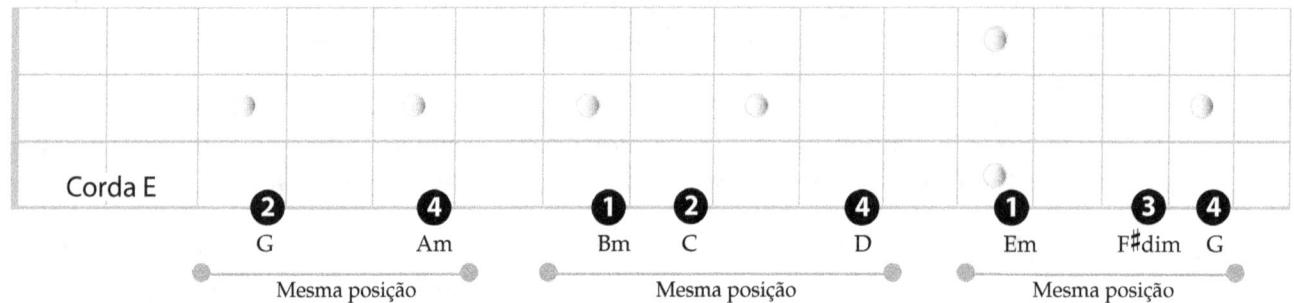

> *Tríades maiores ocorrem nos primeiro, quarto e quinto graus de escala*
> *Tríades menores ocorrem nos segundo, terceiro e sexto graus de escala.*
> *Uma tríade diminuta ocorre no sétimo grau da escala.*

A tríade aumentada não pode ser derivada de uma escala maior. Tríades aumentadas ocorrem em diversas escalas menores e simétricas.

Toque as tríades acima no seu baixo para ouvir o som delas em contexto. Em vez de tocar notas ao mesmo tempo, arpeje-as. Arpejar significa tocar tal qual uma harpa: separe o acorde e toque-o uma nota por vez. Tocar todas as três notas ao mesmo tempo não é possível com todas as opções de digitação e geralmente soa "lamacento" nas regiões graves do baixo.

FUNÇÕES DE ACORDES

Introdução

Sem se aventurar por muito longe em território teórico, este resumo te dará o conhecimento essencial sobre como tocar baixo.

Uma ferramenta eficaz para expressar emoções em música é o uso de dispositivos harmônicos para criar tensão e soltura. Outros dispositivos incluem (mas não são limitados a) fraseado, dinâmicas, articulação, silêncio, extensão, densidade de notas e ritmos. Tensão, soltura e alguns sabores entre elas podem ser criados usando os acordes que você acabou de construir no tom de G.

Estes acordes são usados muito frequentemente para harmonizar melodias de canções.

Há três funções principais que estes acordes cumprem no contexto de diversas músicas. Elas são chamadas:

Tônica (I)
Subdominante (IV)
Dominante (V)

Toque somente estes três acordes usando a digitação do exemplo das tríades diatônicas: G, C, D e de volta à G. Toque a tríade toda, não somente a fundamental. O som que esta progressão de acordes produz é chamado de cadência. Estes três acordes — IV, V e I tocados nesta ordem —prendem você a um tom. Em outras palavras, elas dão uma forte noção da nota "lar", ou tônica da tonalidade.

Se um cantor precisa encontrar o tom, por exemplo, você poderia delinear estes três acordes arpejando tríades: C–E–G (IV), D–F♯–A (V), G–B–D (I). Isto estabelece o som de G maior.

O acorde de tônica cria o sentido de "lar", então ele geralmente é o último acorde em uma peça de música. Uma peça não necessariamente tem que começar com a tônica, mas mais comumente ela termina nela, porque retornar para a fundamental passa o sentido de completude.

A subdominante cria o som de "a caminho de algum lugar", um aumento na energia. É diferente, fresca, mas ainda parte da família (uma vez que estamos lidando com notas diatônicas somente).

A dominante cria tensão que quer ser liberada. Esta tensão é ainda mais amplificada quando nós adicionamos outra terça na parte de cima da tríade, criando o acorde de sétima dominante (vide capítulo 6).

E os outros quatro acordes construídos em seus respectivos graus de escala? Eles são variações das três funções principais listadas acima. Isto ocorre por eles compartilharem duas notas com o acorde de função principal.

> II → função subdominante (variação da subdominante/som de "fora de casa").
>
> III[1] e VI → função tônica (variações da tônica/som de "lar").

Baixistas têm que saber

P: Por que é útil para baixistas entender funções de acordes?

R: O estudo de harmonia funcional lida com acordes e suas funções. Esta seção ressalta o que baixistas precisam saber.

Harmonizando e rearmonizando melodias

Você pode estar em uma situação na qual pedem para você desenvolver uma linha de baixo (que é geralmente baseada nas fundamentais de uma progressão de acordes). Entender as funções de sons diatônicos dá um parâmetro sobre o qual iniciar. Por exemplo, tente harmonizar a canção "Oh, Susanna", primeiro usando somente I, IV e V. Em seguida, adicione os acordes menores e explore os diferentes sabores que eles criam (fique longe do acorde diminuto por enquanto). Se você "agarrar", considere a nota da melodia — cada nota da escala está contida em pelo menos um dos acordes I, IV ou V (pode ser tanto a fundamental, a terça ou a quinta). Experimente uma destas três e veja o que acha dela. Deixe seus ouvidos te guiar.

Se for difícil para você, tente isso:

1) Primeiro, estabeleça o tom tocando a escala maior, por exemplo, de C. Então toque a cadência e arpeje as tríades de I, IV, V, I: C–E–G, F–A–C, G–B–D, C–E–G. Agora cante a canção.
2) Você consegue tocar a melodia no baixo enquanto você a canta? No verso "I come from Alabama", a primeira nota da melodia é a fundamental da escala (C), e então sobe a partir de lá (C–D–E–G–G–A–G–E–C–D–E–E–D–C–D). A melodia é escrita em clave de sol, mas mesmo que você não consiga lê-la, confie em seus ouvidos para ajudá-lo a entender como tocar a melodia no baixo. Isto é um ótimo treinamento de ouvido! A melodia é composta por apenas cinco notas: C, D, E, G, A.

---

[1] III também compartilha de duas notas com V, mas é mais comumente ouvido como relacionado a I que a V.

3) Você precisará decidir quando os acordes mudam. Geralmente os acordes mudam no tempo 1 do compasso, o qual é a batida que parece mais forte que as outras. Esta música começa com duas notas de abertura (tempos fracos), então o tempo um é na palavra "come", que é onde você deverá colocar o primeiro acorde. Experimente um dos três acordes maiores: I, IV ou V. Cante a música e experimente cada uma destas possibilidades, tendo em mente que nem todo compasso requer uma mudança de acorde (pode soar melhor ficar no mesmo acorde).

4) Se você tiver dificuldades em manter a melodia em seus ouvidos ou em cantar as notas corretas, aplique a teoria musical que você acabou de aprender para ajudar você a descobrir qual acorde pode encaixar-se nas notas melódicas que você identificou. Se a nota melódica no tempo um for E, por exemplo, ela dá três opções de acordes que contêm esta nota:

- E em cima: Am (o acorde VI menor, o E seria a quinta) — não um dos três acordes principais mas definitivamente uma opção que funcionaria e criaria um certo efeito.
- E no meio: C (o acorde I, do qual a nota melódica seria a terça) — tipicamente este é o acorde usado na canção.
- E embaixo: Em (o acorde IIIm, o E seria a fundamental).

Experimente todos estes acordes para ver como eles soam. O que você sente em "coming home from Alabama" quando você usa um dos dois acordes menores em vez do acorde maior?

Trate a música inteira assim: primeiro use os acordes maiores, em seguida, substitua pelos menores. Em alguns exemplos, você deverá usar duas mudanças de acordes no mesmo compasso. A harmonização mais amplamente utilizada fica assim:

NOTA: Símbolos de acorde são geralmente anotados quando eles mudam (continue tocando C pelos três primeiros compassos). No penúltimo compasso, toque C pelos 2 primeiros tempos e mude para G no tempo três.

Lembre-se de que essa fórmula básica funcionará para várias músicas tradicionais e folk. Também pode ser aplicada a músicas de rock e pop contanto que elas fiquem em um tom e não sejam modais (vide capítulo 9 sobre modos). Pratique harmonizar melodias seguindo os passos usados para "Oh, Susanna". Esse é um excelente treino para seus ouvidos e é diretamente aplicável na sua prática de tocar do baixo. O objetivo é começar a "sentir" as diferentes energias de I, IV e V e as sutilezas das tríades menores que têm a mesma função.

NOTA: Isso não quer dizer que somente um acorde contendo todas as notas melódicas servirá.

É claro que existem incontáveis maneiras de se harmonizar uma melodia — você pode usar dispositivos modais ou mudar a tonalidade, por exemplo. Decida qual o seu método baseando-se no efeito que você quer criar e do estilo em que você está trabalhando. Os sons de tônica/subdominante/dominante são tão prevalentes na nossa cultura musical que é bom saber como nomeá-los e aplicá-los. Ter estes sons comuns disponíveis no seu ferramental, ser capaz de comunicá-los ("ei, vamos pro IV") e entender as sutilezas dos acordes menores relativos são habilidades essenciais.

Memorizando músicas

Entender as funções de acordes e como elas relacionam-se com melodia e tom ajuda você a memorizar canções. Muitas progressões de acordes são bem comuns e válidas de serem compreendidas, memorizadas e reconhecidas. Cada progressão de acorde, então, se torna uma parte de informação que é muito mais fácil de ser lembrada que uma série de acordes aparentemente não relacionados. Você provavelmente já conhece o som de várias progressões de acordes por tê-las ouvido em canções populares. Agora você pode dar a este conhecimento de som seu nome apropriado e entender de onde ele vem. É prático memorizar mudanças de acordes em termos de números que representam o grau de escala no qual o acorde é construído. Por exemplo: C–F–C–G–Am–Dm–G–C, que está no tom de C, pode ser representado como I–IV–I–V–VIm–IIm–V–I.

Transpondo músicas

Se você se lembrar de músicas como fórmulas de algarismos romanos você terá facilidade em *transpô-las* (isto é, mudá-las para um tom diferente).

Compondo

O que veio primeiro, o ovo ou a galinha — a linha de baixo (com seus acordes correspondentes) ou a melodia? Ou você inventa as duas ao mesmo tempo? Qualquer coisa serve! Divirta-se, experimente e use seus ouvidos. Observe como a sua compreensão de teoria enriquece sua caixa de ferramentas

TRÍADES AO LONGO DA ESCALA

Exercício:

Toque tríades maiores e menores em duas oitavas por toda a escala do baixo em todos os 12 tons. Busque manter deslocamentos no mínimo possível. Este é um ótimo exercício de técnica, uma vez que ele pratica mudar de posição e encontrar notas no baixo. Estes arpejos criam variações legais e ajudam você em sua busca por dominar a escala do instrumento. Compreenda-os em todos os 12 tons. Você pode usar a folha de padrões no fim do livro para escrever os diagramas

Aqui está um exemplo de D♭ maior em duas oitavas. Coloque um metrônomo e toque subindo e descendo. Vá devagar! A digitação é a mesma ascendendo e descendendo.

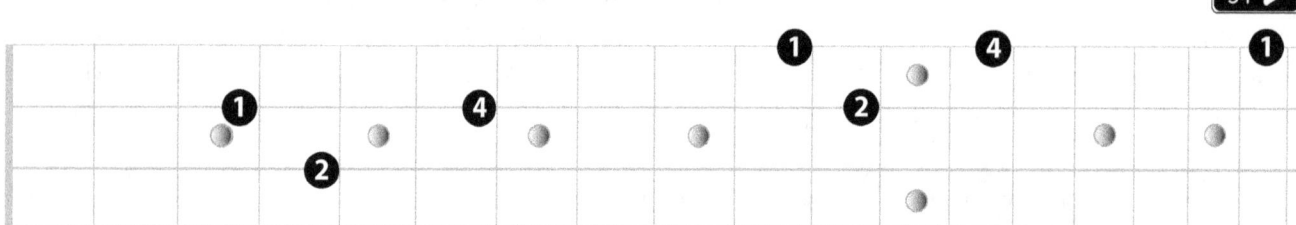

Este é um exemplo de C menor em duas oitavas. A digitação é idêntica tanto ascendendo quanto descendendo.

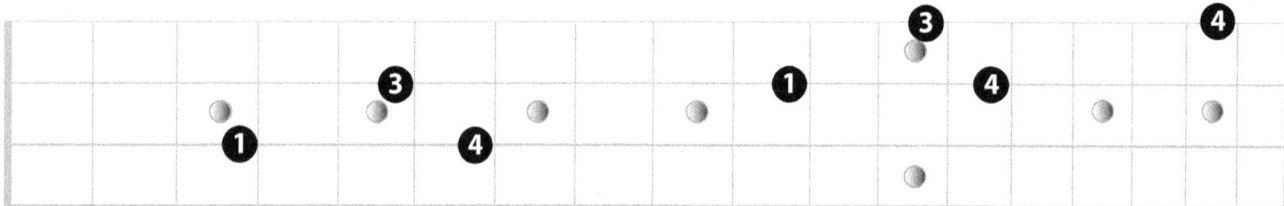

TABELA-RESUMO DAS TRÍADES

Aqui está um resumo das informações mais importantes sobre tríades que nós cobrimos até então.

SÍMBOLO	NOME	INTERVALOS SOMADOS (DE BAIXO PARA CIMA)	QUINTA	QUALIDADE SONORA	GRAUS DA ESCALA MAIOR
C	C maior	maior+menor	justa	estável, alegre, forte, brilhante, agradável	primeiro, quarto e quinto
Cm, C-, Cmin	C menor	menor+maior	justa	estável (apesar de sutilmente menos que a tríade maior), triste, escura, forte	segundo, terceiro e sexto
Cdim, C°	C diminuto	menor+menor	diminuta	desejo de resolver, tensa, dissonante	sétima
Caug, C+	C aumentado	maior+maior	aumentada	sombria, aberta, chocante, misteriosa, cria um senso de deslumbramento	não ocorre na escala maior (ocorre em escalas menores melódicas e harmônicas e em algumas escalas simétricas)

CAPÍTULO 5

INVERSÕES DE TRÍADES

Introdução

Assim como intervalos, tríades podem ser invertidas. Tríades são invertidas da seguinte maneira:

> Pegue a nota mais grave e a suba em uma oitava.
>
> Você pode repetir este processo produzindo duas inversões (três posições no total: a posição da fundamental mais duas inversões). Em essência, cada nota da tríade pode ser a mais grave.

Por exemplo, invertendo uma tríade de G maior:

- Posição da fundamental: G–B–D (fundamental embaixo);
- Primeira inversão: B–D–G (a terça é a nota mais grave);
- Segunda inversão: D–G–B (a quinta é a nota mais grave).

Instrumentistas que tocam instrumentos de acordes como o piano, vibrafone ou violão prestam muita atenção ao modo como os acordes fluem de um para o outro (o que se conhece por condução de vozes). Tocar as tríades da posição de fundamental harmonicamente em sucessão nem sempre soa suave. Uma mudança mais gradual é criada ao se:

- manter as mesmas notas em comum entre acordes em sucessão;
- usar as distâncias mais curtas possíveis para notas que se movam entre acordes.

Para instrumentos de acordes, usar inversões em vez de tocar acordes na posição da fundamental em movimento paralelo pode soar muito mais suave.

Arpeje os seguintes acordes e você ouvirá isto:

- toque G–B–D e então C–E–G;
- compare a G–B–D e então G–C–E (use o mesmo G).

Com isto dito, linhas de baixo geralmente movem figuras de tríades na posição de fundamental, o que soa muito legal. Um instrumento de acordes lutando por condução de vozes suave é outra história.

Baixistas precisam entender os fundamentos de inversão, porque se o baixo toca a terça ou a quinta da tríade no tempo um do compasso o efeito é o mesmo de uma inversão de acorde. É útil entender as implicações da teoria sônica e musical ao criar *grooves* de baixo.

Primeira inversão das tríades maiores e menores

FÓRMULA E DIGITAÇÃO DA PRIMEIRA INVERSÃO DA TRÍADE MAIOR

> A fórmula da tríade maior é: 1 – 3 maior – 5.
>
> Levar a fundamental (1) uma oitava (8) acima muda a ordem para 3 maior – 5 – 8.

Cartilha da Tríade Para Baixistas

A partir da nota mais grave, os intervalos agora mudam para uma terça menor embaixo (entre a terça e a quinta da tríade de posição de fundamental) e uma quarta justa em cima (entre a quinta e a oitava). Os intervalos a partir da nota mais grave são agora uma terça menor e uma sexta menor. É por isto que tríades de primeira inversão também são chamadas acordes de sexta.

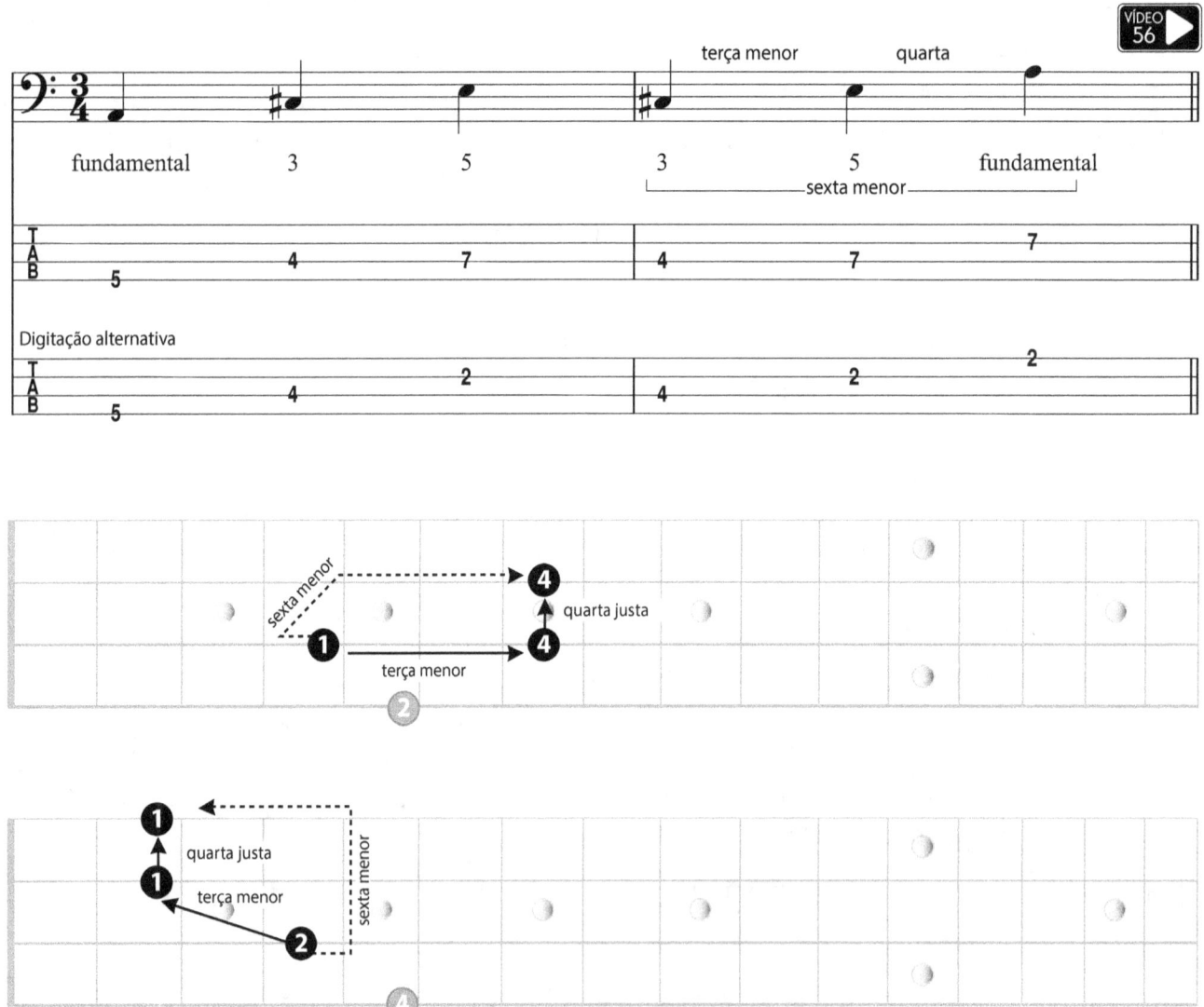

O ponto cinza mostra a fundamental na posição de fundamental.

Fórmula e digitação da primeira inversão da tríade menor

> A fórmula da tríade menor é: 1 – 3 menor – 5.
> Levar a fundamental (1) uma oitava (8) acima muda a ordem para 3 menor – 5 – 8.

A partir da nota mais grave os intervalos agora mudam para uma terça maior embaixo (entre a terça e a quinta menores da tríade de posição de fundamental) e uma quarta justa em cima (entre a quinta e a oitava da tríade de posição fundamental). Os intervalos a partir da nota mais grave são agora uma terça maior e uma sexta maior. A primeira inversão de tríades menores, assim como a de tríades maiores, também é chamada de acorde de sexta.

Capítulo 5

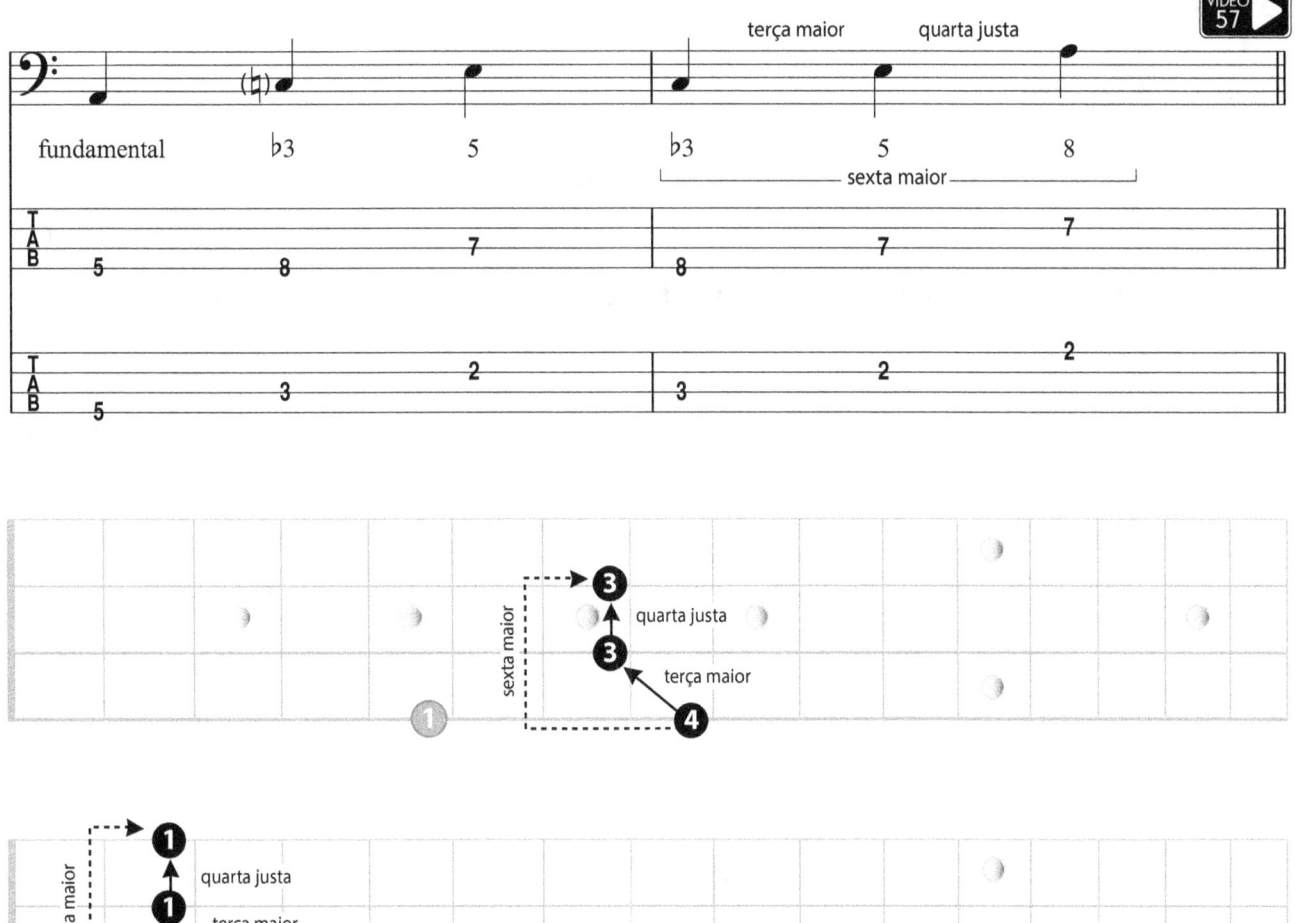

Símbolo de acorde

A/C♯ ou Am/C

Leia "Lá com Dó sustenido": uma tríade de A maior com um C♯ como nota de baixo.
Leia "Lá menor com Dó": uma tríade de A menor com um C como nota de baixo.
A terça é a nota mais grave → primeira inversão.

Som

O som de uma tríade de primeira inversão é estável, mas mais aberto que o da posição de fundamental. Geralmente, espera-se que a primeira inversão da tríade maior se mova para algum lugar. Por exemplo, toque C–C/E. O acorde de C/E quer se mover para F. Para reconhecer isso, identifique a nota mais grave. Tente cantar o arpejo e encontre a terça embaixo e a fundamental em cima. Nota: se a terça estiver embaixo e a fundamental em cima com a quinta entre elas, nós chamamos isto de "posição fechada". Instrumentos de acordes frequentemente alongam o acorde de diversas maneiras, mudando a ordem das notas do acorde acima da nota de baixo. Isso é conhecido como "posição aberta". Todavia, contanto que a terça esteja embaixo (no baixo), o acorde é considerado uma primeira inversão.

Terminologia

Acorde de sexta ou primeira inversão.

Cartilha da Tríade Para Baixistas

Primeira inversão da tríade diminuta

Fórmula e digitação

> A fórmula da tríade diminuta é: 1 – 3 menor – 5 diminuta.

Levar a fundamental (1) uma oitava (8) acima muda a ordem para 3 menor – 5 diminuta – 8.

Os intervalos somados são agora uma terça menor e uma quarta aumentada. A partir da nota mais grave os intervalos agora mudam para uma terça menor e uma sexta maior.

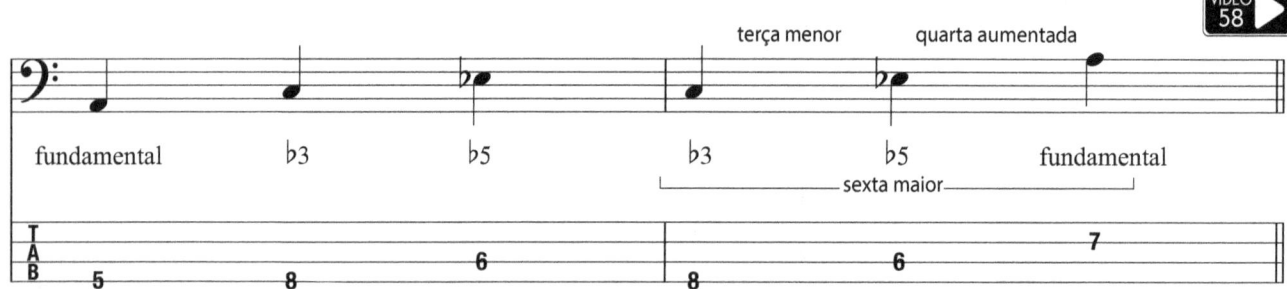

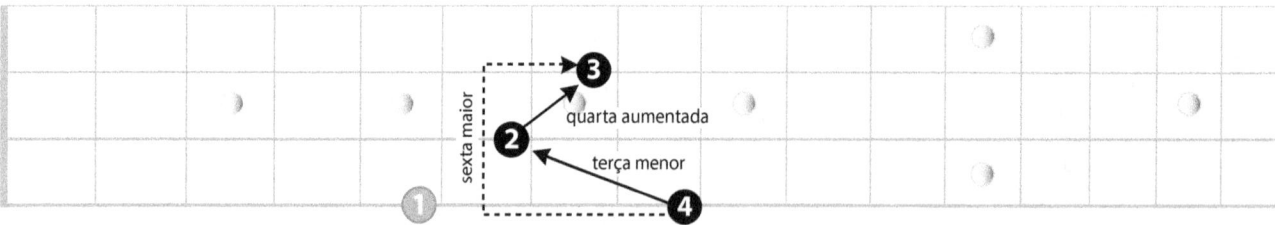

A digitação (4–2–3) como mostrada acima é bem confortável. Alternativamente, você pode começar com o dedo 3 e continuar com o primeiro e segundo (3–1–2).

Som

Distinguir o som do acorde diminuto invertido é um pouco desafiador. As tríades aumentada e diminuta são um pouco mais difíceis de cantar, e uma boa maneira de identificar estes acordes é cantar um arpejo delas. Não se sinta desencorajado caso esteja um pouco difícil para você a princípio. Continue tocando e cantando as tríades maiores e menores e suas inversões para iniciantes e, então, aventure-se tentando reconhecer as inversões da tríade diminuta.

O que é interessante sobre a primeira inversão da terça diminuta é que (vista da fundamental) ambos os intervalos resultantes são consonantes. Eles são uma terça menor e uma sexta maior. Portanto, esta forma da tríade diminuta é usada bem frequentemente.

Segunda inversão das tríades maior e menor

Segunda inversão da tríade significa que a quinta é a nota mais grave. Em posição fechada, a fundamental estará no meio. Exemplo: A/E (a quinta é a nota mais grave → segunda inversão).

Capítulo 5

Fórmula e digitação da segunda inversão da tríade maior

> A fórmula da tríade maior é: 1 – 3 maior – 5.
>
> Inverta a tríade duas vezes elevando as duas notas mais graves em uma oitava e você terá 5 – 8 – 3 maior (segunda inversão).

Os intervalos somados a partir da nota mais grave são uma quarta justa embaixo (entre 5 e 8) e uma terça maior em cima (entre 8 e 3 maior). Os intervalos a partir da nota mais grave são uma quarta justa e uma sexta maior. Portanto, uma tríade de segunda inversão também pode ser chamada de acorde de *quarta e sexta*. Os pontos cinza no diagrama da escala mostram onde a fundamental e terça estavam localizadas na posição da fundamental.

Segunda inversão da tríade maior: Pratique não só com os dedos 4–4–3, como mostrado abaixo, mas também com 3–3–2 e 2–2–1.

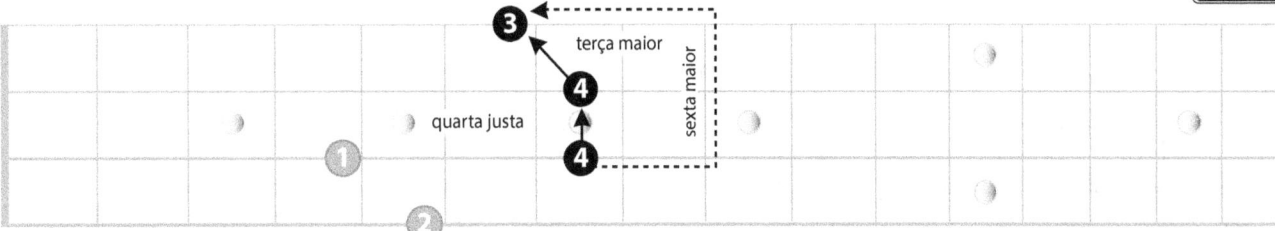

Fórmula e digitação da segunda inversão da tríade menor

Repita o processo como apresentado acima para a tríade menor.

> Enumeradas como notas de acordes de tríades, tem-se: 5ª – 8ª – 3ª menor.

Os intervalos somados a partir da nota mais grave são uma quarta justa embaixo (entre 5 e 8) e uma terça menor em cima (entre 8 e 3 menor). Os intervalos como vistos a partir da nota mais grave são uma quarta justa mais uma sexta menor.

Segunda inversão da tríade menor:

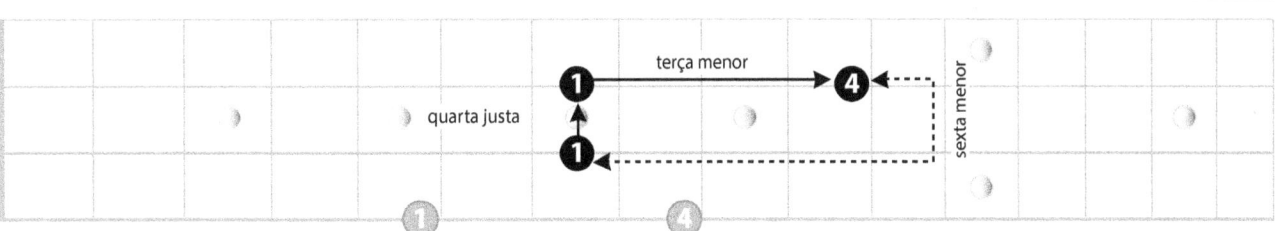

Formato alternativo

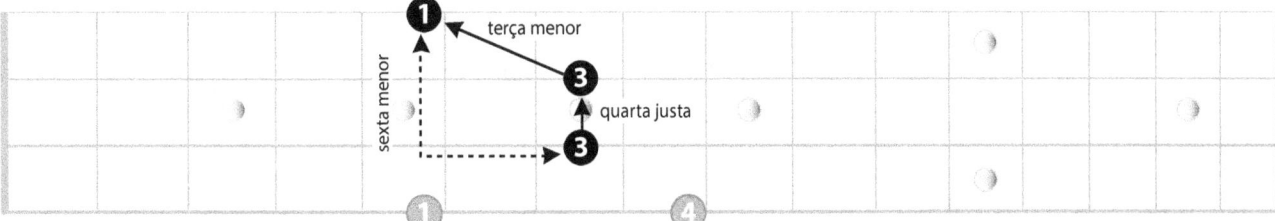

Som

Em posição fechada, a segunda inversão tem a fundamental da tríade no meio, então este é o mais complexo som dentre as três opções de vozes. A segunda inversão é a única das três versões da tríade na qual há o intervalo de uma quarta da nota de baixo para a nota do meio. Uma vez que a quarta tem um pouco mais de tensão (ou atrito) que terças ou sextas, a segunda inversão tem um som mais tenso.

Terminologia

Acorde de quarta e sexta ou segunda inversão.

Símbolo de acorde

A/E ou Am/E

Leia "Lá com Mi": uma tríade de A maior ou menor com E no baixo. A quinta é a nota mais grave → segunda inversão.

Segunda inversão da tríade diminuta

Fórmula e digitação

Repita o processo como mostrado na seção anterior para a tríade diminuta.

> Enumeradas como notas de acordes de tríades, tem-se: 5ª diminuta – 8ª – 3ª menor

Os intervalos somados a partir da nota mais grave são uma quarta aumentada embaixo (entre ♭5 e 8) e uma terça menor em cima (entre 8 e 3 menor). Os intervalos a partir da nota mais grave são uma quarta aumentada e uma sexta maior.

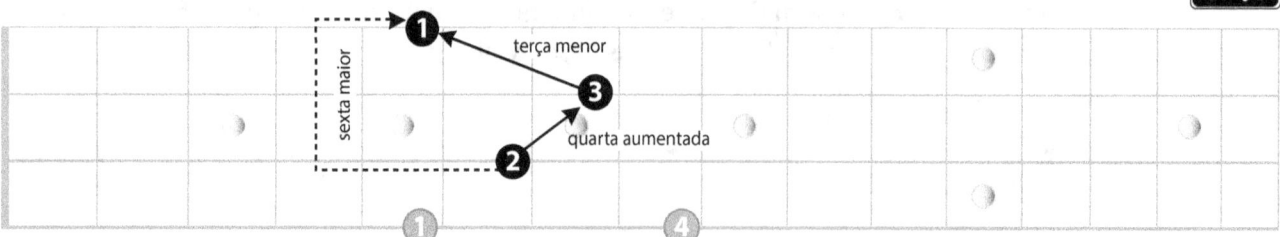

Som

Em posição fechada, a segunda inversão tem a fundamental da tríade no meio, então este é o som mais complexo das três vozes de acorde.

A segunda inversão da tríade diminuta soa mais tensa ou mais dissonante que a posição de fundamental ou primeira inversão já que há uma quarta aumentada (quinta diminuta enarmônica) acima da nota de baixo e sem nota entre elas para diminuir o efeito dissonante.

Terminologia

Acorde de quarta e sexta ou segunda inversão.

Capítulo 5

Símbolo de acorde

A°/E♭

Leia "Lá diminuto com Mi bemol", uma tríade de A diminuto com E♭ no baixo.

A tríade aumentada invertida

A tríade aumentada mantém sua estrutura intervalar (enarmônica) intacta ao ser invertida, porém a nota mais grave será diferente.

> **NOTA:** Em música popular e jazz, decomposição enarmônica é muito mais aceitável que em teoria musical clássica. Para nossos fins práticos, F–A–C♯ e F–A–D♭ são o mesmo som (ainda que, tecnicamente falando, F–A–C♯ seja uma tríade de F aumentada, enquanto F–A–D♭ é a primeira inversão de uma tríade aumentada de D♭).

Baixistas têm que saber

É importante que baixistas saibam sobre inversões porque:

Às vezes as notas do baixo de progressões de acordes deslocam-se bastante. Pegue, por exemplo, C–Em–Am–F–C–F–G–C. Usando inversões, você pode criar uma linha de baixo mais suave ou melódica, como C–Em/B–Am–F–C/E–F–G–C. A título de exercício, pegue uma progressão de acorde de uma música e mude a linha de baixo usando inversões. Preste atenção ao modo como elas soam e afetam as mudanças de acordes.

> *As três notas de uma tríade podem formar diversas variações de sons dependendo da ordem e oitava nas quais as notas são tocadas.*

Como baixistas, nós somos geralmente convocados para tocar a fundamental no tempo um. Isso ocorre porque qualquer coisa que venha acima daquela nota mais grave está relacionada a ela. Se o baixista não toca a fundamental, o som do acorde muda.

Se, na posição de baixista, você toca uma das outras duas notas da tríade, você faz com que o acorde soe invertido — você muda o som dos acordes. Esta pode ser uma ferramenta útil para adicionar variação a uma progressão de acordes repetida. Em símbolos de acordes, isto é notado usando uma barra:

    G (posição de fundamental, G–B–D)

    G/B (leia "Sol com baixo em Si", primeira inversão)

    G/D (leia "Sol com baixo em Ré", segunda inversão)

> **NOTA:** Acordes invertidos podem também conter notas não pertencentes à tríade após a barra. Veja a seção sobre "Acordes suspensos, poliacordes e acordes invertidos" adiante.

Sons de inversões:

- Os sons de posição de fundamental e de inversões são mais bem compreendidos ao se considerar os intervalos em relação à nota de baixo.
- A primeira inversão soa um pouco mais ativa e aberta que a posição de fundamental. Isto pode ser explicado pelo fato de que intervalos acima do baixo ainda são todos consonantes e a sexta substitui a quinta, o que resulta em um som mais amplo.

- Geralmente, espera-se que a tríade maior se mova ou se resolva para um acorde um semitom acima da nota de baixo (por exemplo, para o acorde IV: C–C/E–F).

A segunda inversão emprega uma quarta justa acima do baixo, o que é levemente dissonante (quer se resolver). Portanto, ela tem o som mais tenso dentre as três vozes.

Como praticar inversões

Pratique tocar tríades na posição de fundamental, depois primeira inversão, e então segunda inversão.

DICA: Pegue qualquer inversão e toque-a subindo e descendo o braço. Tente mover-se em semitons, tons e terças menores.

Ideias bacanas

INVERSÕES POR TODO O BAIXO

Abaixo está um exemplo de um *lick* legal que consiste em acordes de sexta (primeiras inversões). É basicamente a separação de uma escala em acordes de sexta.

EVITANDO SONS LAMACENTOS

Em alguns contextos, soa legal de fato "bater" (como um violonista) uma tríade. Obviamente, você tem que escolher uma digitação que permita que três cordas soem simultaneamente. Usar cordas mais graves resulta em um som bem lamacento por causa do registro grave do baixo. Empregar posições abertas soa menos lamacento porque cria mais espaço entre as notas individuais. Tente bater o arpejo acima e veja o que acha do som. Tirar um pouco da frequência grave do seu instrumento também pode ser útil. Baixistas devem predominantemente bater tríades no registro de cima de seu instrumento (começar do A2 é uma aposta segura).

Capítulo 5

Tabela-resumo da inversão de tríades

Aqui está um resumo das informações mais importantes sobre tríades que apresentamos até então.

Exemplos usando tríades construídas a partir da fundamental D:

	Onde está a fundamental da tríade?	Nota mais grave (exemplo)	Intervalos somados	Intervalo entre notas mais grave e mais aguda	Exemplo
posição de fundamental	Na nota de baixo	fundamental do acorde	terça+terça	quinta	
tríade maior		D	terça maior + terça menor	quinta justa	D (D–F#–A)
tríade menor		D	terça menor + terça maior	quinta justa	Dm (D–F–A)
tríade diminuta		D	terça menor + terça menor	quinta diminuta	D° (D–F–Ab)
tríade aumentada		D	terça maior + terça maior	quinta aumentada	D+ (D–F#–A#)
primeira inversão (acorde de sexta)	Na nota de cima	terça do acorde	terça+quarta	sexta	
tríade maior inv. 1		F	terça menor + quarta	sexta menor	D/F# (F#–A–D)
tríade menor inv. 1		F	terça maior + quarta	sexta maior	Dm/F (F–A–D)
tríade diminuta inv. 1		F	terça menor + quarta aumentada	sexta maior	D°/F (F–Ab–D)
tríade aumentada inv. 1		F	terça maior + quarta diminuta	sexta menor	D+/F# or F#+ (F#–A#–D)
segunda inversão (acorde de quarta e sexta)	No meio	quinta do acorde	quarta + terça	sexta	
tríade maior inv. 2		A	quarta + terça maior	sexta maior	D/A (A–D–F#)
tríade menor inv. 2		A	quarta + terça menor	sexta menor	Dm/A (A–D–F)
tríade diminuta inv. 2		A	quarta aumentada + terça menor	sexta maior	D°/Ab (Ab–D–F)
tríade aumentada inv. 2		A	quarta diminuta + terça maior	sexta menor	D+/A# or A#+ (A#–D–F#)

ACORDES SUSPENSOS, POLIACORDES E ACORDES INVERTIDOS

Acordes com quarta suspensa

Algumas tríades não têm uma terça. Em vez da terça, elas podem usar uma segunda ou quarta, "suspendendo" a terça (portanto, "acorde sus").

Em um acorde sus4, a quarta toma o lugar da terça.

Um acorde sus2 tem uma segunda em vez de uma terça. Seu efeito de resolução não é tão forte quanto com o sus4.

Em música clássica, o som suspenso tipicamente resolve para a terça. Ouça este som arpejando ou batendo C–F–G, C–E–G. Você ouve o F (a quarta) resolver para o E (a terça), que transforma o instável em estável.

Acorde sus4 resolvendo para uma tríade maior

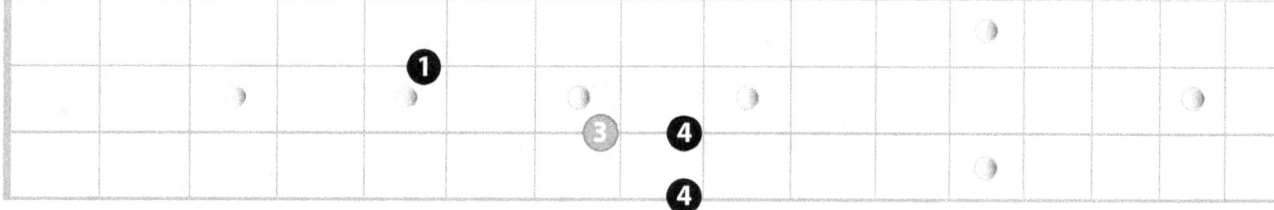

Acordes suspensos também ocorrem sem resolver o som suspenso, o que cria um som bem aberto. Eles podem ser invertidos da mesma maneira que tríades maiores ou menores.

> Quando você se deparar com um acorde sus, é melhor evitar tocar a terça (maior ou menor) nas suas linhas de baixo por duas razões:
> 1. O compositor pode ter tido a intenção de ser ambíguo sobre se esta harmonia em particular é maior ou menor;
> 2. Provavelmente não se pretende fazer-se ouvir a resolução do som sus enquanto este estiver ressoando. Portanto, tocar a terça destruiria o senso de abertura ou tensão sutil.

ACORDES INVERTIDOS

No sentido mais rigoroso, acordes invertidos são tríades sobre uma nota de baixo que não é uma das que compõem o acorde. Barras também são usadas para denotar tríades invertidas.

Muito comumente as tríades são maiores porque seu som estável cria uma justaposição interessante sobre a nota de baixo que não faz parte do acorde. Isto dito, todas as formas de tríades podem ser usadas como a parte primária de um acorde invertido. Se uma das notas de acorde da tríade primária está embaixo, o resultado é uma inversão.

Um acorde invertido pode ter a seguinte aparência:

C/D
Fm/B♭

Para propósitos de análise harmônica, acordes invertidos podem ser escritos como uma fórmula com números, a nota de baixo sempre sendo 1. Por exemplo, 7/1 — sete com um — significa uma tríade maior construída sobre uma sétima menor na nota de baixo. Em C, isso seria B♭/C

Acordes invertidos criam sons interessantes que não podem ser facilmente descritos ou entendidos com outros símbolos de acordes. Frequentemente, você encontrará acordes invertidos que soam semelhantemente a acordes suspensos, como Dm/G ou F/G. Note que ambos os acordes não têm terça, mas apresentam uma segunda ou quarta acima da nota de baixo.

AVANÇADO: ao incluir acordes de sétima (vide capítulo 6) e suas inversões, realmente só existem alguns poucos acordes invertidos que não são inversões de acordes. O 7/1 e o 2/1 são os mais comuns.

Importante para baixistas:

- Coloque a nota que está ao lado da barra no tempo um do compasso;
- Pelo restante do compasso, use somente notas que funcionem com a tríade primária.

Isto é especialmente importante se você estiver tocando um padrão de groove repetitivo tal como 1–5 (em cada compasso você toca a fundamental nos tempos 1 e 2 e a quinta nos tempos 3 e 4). Quando você encontrar o acorde invertido, você precisa variar o padrão para adequá-lo à harmonia.

Por exemplo, esta é uma progressão de acordes frequentemente utilizada incorporando a segunda inversão de Em:

❶ ACORDES: ‖ C |Em/B |Am | etc.
    GROOVE 1–5: ‖ C   G | B   E | A   E | etc.

Não toque o 5 de B (F♯) com Em/B (a menos que você realmente queira adicionar o sabor da nona F♯).

Outro exemplo utilizando um groove do tipo 1–3–5:

❷ ACORDES: ‖ C | C/E | F | etc.
    GROOVE 1-3-5: ‖ C E G | E G C | F A C | etc.

Poliacordes

Poliacordes são dois acordes, mais comumente duas tríades, juntos. Eles são anotados com um travessão (—).

Sobre o travessão tem um acorde e também é o que se tem embaixo dele.

$\frac{C}{B\flat}$ significa que as três notas da tríade maior de C e as três notas da tríade de B♭ estão nesta harmonia. Estes acordes são geralmente utilizados em música modal, um tipo de música que encontra tensão e soltura por meio de cores dos sons em vez de fazê-lo por harmonia funcional.

Duas maneiras de se utilizar poliacordes com grande efeito são:

1. Para obscurecer a tonalidade ou dar a entender que os tons estejam ocorrendo simultaneamente. Isto pode abrir o som dramaticamente ou criar bastante tensão..

2. Para alcançar vozes específicas ou extensões de acordes. Por exemplo, em $\frac{C}{B\flat}$, C adiciona as extensões de 9, ♯11 e 13.

Cartilha da Tríade Para Baixistas

Como baixista, atenha-se ao que está debaixo do travessão para o tempo um e depois explore os sons de ambos os acordes. Um poliacorde te dá muitas opções — há seis sons diferentes neste acorde (sem quaisquer cores adicionais que músicos gostem de adicionar). Explore a ampla gama de cores, tensões e sons frescos.

AVANÇADO: Note que todas as notas do acorde de cima têm que ser mais altas nas vozes do acorde que as notas do acorde de baixo. As tensões criadas podem variar significativamente dependendo de onde as notas sejam colocadas. Por exemplo, $\frac{A\flat}{B\flat}$ pode ser conduzido de tal modo que um *cluster* (três ou mais notas adjacentes de uma escala) forme-se acima do B♭. Se o acorde é aberto para que E♭ esteja localizado acima do D, o intervalo resultante da nona menor soa bem dissonante, enquanto se o D for colocado acima do E♭, a sétima maior resultante soa menos tensa.

A nota mais grave do acorde mais grave, sua fundamental, é entendida como a nota de baixo.

TESTE SUA COMPREENSÃO N.°6

a) Quais das tríades abaixo são tríades maiores? Marque com um (✓).

C♯ _____ E♭ _____ F♯ _____ C♭ _____
D♭ _____ A♭ _____ G♯ _____

b) Decomponha as seguintes tríades:

B♭m _-_-_   Dm _-_-_   F♯m _-_-_
B♭ _-_-_   A♭m _-_-_ Faug _-_-_
D _-_-_   A♭ _-_-_   Fdim _-_-_

c) Nomeie e toque as tríades (notas estão escritas da mais grave para a mais aguda):

B–D♯–F♯ _____   B♭–D–F _____   B♭–D♭–F♭ _____   B–D♯–F× _____
B–D–F _____   B♯–D♯–F♯ _____ B–D–F♯ _____   B♭–D♭–F _____

Nomeie e toque as tríades (notas estão escritas da mais grave para a mais aguda):

D–F♯–A _____   D♭–F–A _____   D♭–F–A♭ _____   D–F♯–A♯ _____
D–F–A♭ _____   D♯–F♯–A♯ _____ D–F–A _____   D♭–F♭–A♭ _____

d) Como estão relacionados os acordes construídos nos segundo e quarto graus de escala? O que causa tal relação? Por que isto é importante? _____

e) Seguindo nosso modelo de criação de tríades a partir da combinação de terças menores e maiores, por que não existe uma tríade que seja decomposta em C–E♭–G♯ ou C–E–G♭?

TESTE SUA COMPREENSÃO N.º 6

f) Harmonize a canção "Parabéns a você" usando somente I, IV e V.

g) Os seguintes acordes são inversões de tríades?

G/D ☐ sim ☐ não   G/B ☐ sim ☐ não   B♭/G ☐ sim ☐ não   F/D ☐ sim ☐ não

G/A ☐ sim ☐ não   B/G ☐ sim ☐ não   Gm/B♭ ☐ sim ☐ não   D/F♯ ☐ sim ☐ não

G/F ☐ sim ☐ não   G/B♭ ☐ sim ☐ não   Em/C ☐ sim ☐ não

h) Quais notas os seguintes acordes contêm?

G/D _____   G/B♭ _____   D/F♯ _____   G♭sus4 _____

G/A _____   B♭/G _____   F/G _____ $\frac{Gm}{Fm}$ _____

G/F _____   Gm/B♭ _____   Gsus2 _____ $\frac{G♭}{C}$ _____

G/B _____   Em/C _____   Gsus4 _____

B/G _____   F/D _____   G♭sus2 _____

i) Nomeie e toque as seguintes inversões (notas estão listadas da mais grave para a mais aguda):

D–G–B _____   G–C–E♭ _____   F–B–D _____

G–B♭–D♭ _____   G–B♭–E♭ _____   C♯–E–A _____

G–B–D♯ _____   G–B♭–E _____   D♭–F–A _____

j) Construa e nomeie estes acordes:

F   F–A–C (tríade maior, posição de fundamental)

D♭/A♭ __–__–__ (_____)   G+ __–__–__ (_____)

C♯m/G♯ __–__–__ (_____)   Am/E __–__–__ (_____)

C°/G♭ __–__–__ (_____)   G♯°/D __–__–__ (_____)

C♯m/E __–__–__ (_____)   E/G♯ __–__–__ (_____)

C/G __–__–__ (_____)   Em/G __–__–__ (_____)

E°/B♭ __–__–__ (_____)

k) Quantas tríades diferentes você pode criar que contenham a nota F (tríades e inversões conforme instruído)? Não vale usar × or ♭♭! Quais são elas? Faça uma lista delas e as conte.

_____

l) Qual inversão tem a seguinte fórmula:

Terça maior embaixo, notas de fora criando uma sexta maior? _____

m) Se C–E–G é uma tríade na posição de fundamental, qual inversão é G–E–C? _____

Tétrades

INTRODUÇÃO ÀS TÉTRADES

Como você aprendeu, tríades são criadas colocando duas terças juntas. Se você somar mais uma terça à tríade, você terá uma tétrade (acorde de quatro notas).

Este capítulo te dará uma explicação e uma estratégia para as tétrades mais comuns para que você saiba como executá-las como baixista. Eu também te darei um guia para situações nas quais você encontre monstros como A♭7♯9♯11♭13 (porque existem maneiras bem simples de lidar com eles!).

Uma tétrade (para nossos propósitos imediatos) contém uma:

- Fundamental;
- Terça maior ou menor;
- Quinta (justa, diminuta ou aumentada);
- Sétima (maior, menor ou diminuta).

Outro jeito de enxergá-la é notar uma tríade embaixo com uma sétima adicionada (na posição de fundamental). Isto é porque estas tétrades também são chamadas de acordes de sétima. Há outros acordes contendo quatro notas, o que será discutido mais tarde.

TÉTRADES COM UMA QUINTA JUSTA

Na próxima página, você verá uma tabela com todas as posições possíveis, combinando tríades maiores e menores com sétimas maiores e menores.

NOTA: a 7ª diminuta somente é usada com a tríade diminuta. Isto te dá quatro opções de acordes de sétima mais prováveis de serem encontrados.

Assim como nas tríades, você pode ver os acordes de sétima como uma fórmula de terças somadas ou intervalos gerados a partir da fundamental.

Nomes de acordes às vezes dão trabalho a baixistas. As tétrades mais comuns são (usando C como a fundamental) C7M, Cm7 e C7. Você precisa saber a qual parte o respectivo "M" e "m" pertence — pode ser à tríade ou à sétima.

Há uma maneira simples de abordar esta questão confusa. Lembre-se de que a tríade maior de C é chamada C, enquanto a tríade menor de C precisa da adição de "m", "–" ou "min" junto ao nome da fundamental. Isso também é verdade para a porção de tríade do acorde de sétima. Você pode dizer, a menos que especificado diferentemente, que a tríade é maior. O contrário é válido para a sétima. A menos que especificado diferentemente, a sétima é menor. Confira a tabela abaixo à medida em que você aplica estas regras simples. O acorde sairá sempre correto.

• "m" pertence à tríade	• Se a tríade não estiver especificada no símbolo do acorde, ela é maior.
• "M" pertence à sétima	• Se a sétima não estiver especificada no símbolo do acorde, ela é menor.

NOTA: uma exceção à regra acima é o acorde de Cdim7, no qual tanto a tríade quanto a sétima são diminutas (confira á próxima seção).

Vamos olhar para cada acorde detalhadamente na tabela abaixo, usando o exemplo de C como fundamental. As setas cinza na coluna "Explicação" apontam os nomes redundantes que são ignorados no símbolo de acorde (há algumas variações possíveis quando o assunto é o legítimo símbolo de acorde. As convenções mais frequentemente usadas estão listadas).

Nome	Tríade	7ª	Fórmula de terças	Intervalo somados	Exemplo decomposto	Explicação	Símbolo de acorde	Som
"Dó com sétima maior"	maior	maior	3maior–3menor–3maior	3maior–5justa–7maior	C-E-G-B	CM-7M	C7M Cmaj7 CΔ	estável, ainda que dissonante, lar, jazz
"Dó com sétima menor"	menor	menor	3menor–3maior–3menor	3menor–5justa–7menor	C-E♭-G-B♭	Cm-7m	Cm7 Cmin7 C–7	aveludado escuro, legal e funk
"Dó com sétima dominante"	maior	menor	3maior–3menor–3menor	3maior–5justa–7menor	C-E-G-B♭	CM-7m	C7	tensa, blues, quer resolver
"Dó menor com sétima maior"	menor	maior	3menor–3maior–3maior	3menor–5justa–7maior	C-E♭-G-B	Cm-7M	Cm(7M) Cmin(maj7) Cm(maj7)	bastante melancólica, tensa

TÉTRADES COM UMA QUINTA DIMINUTA OU AUMENTADA

E se você criar acordes de sétima com tríades diminutas ou aumentadas? Na tabela a seguir, você encontrará acordes de sétima diminuta ou aumentada frequentemente usados.

Nome	Tríade	7ª	Fórmula de terças	Intervalo somados	Exemplo decomposto	Explicação	Símbolo de acorde	Som
"Dó com sétima menor com quinta bemol"	dim.	men.	3menor–3menor–3maior	3menor–5diminuta–7menor	C-E♭-G♭-B♭	Cdim-7m	Cm7♭5 CØ	tensa
"Dó com sétima diminuta"	dim.	dim.	3menor–3menor–3menor	3menor–5diminuta–7diminuta	C-E♭-G♭-A (na verdade, B♭♭)	Cdim-7dim	C°7 Cdim7	ainda mais tensa escura
"Dó com sétima maior aumentada"	aum.	mai.	3maior–3maior–3menor	3maior–5aumentada–7maior	C-E-G♯-B	Caum-7M	C7M+5 C7M♯5 Cmaj7♯5 C+maj7	muito brilhante levemente misteriosa
"Dó com sétima aumentada"	aum.	men.	3maior–3maior–3diminuta	3maior–5aumentada–7menor	C-E-G♯-B♭	Caum-7m	C7+ C7♯5	levemente chocante brilhante

TÉTRADES

UMA PALAVRINHA SOBRE ACORDES DIMINUTOS

Você se lembrará que C° é uma tríade diminuta (C–E♭–G♭), duas terças menores somadas.

CØ é uma tétrade, também escrita como Cm7(♭5), uma terça diminuta embaixo e uma sétima menor em cima.

C°7 também é uma tétrade: tem uma sétima diminuta em cima, então é uma soma de três terças menores. C–E♭–G♭–B♭♭ é teoricamente o jeito correto de se decompor as notas, mas você pode também dizer C–E♭–G♭–A para tornar sua leitura mais fácil.

DTÉTRADES DIATÔNICAS

Tétrades diatônicas são construídas da mesma maneira que tríades, com terças somadas ou começando com uma escala maior e então usando a fórmula de "toque uma, pule uma, toque uma":

toque uma – *pule uma* – *toque uma* – *pule uma* – *toque uma* – *pule uma* – *toque uma*

FUNDAMENTAL   TERÇA   QUINTA   SÉTIMA

Alguns dos acordes de sétima anteriormente discutidos podem ser construídos usando notas da escala maior:

- Acordes de **7M** (aparecem no **primeiro** e **quarto** graus de escala);
- Acordes de **m7** (aparecem no **segundo**, **terceiro** e **sexto** graus de escala);
- O acorde de **sétima** no **quinto** grau de escala (sétima dominante);
- Acorde **m7(♭5)** no **sétimo** grau de escala.

Os outros acordes, tais como m(7M), °7 e 7M(5+), podem ser derivados das escalas menores harmônica e melódica.

O ACORDE DE SÉTIMA DOMINANTE

Em um acorde de sétima dominante, o intervalo entre a terça e a sétima do acorde forma uma quinta diminuta, que é enarmonicamente um trítono. É este mesmo intervalo que dá ao acorde de sétima dominante seu anseio por resolver para a tônica.

Os acordes de sétima dominante e meio-diminuto ambos aparecem somente uma vez na escala maior. Ambos contêm a quinta diminuta e têm uma forte tendência a resolver para a tônica, portanto, servindo como funções dominantes.

Toque um trítono no seu baixo e ouça seu som de blues e tenso. Dá para se divertir muito com este som, porque ele é reversível. Uma vez que o trítono divide a oitava ao meio (e, portanto, em tese, soa igual a quando é revertido) é muito útil como um recurso para modulação ou substituição de acordes.

A substituição de trítonos é um recurso que usa a simetria do trítono para criar uma resolução inesperada de um acorde de sétima dominante. Já que o trítono em um acorde de sétima dominante resolve em direção à fundamental e à terça da tônica, nós podemos usá-lo como um ponto de apoio onde a terça torna-se a sétima e a sétima torna-se a terça. A tônica resolutória fica a um trítono de distância da tônica resolutória esperada.

Capítulo 6

Toque o trítono no baixo como descrito abaixo:

Resolução V-I em D
Preto: trítono de A7, C# (3ª) e G (7ª♭)
resolvendo na fundamental (cinza) e terça de D.
As notas do trítono resolvem para "dentro" (veja setas).
A forma criada na escala do instrumento é a de um "X".

Resolução V-I em A♭ (utilizando o mesmo trítono)
Preto: trítono de E♭7, D♭ (7ª♭) e G (3ª)
resolvendo na fundamental (cinza) e terça de A♭.
As notas do trítono resolvem para "fora" em semitons.

Como ilustrado acima, A7 pode resolver para D maior, ou a terça e a sétima (C♭–G) podem ser reinterpretadas como a sétima e a terça de uma dominante a um trítono de distância (D♭–G no exemplo de E7♭) e resolvem para A♭maior (que fica a um trítono de distância de D).

Aqui vai um exemplo para uso prático

- Uma progressão de acorde II7m–V7–I7M torna-se uma IIm7–II♭7 (substituição de trítono) — progressão de I7M;
- No tom de D, Em7–E♭7 (substituído por A7) — D7M (ficando com o tom original);
- Alternativamente, o E♭7 pode ser usado para modular para um novo tom a um trítono de distância da tônica original;
- No tom de D, Em7–E♭7 (substituído por A7) — A♭7M (prosseguindo para o novo tom, a tônica do E♭7 dominante).

INVERSÕES DE TÉTRADES

Tétrades podem ser invertidas assim como tríades. A terça no baixo (nota mais grave) cria uma primeira inversão, a quinta no baixo é a segunda inversão. Diferentemente de tríades, tétrades podem ser invertidas uma vez mais: a terceira inversão tem a sétima no baixo.

Por exemplo:

- C7/E é a primeira inversão do acorde de C7;
- C7/G é a segunda;
- C7/B♭ é a terceira.

Aqui estão duas progressões de acordes comuns usando estas inversões:

- G7–G7/B–C
- C–E7/B–Am

EXTENSÕES, ALTERAÇÕES E OUTRAS TÉTRADES

Acordes de sétima dominante são usados para criar tensão, então músicos gostam de adicionar ainda mais deles e, para isso, usam recursos como extensões de acordes e alterações cromáticas.

Extensões são notas de fora do acorde que são adicionadas para tornar o som mais cheio ou adicionar nuances de cor, tensão, abertura ou brilho. Algumas extensões são 9as, 11as e 6as (13as), como tiradas da escala de referência dentro de um contexto diatônico. Exemplos: Cm9, C7(13).

Alterações são mudanças cromáticas (um semitom acima ou abaixo) aplicadas a quaisquer das seguintes notas diatônicas: 9as, 11as, 13as e a 5a. Nós agora não mais estamos estritamente dentro do contexto diatônico. Exemplos: C7M♯11, C7♭9♯9♭13

Para enfatizar que alterações ou extensões geralmente ocorrem nas regiões altas do acorde nos instrumentos polifônicos (violão, piano etc.), o intervalo composto (intervalo mais a oitava) é usado ao nomear uma extensão em um acorde. Extensões ou alterações podem ser escritas pelo compositor ou implícitas (elas podem ser interpretadas pelo acompanhante ou solista).

Acordes suspensos, acordes invertidos, outros acordes

Acordes suspensos têm uma sétima adicionada a eles para formar, por exemplo, um acorde de C2(7) — ou C7sus2. Acordes de sétima podem ser parte de acordes invertidos: Dm7/G ou uma inversão como C7/B♭ (terceira inversão de um acorde de C7).

Há quatro outras tétrades que não são acordes de sétima, tais como o C6 (esta é uma tríade maior com uma sexta). Estes acordes são chamados de "acordes de nota adicionada". Eles são construídos adicionando uma nota à tríade. Nonas e sextas são escolhas frequentes para esta adição.

Exemplos: C6 (C–E–G–A); Cm6 (C–E♭–G–A).

Ao adicionar a nona, o símbolo de acorde é escrito (em inglês) com a adição de "add9", como Cadd9 (C–E–G–D; às vezes chamado somente de "C9") ou Cmin(add9) (C–E♭–G–D; em português, geralmente "Cm9"). Isto é necessário para distingui-los de acordes de sétima com uma nona extensão, tal como um C9 (usado no lugar de C7/9).

RESUMO

Como mencionado anteriormente, terças e sétimas (presumindo quintas justas) servem como a espinha dorsal de um acorde sobre o qual elas definem a função e completam o som característico mesmo sem uma quinta justa. Estas são geralmente construídas graves nos instrumentos polifônicos, já que isto dá ao acorde o mais rico som, além de assegurar que os intervalos formados entre as notas não fundamentais do acorde soem convincentes.

Para você, baixista, isso significa que alterações e extensões não estão muito bem conceituadas em sua lista de prioridades para estudo. As funções básicas do acorde — isto é, tríades e acordes de sétimas e sua relação com a tonalidade — são os aspectos mais importantes para seus estudos de baixo. Foque em conseguir uma fundação sólida com estes acordes antes de estudar extensões e alterações de acordes. Seu objetivo é ser capaz de tocar cada acorde em cada tom por todas as regiões do baixo.

Use sempre seus ouvidos, atentando-se para como o seu tocar se encaixa no contexto da banda. Quando estiver em dúvida, atenha-se às notas fundamentais da tétrade e você não pisará no pé de ninguém.

TESTE SUA COMPREENSÃO N.º 7

Construa os seguintes acordes:

Dm7 _____	D+ _____	Dº _____
D♭7M _____	D♯7m _____	DØ _____
D7 _____	E♭7 _____	D6 _____
Dm(7M) _____	D♭7 _____	D4 ou Dsus4 _____
DΔ _____	Ddim _____	D2 ou Dsus2 _____
Dm7♭5 _____	Dº7 _____	

OBSERVAÇÕES FINAIS

Ao escrever acordes, há mais de uma maneira correta de decompô-los. Por exemplo, C7sus4 ou C4(7) é praticamente o mesmo som que B♭/C. Você pode ver um símbolo de acorde em uma publicação e algum um pouco diferente em outra.

Símbolos de acorde aparecem para dar somente três (ou quatro) notas para serem tocadas. Na verdade, o contexto no qual cada acorde é colocado te dá muito mais informação de material tonal para usar em grooves, adornos e solos. Em muitos casos, tríades ou tétrades te dizem qual escala (sete notas) usar (este conceito é chamado *teoria da escala de acorde*).

Aqui estão algumas maneiras infalíveis de dar suporte a uma canção:

- Foque em criar grooves e tempos consistentes;
- Toque a fundamental no tempo um;
- Use notas de acordes para o resto do groove porque elas definem a função do acorde;
- Certifique-se de que suas escolhas de notas não conflitem com a melodia;
- Ouça o que o resto da banda faz para que você se encaixe e melhore o tecido harmônico.

Cartilha da Escala Menor

CRIANDO A ESCALA MENOR

A escala menor está contida dentro da escala maior.

Veja as duas oitavas de C maior abaixo. Para formar uma escala menor natural, fique com as mesmas "fichas de jogo", mas comece de A em vez de C. Em outros termos, pegue estas sete fichas e declare A a fundamental, não C. O que você tem então é uma escala de A menor.

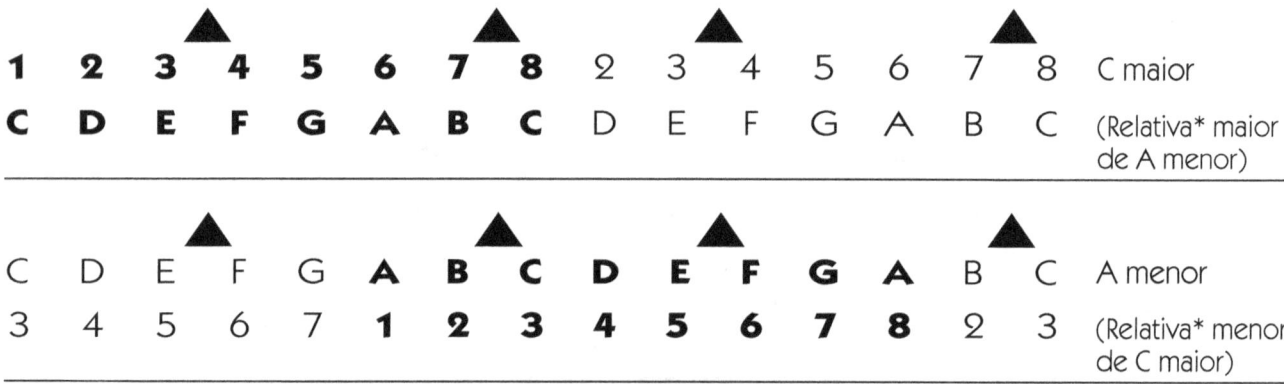

▲ = semitom   * = veja abaixo a explicação sobre a relação de escalas relativas

As notas permanecem as mesmas; somente o ponto de referência (tônica) muda, bem como a numeração dos graus de escala.

Uma vez que A é a fundamental, a fórmula para a escala muda:

- Há agora semitons entre 2–3 e 5–6; todos os outros intervalos são tons inteiros;
- Os intervalos que os graus da escala formam a partir da tônica são segunda maior, terça menor, quarta justa, quinta justa, sexta menor, sétima menor e oitava justa;
- Mesmo que você esteja ainda tocando com as mesmas fichas, o som é diferente porque as relações com a nova tônica mudaram.

Toque a escala de A menor usando essa digitação:

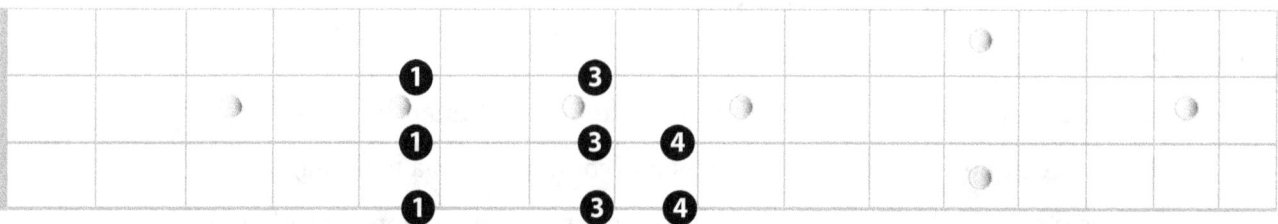

RELATIVA MENOR

C maior e A menor são *tons relativos* (eles consistem das mesmas notas).

Para encontrar a escala relativa menor de uma escala maior, desça uma terça menor da tônica da escala maior.

Para encontrar a relativa maior de uma escala menor, suba uma terça menor da tônica da escala menor.

ESCALA MAIOR → uma terça menor abaixo → RELATIVA MENOR

ESCALA MENOR → uma terça menor acima → RELATIVA MAIOR

DICA: Lembre-se de que o tom menor relativo de C maior é A menor. Deste modo, você pode recriar a fórmula acima para encontrar escalas relativas em outros tons.

Notas em uma peça musical não necessariamente ocorrem na ordem da escala. Na verdade, elas raramente o fazem. Então o que determina a tônica em um contexto musical? Como você determina se a maior ou menor é a tônica, quando as mesmas sete notas são usadas? Tipicamente, o baixo toca a fundamental no tempo um e define a tonalidade — a nota de baixo é a fundação sobre a qual todo o resto acima dela se apoia. Saúdem o poder dos baixistas! Se um trecho de melodia for tocado com as sete notas sobre a nota de baixo C, soará como C maior. Se um trecho de melodia for tocado com as (mesmas!) sete notas sobre a nota de baixo A, soará como A menor.

Isto é um pouco simplificado, mas ainda assim um conceito útil! O que é indiscutível é que você pode mudar drasticamente o caráter de uma melodia ou canção ao mudar a nota do baixo no primeiro tempo do compasso.

MENOR PARALELA

A relação maior-menor paralela é muito diferente daquela de tons relativos. *Paralelo* significa que ambas as escalas começam da mesma tônica, neste caso, C. Elas sobem ou descem em paralelo, mas alguns dos intervalos são diferentes. A menor paralela de C maior é C menor. Há agora três notas que são diferentes, as chamadas terça, sexta e sétima. A segunda, quarta e quinta continuam as mesmas. Isto é útil saber para certas situações musicais como mudança de acorde maior para menor ou uma canção modulando para o tom paralelo menor ou maior..

Cartilha da Escala Menor

		▲				▲				▲				▲		
1	2	3	4	5	6	7	8	2	3	4	5	6	7	8	C maior
C	D	E	F	G	A	B	C	D	E	F	G	A	B	C	(relativa maior de A menor)

	▲			▲				▲			▲			
1	2	3	4	5	6	7	8	2	3	4	5	6	7	8	C menor
C	D	E♭	F	G	A♭	B♭	C	D	E♭	F	G	A♭	B♭	C	(paralela menor de C maior)

	▲			▲				▲			▲			
6	7	1	2	3	4	5	6	7	8	2	3	4	5	6	E♭ maior
C	D	E♭	F	G	A♭	B♭	C	D	E♭	F	G	A♭	B♭	C	(relativa maior de C menor)

▲ = semitom

Exercícios:

- Toque escalas menores em diversos tons de tônica a tônica, subindo e descendo. Saiba e fale os intervalos de cada nota a partir da tônica.
- Pratique escalas menores retornando à tônica após cada nota. Diga os intervalos em voz alta.

Ascendendo: Primeira, segunda maior, terça menor, quarta justa, quinta justa, sexta menor, sétima menor, oitava.

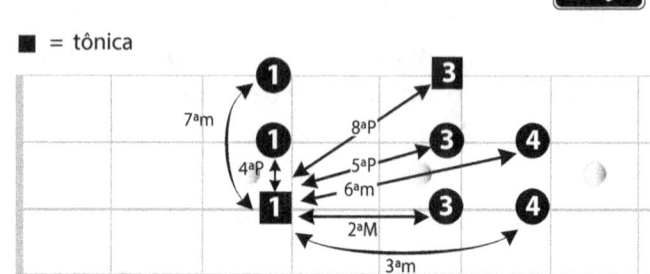

Descendendo: Primeira, segunda maior, terça maior, quarta justa, quinta justa, sexta maior, sétima menor, oitava.

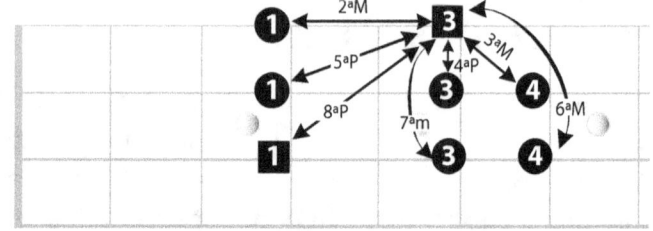

Intervalos a partir da tônica na escala de C menor

Ascendente:

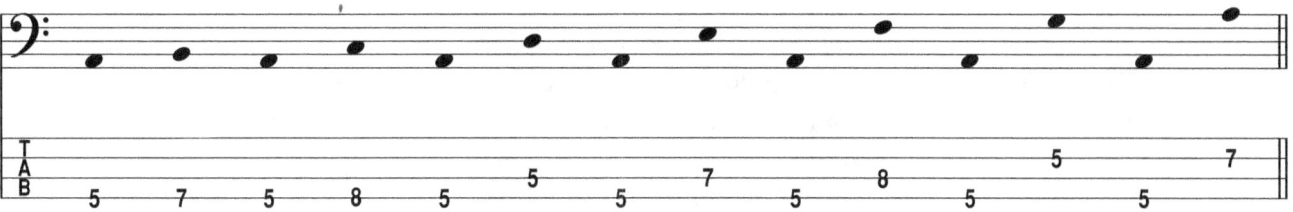

Descendente:

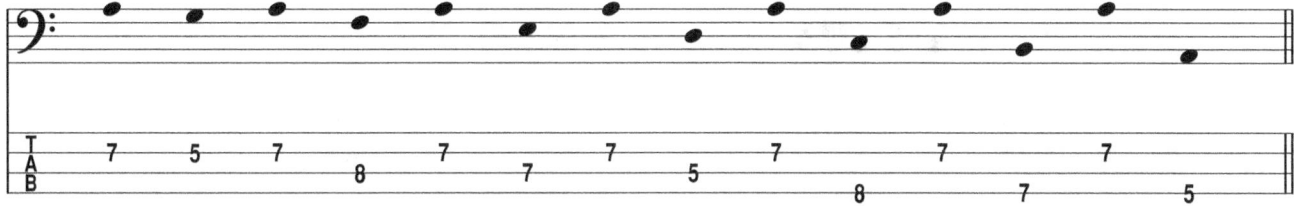

> *Para recapitular:*
>
> *Escalas relativas compartilham o mesmo material tonal, mas apresentam tônicas diferentes.*
>
> *Escalas paralelas compartilham a mesma tônica, mas têm material tonal diferente.*

O PROBLEMA DA MENOR DOMINANTE

Assim como nas escalas maiores, nós podemos construir tríades a partir de cada grau de uma escala menor para criar acordes. Assim como nas escalas maiores, os acordes nos I, IV e V graus de escala têm funções tônica, subdominante e dominante. Estas são todas tríades menores no contexto menor, o que cai bem para acordes de I e IV, mas cria um problema para o acorde de V porque não produz um anseio grande por resolver para o I.

Experimente: toque Em7 e, em seguida, uma tríade de Am. Não soa como uma conclusão. Em7 não soa como se quisesse resolver para Am.

Agora toque E7 e, em seguida, uma tríade de Am. Soa como uma resolução mais forte, porque o G♯ do E7 puxa para a tônica, A. G♯ é a sétima nota da escala de A menor ou a terceira de E7 (formando um trítono como D de E7). Então G♯, neste contexto, ganha seu próprio nome especial: *sensível* ou *subtônica*. Nossos ouvidos estão tão acostumados a ouvir o trítono na dominante para uma soltura satisfatória que os músicos começaram a elevar o sétimo grau da escala menor.

O resultado são duas lindas escalas menores:

1) A escala *menor harmônica*: (por exemplo, em A) A–B–C–D–E–F–G♯–A.

    Esta escala soa exótica aos ouvidos ocidentais porque contém uma segunda aumentada entre F (sexto grau de escala) e G♯ (sétimo grau de escala).

2) A escala *menor melódica*: enquanto a segunda aumentada contida na escala menor harmônica é às vezes altamente desejada, ela não soa suave o bastante para outros contextos. Portanto, o sexto grau da escala foi elevado para suavizar aquela segunda aumentada. O resultado é a escala menor melódica: A–B–C–D–E–F♯–G♯–A. Esta escala é basicamente uma escala menor na primeira metade e uma escala maior em seu restante.

CARTILHA DA ESCALA MENOR

NOMENCLATURA CORRETA

Falar sobre a "escala menor" geralmente significa a escala menor sem a 7ª ou 6ª aumentadas. Esta escala menor também é chamada menor natural ou modo Eólio. Uma vez que o fator decisivo para uma escala menor é que ela contenha uma terça menor a partir da fundamental, a escala maior tem mais duas maneiras de formar escalas menores. Para uma discussão detalhada, veja o capítulo sobre modos.

TESTE SUA COMPREENSÃO N.º 8

a) Qual é a relativa menor de:

B♭ maior _____ menor   D maior _____ menor   C♯ maior _____ menor
B maior _____ menor   C maior _____ menor   C♭ maior _____ menor

b) Qual é a relativa maior de:

B♭ menor _____ maior   D menor _____ maior   C menor _____ maior
B menor _____ maior   F menor _____ maior   C♯ menor _____ maior

c) C♭ menor existe como uma tônica? Por quê? _____
E quanto a G♭ menor? Por quê? _____
E quanto a G♯ menor? _____

d) Há um tom ou um semitom entre os seguintes graus de escala?

Escala menor natural entre 1 e 2? _____
Escala maior entre 1 e 2? _____
Escala maior entre 5 e 6? _____
Escala menor natural entre 5 e 6? _____
Escala maior entre 6 e 7? _____
Escala menor natural entre 6 e 7? _____
Escala maior entre 2 e 3? _____
Escala menor natural entre 3 e 4? _____

e) Escreva os nomes de:

Menor paralela de F _____   Menor relativa de A _____
Menor relativa de F _____   Menor paralela de A♭ _____
Maior paralela de Fm _____   Menor relativa de D♭ _____
Maior relativa de Fm _____   Menor paralela de D♭ _____

f) Quais três escalas menores têm um bemol em seu nome? ___menor, ___menor, ___menor
Quantas escalas menores têm um sustenido no nome? Quais? _____
_____

8 O Ciclo de Quintas

O QUE BAIXISTAS DEVEM SABER

O ciclo de quintas é uma ferramenta muito útil para baixistas — se você souber como usá-lo.

Primeiro, toque-o! O ciclo de quintas — como o nome já diz — é uma sucessão de quintas, tocadas em sequência até que você retorne à sua nota inicial. Você já fez isto no capítulo 3.

Faça isto novamente, dizendo os nomes em voz alta. Use bemóis, não sustenidos, como for necessário. Aqui está o ciclo usando quintas ascendentes começando pelo C: C–G–D–A–E–B–G♭–D♭–A♭–E♭–B♭–F–C.

Reverta a ordem tocando quintas descendentes, que é o mesmo que quartas ascendentes (já que quartas e quintas são inversões umas das outras). Este movimento de uma quinta descendente ocorre frequentemente em música. Novamente, diga os nomes das notas, usando somente bemóis a princípio para as notas que precisarem. O ciclo começando de C: C–F–B♭–E♭–A♭–D♭–G♭–B–E–A–D–G–C.

Variações:

- Toque novamente, de cabeça;
- Toque todas as notas em uma corda;
- Toque todas as notas em duas cordas;
- Use um metrônomo para evitar que você pare em pontos desafiadores;
- Inclua os tons de F♯ e C♯ ao dizer os nomes das notas.

O objetivo é ouvir a sequência tão bem que você começa a "pré-ouvir" a próxima nota. Em outras palavras, caso você cometesse um erro, você perceberia e pararia de tocar.

O QUE O CICLO DE QUINTAS FAZ?

1. Organiza todas as escalas maiores e menores em um padrão estruturado claramente.
2. Lista as escalas maiores e menores correspondentes (menor Eólia/menor relativa — estas duas compartilham da mesma assinatura tonal).
3. Permite que você decodifique determinada assinatura tonal no começo de uma peça ou seção rápida e facilmente.
4. Diz-te as maneiras mais econômicas (com menos acidentes) de dar nome às tônicas de escalas maiores.
5. Passa por todos os 12 tons em uma sequência que adiciona ou subtrai um acidente.
6. É uma boa ferramenta para ver o quão proximamente (ou não) estão dois tons relacionados.
7. Divide as 12 tonalidades em "tons sustenidos" e "tons bemóis".
8. Delimita **progressões de acordes comuns** (IV–I–V, II–V–I, III–VI–II–V–I) nas quais as fundamentais de acordes movem em quintas descendentes.
9. Diversas **músicas** (em alguns gêneros — tal como jazz tradicional — quase todas as músicas!) utilizam **pedaços do ciclo de quintas em suas progressões de acordes**. Ser capaz de reconhecer esse uso torna o aprendizado de canções muito mais fácil, porque você pode agrupar sequências. Progressões de acorde geralmente movem-se em quintas descendentes.

O Ciclo de Quintas

10. O **baixo** é afinado em quartas. Ter o ciclo na ponta dos dedos te ajuda a entender o funcionamento do baixo. As cordas soltas são uma sequência do ciclo. Você pode usar o baixo para entender o ciclo ao digitar quartas e quintas, as quais são dois intervalos bem importantes para baixistas.

11. Fornece a você uma excelente maneira de **estudar um conceito em todos os tons**, o que fortalecerá o seu conhecimento da escala do instrumento.

12. É uma excelente ferramenta para **treino de ouvido**.

DECIFRANDO O CICLO

Ciclo externo: tons maiores
Ciclo interno: tons menores relativos
Fonte cinza escuro: tons que usam bemóis
Fonte preta: tons que usam sustenidos

Número ao lado de cada tom: número de acidentes (sustenidos ou bemóis) que os tons menor ou maior em particular compartilham; acompanha a lista de quais sustenidos ou bemóis. Por exemplo: F♯, C♯ — isto significa que todas as outras notas nesta escala são naturais, exceto F e C, que são sustenidos. A escala é D maior (D–E–F♯–G–A–B–C♯–D) ou B menor (B–C♯–D–E–F♯–G–A–B).

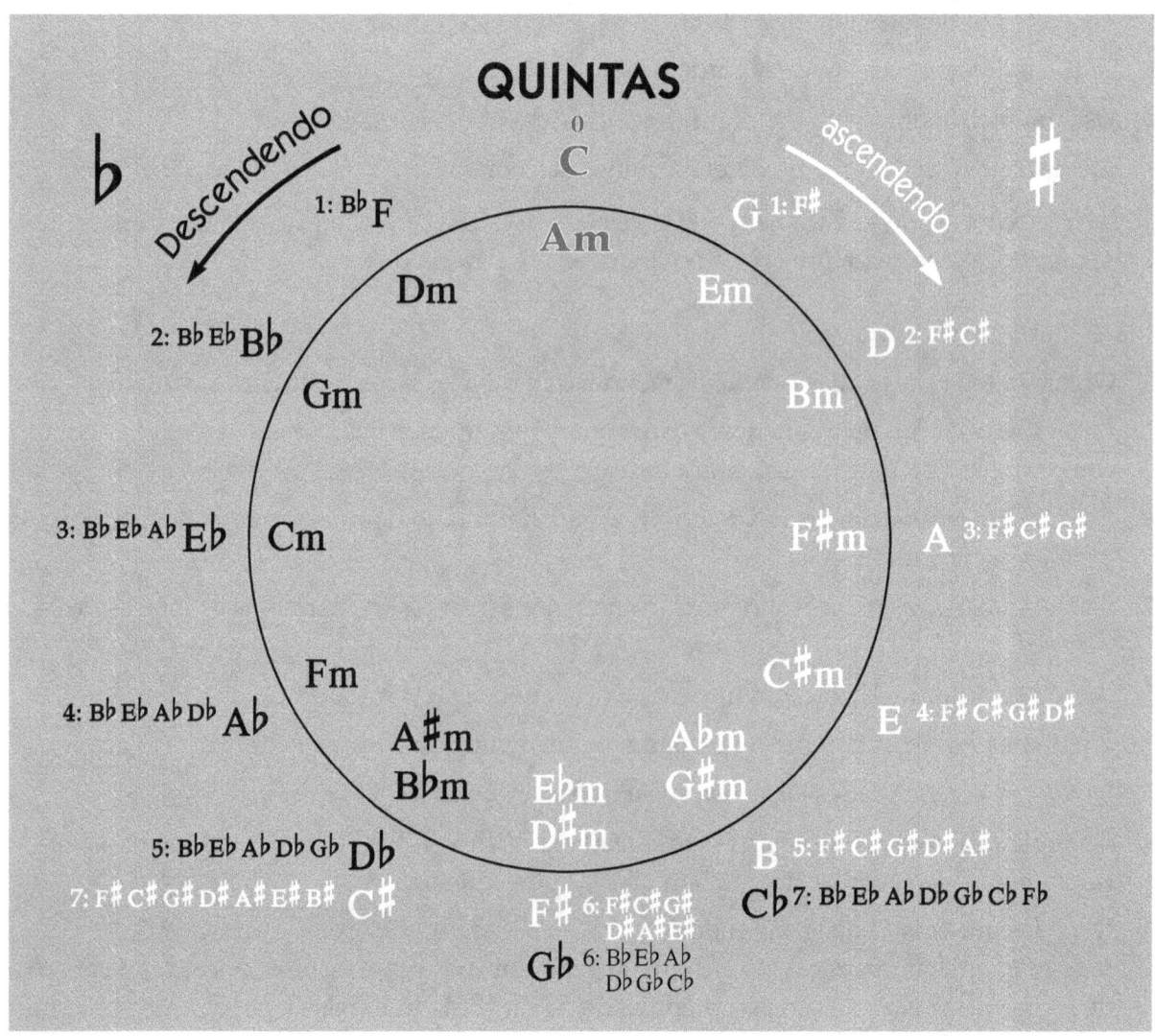

Capítulo 8

OBSERVAÇÃO: Os tons adicionam acidentes indo em sentido horário até seis horas, e então eles perdem acidentes na segunda metade do ciclo.

C♯ tem sete sustenidos e pode ser usado ocasionalmente. Seu enarmônico, D♭, tem 5 bemóis.

C♭ tem sete bemóis e pode ser usado ocasionalmente. Seu enarmônico, B, tem 5 sustenidos..

Acidentes também são adicionados em um padrão de quintas/quartas:

- F♯, C♯, G♯, D♯, etc. são quintas;
- B♭, E♭, A♭, D♭, etc. são quartas.

O CICLO COMO UMA FERRAMENTA DE TREINO

Toque passando pelas tônicas do ciclo algumas vezes, depois tente pedaços de escalas ou tríades. Esse é um ótimo treino de ouvido!

Aqui está um exemplo usando as primeiras três notas da escala maior. Comece com seu dedo dois na tônica (já que você precisa da terça maior). Em seguida, experimente esse exercício usando os mesmos pontos de início, mas toque as tríades maiores.

O CICLO DE QUINTAS

USANDO O CICLO PARA ENCONTRAR SUSTENIDOS OU BEMÓIS DE UM TOM

Você já tem ferramentas para construir escalas maiores e menores corretamente usando as quatro regras de escalas maiores. Entretanto, o ciclo é outra ótima ferramenta em seu arsenal e pode agradar em especial aos estudantes visuais.

> Como usar o ciclo para determinar uma assinatura tonal? Encontre o tom maior ou menor que você está tentando decifrar:
>
> **Passo 1:** Lado sustenido ou lado bemol?
>
> **Passo 2:** Qual é o número da posição no ciclo do tom? O número da posição expressa o número de sustenidos ou bemóis.
>
> **Passo 3:** Olhe perto da tônica para determinar quais bemóis.

Exemplo: Qual é a assinatura tonal de Fm?

Passo 1: Lado sustenido dentro do círculo.

Passo 2: Posição 4, então quatro bemóis.

Passo 3: Quais? B♭, E♭, A♭, D♭

DICA: Saiba de cor a ordem dos sustenidos e bemóis à medida que eles são adicionados para cada tom:

　　Sustenidos: F♯, C♯, G♯, D♯, A♯, E♯, B♯ (quintas ascendentes)

　　Bemóis: B♭, E♭, A♭, D♭, G♭, C♭, F♭ (quintas descendentes)

USANDO O CICLO PARA ENCONTRAR O TOM

Partituras listam a "assinatura tonal geral" bem no início da peça. Sustenidos ou bemóis são apresentados e eles são válidos por toda a peça ou até que uma assinatura tonal diferente seja apresentada.

Uma assinatura tonal geral parece assim:

DICA: Mesmo que você não consiga ler uma partitura ainda, você pode decifrá-la contando sustenidos ou bemóis.

Capítulo 8

> Como usar o ciclo para determinar em qual tom uma peça está escrita:
>
> **Passo 1:** Sustenidos ou bemóis? Vá para o lado sustenido ou bemol do ciclo.
>
> **Passo 2:** Quantos sustenidos ou bemóis? Vá para a posição correspondente no ciclo para encontrar as escalas maiores e menores que compartilham desta assinatura tonal.
>
> **Passo 3:** Para determinar se o tom é maior ou menor, procure pela fundamental do último acorde da peça ou a última nota da melodia. Geralmente, a tônica trata-se da última nota na melodia e/ou baixo — isto cria um sentido de "volta pra casa", de resolução. Exceções e mudanças ou substituições de acordes são usadas no último acorde a título de efeito. Outra dica para identificar se uma peça é maior ou menor é a sonoridade geral dela mesma.

Exemplo: F♯–C♯–G♯ estão listados no começo de uma peça.

Passo 1: Sustenidos!

Passo 2: Posição 3 — F♯m ou A.

Passo 3: Confira a última nota.

EM QUE TOM ESTA MÚSICA ESTÁ?

Quando você tem uma partitura que te dá a assinatura tonal no início, use a fórmula acima. Senão, confira o **último** acorde. O **primeiro** acorde às vezes é a tônica do tom, mas mais comumente não. Para determinar a tonalidade, o primeiro acorde não é muito confiável. O que o primeiro acorde tende a fazer, entretanto, é causar mal-entendidos entre os músicos, que podem nomear o primeiro acorde ao dar o tom de uma canção. A ideia é te dar um ponto de começo. Cantores às vezes pedem o primeiro acorde para encontrar sua nota. Para evitar confusão, é melhor dizer "tom de A menor, primeiro acorde de D menor".

Você também pode determinar o tom ouvindo a melodia e acordes. Quando a peça termina, qual nota ainda fica ressoando no ar? O mais provável é que seja o nome do tom.

RESUMO

É muito válido tirar um tempo para estudar o ciclo, e é melhor fazê-lo com seu baixo em mãos. Há várias simetrias, formatos e padrões repetidos no ciclo. Você consegue encontrar alguns?

DICA: Em teoria clássica, o termo "círculo de quintas" é usado. Estilos musicais modernos podem referir-se a ele como "ciclo de quintas". Como quer que você o chame, é uma ferramenta de prática poderosa. Passe qualquer novo som que você estiver explorando — tríades, acordes, intervalos, melodias, escalas — pelo ciclo para um ótimo exercício que exige do ouvido e realmente te ajuda a entender o baixo

O Ciclo de Quintas

TESTE SUA COMPREENSÃO N.º 9

a) Usando o ciclo de quintas, escreva as seguintes escalas:

F maior __-__-__-__-__-__-__-__   G♭ maior __-__-__-__-__-__-__-__

D menor __-__-__-__-__-__-__-__   D♭ maior __-__-__-__-__-__-__-__

F♯ maior __-__-__-__-__-__-__-__   C♯ menor __-__-__-__-__-__-__-__

F♯ menor __-__-__-__-__-__-__-__

b) Mesmo que você não consiga ler alguma dessas claves, você pode entender em qual tom essas peças estão. Encontre ambas as opções, maior e menor.

__ mai ou __ men   __ mai ou __ men   __ mai ou __ men   __ mai ou __ men

__ mai ou __ men   __ mai ou __ men   __ mai ou __ men

c) Olhando para o ciclo, encontre as seguintes progressões de acordes. Escreva os números de posição bem como os nomes de acordes como respostas, e então toque-as. Não se preocupe com maior ou menor agora, apenas olhe para as fundamentais e use o ciclo externo.

IV–I–V em C, por exemplo: F (1 no lado bemol); C (0 no topo do ciclo); G (1 no lado sustenido)

IV–I–V–I em D: _____

III–VI–II–V–I em B♭: _____

III–VI–II–V–I em A♭: _____

O "CICLO DIATÔNICO" VS. O "CICLO CROMÁTICO"

Em um contexto cromático, você usa todas as 12 notas: você tem 12 "fichas de jogo" para jogar, por assim dizer. Toque quartas ou quintas em sucessão e você atingirá todas as notas. Este é o ciclo como agora você o conhece.

Em um contexto diatônico, você só tem sete notas para tocar. Toque quartas diatônicas no contexto de uma escala (por exemplo, G maior) e você tem uma progressão de acordes popular:

G–C–F♯–B–E–A–D–G. (C para F♯ é uma quarta aumentada, mas uma quarta aumentada ainda é uma quarta). A sequência de graus de escala é a seguinte: 1–4–7–3–6–2–5–1.

Capítulo 8

Em G maior, a sequência de acordes é: G7M–C7M–F#m7(♭5)–Bm7–Em7–Am7–D7–G7M.

Se o tom é E menor, a sequência de acordes é: Em7–Am7–D7–G7M–C7M–F#m7(♭5)–Bm7–Em7.

Toque estas duas sequências (você pode mudar de oitava conforme necessário, ou seja, qualquer G, qualquer C, qualquer F# e afins servirá). Ouça as diferenças de sonoridade — cromática (todas as notas) *versus* diatônica (centrada em torno de uma tônica, neste caso, G).

Algumas músicas famosas criadas a partir do ciclo diatônico:

"Autumn Leaves" (padrão composto por Joseph Kosma e Johnny Mercer)

"Europa" (Santana)

"Fly Me to the Moon" (padrão composto por Bart Howard)

"I Will Survive" (Gloria Gaynor)

Toque essa progressão de acordes simplificada ("I Will Survive") com um groove *disco* baseado em oitavas. Perceba a progressão de acordes (tom de Am).

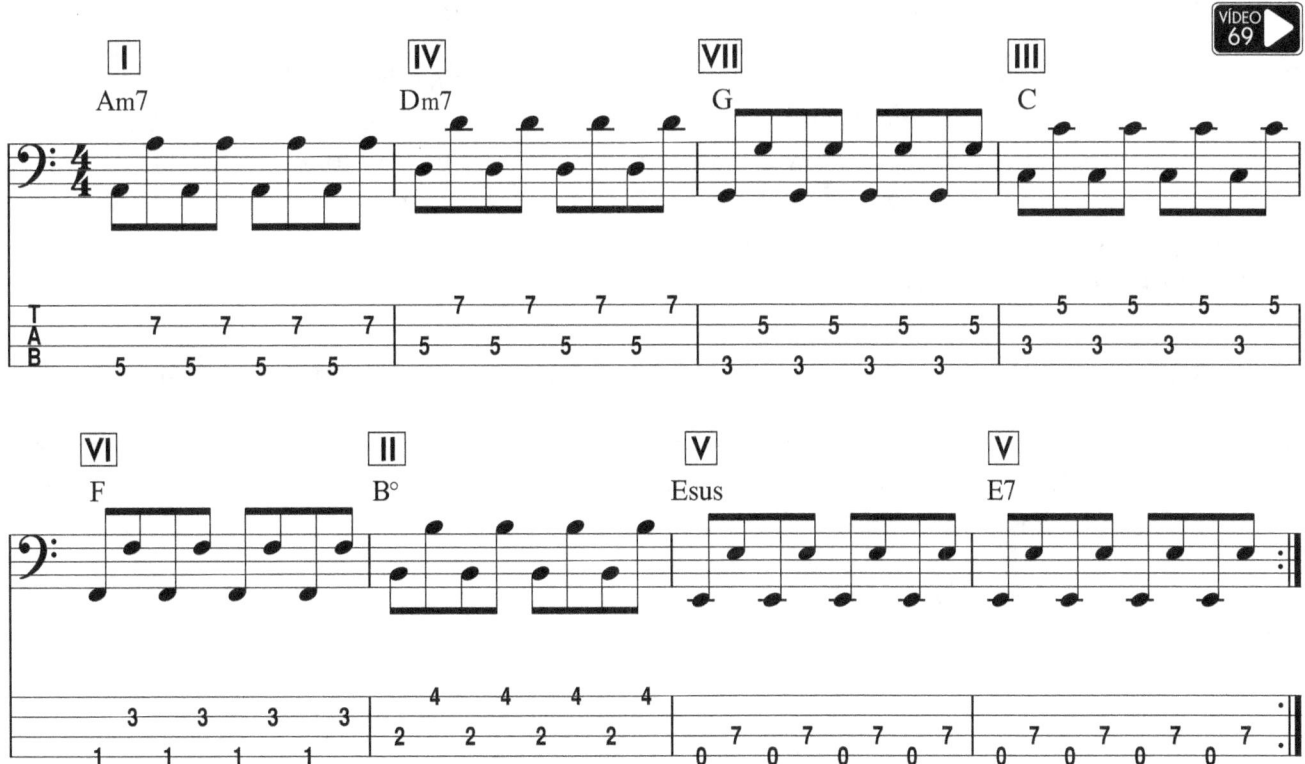

Cartilha dos Modos

Modos são fáceis de entender. Eu vejo que estudantes às vezes ficam intimidados e pensam que "é tudo grego" para eles por causa dos nomes. Eu vou te mostrar que eles são simplesmente versões de escalas que você já conhece. Eles são apenas escalas, sons e ferramentas. Este capítulo vai te apresentar os fundamentos e algumas ideias divertidas a respeito de modos.

O QUE SÃO MODOS?

Modos podem ser vistos como variações das escalas primárias como maior e menor. Eles são construídos designando qualquer uma das sete notas de uma escala maior ou menor como a fundamental, mudando, portanto, o ponto de referência (ou seja, mudando as relações de intervalos para a fundamental). Qualquer uma das sete notas pode ser a fundamental.

DICA: Você já criou uma nova escala a partir da escala maior fazendo referência a uma nova nota como fundamental, ao criar a escala menor no sexto grau da escala maior (jônia). O sexto modo da escala maior é chamado modo eólio (isto é, escala menor natural).

Declarar cada nota de uma escala maior um novo ponto de referência cria sons distintos e bonitos. Experimente isto por você mesmo tocando as notas de C maior sobre um grave E ressonante. Ainda que você esteja tocando C maior, o E grave por baixo das notas cria um ponto de referência diferente (relação de intervalo) para cada uma delas e você ouvirá o som do terceiro modo, o frígio. Mude a nota base para um A enquanto continua a tocar a escala de C maior — agora você percebe as notas da escala de C maior como A eólio.

NOTA: A gama de notas permanece a mesma, é somente o ponto de referência que muda.

Há duas maneiras de se pensar em modos. A primeira é saber o modo conhecendo a escala de origem. Por exemplo, A (eólio) menor é o relativo menor (ou sexto modo) de C maior e, portanto, compartilha dos mesmos sustenidos e bemóis.

A segunda maneira é pensar a relação que cada nota tem com a fundamental. Você internalizou isto ao praticar as escalas eólica menor e jônia maior repetindo a fundamental entre cada grau de escala e atentando-se para cada intervalo criado.

Toque estas escalas e aproveite seus sons. Se você puder criar um *loop* da fundamental, faça-o. Isso te dará ainda mais senso da sonoridade. Ao invés de tocar escalas relativas — C maior, A menor (elas soam relacionadas porque compartilham do mesmo material tonal) — eu estou tomando a abordagem paralela para que você possa ouvir as diferenças arrebatadoras nos sons. Em outras palavras, todos esses exemplos começam da mesma fundamental, mas não têm a mesma assinatura tonal.

OS MODOS

Nas páginas seguintes eu listarei o número do modo, uma breve descrição de sua estrutura, os intervalos como vistos a partir da fundamental e uma demonstração de seu som.

1º MODO – JÔNIO

A escala maior. Você já conhece.

- 2ª maior – 3ª maior – 4ª justa – 5ª justa – 6ª maior – 7ª maior
- Som: soa como Dó, Ré, Mi, Fá, Sol, Lá, Si, Dó.

C–D–E–F–G–A–B–C

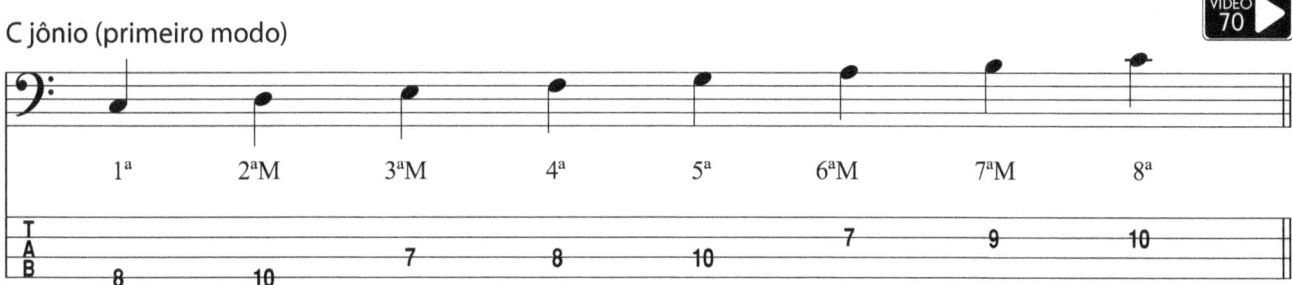

C jônio (primeiro modo)

2º MODO – DÓRIO

Similar à escala menor natural, mas com uma sexta aumentada.

- 2ª maior – 3ª menor – 4ª justa – 5ª justa – 6ª maior – 7ª menor
- Som: soa como a escala menor natural, mas mais brilhante e feliz em cima.

C–D–E♭–F–G–A–B♭–C

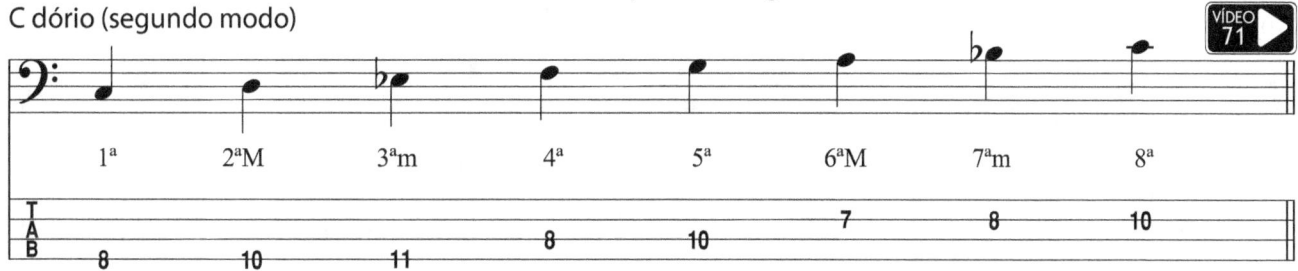

C dório (segundo modo)

3º MODO – FRÍGIO

Uma escala menor que começa com um semitom.

- 2ª menor – 3ª menor – 4ª justa – 5ª justa – 6ª menor – 7ª menor
- Som: soa espanhol, uma menor dramática, tenso e assombroso. Uma escala menor de sonoridade mais obscura.

C–D♭–E♭–F–G–A♭–B♭–C

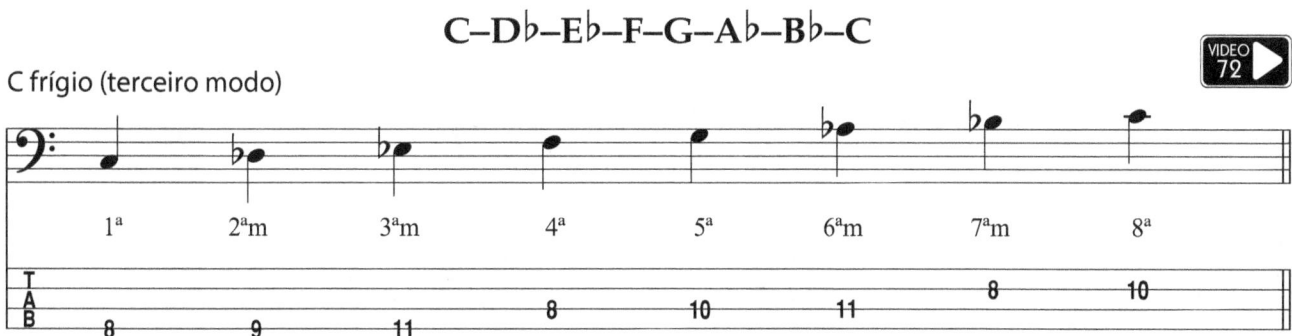

C frígio (terceiro modo)

Cartilha dos Modos

4º Modo – Lídio

Uma escala maior com uma quarta aumentada.

- 2ª maior – 3ª maior – 4ª aumentada – 5ª justa – 6ª maior – 7ª maior
- Som: uma escala maior de sonoridade mais brilhante.

C–D–E–F#–G–A–B–C

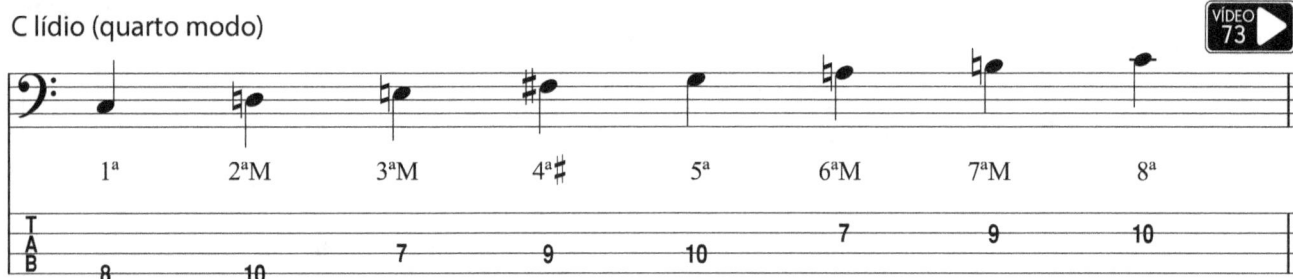

5º Modo – Mixolídio

Uma escala maior com uma 7ª bemol.

- 2ª maior – 3ª maior – 4ª justa – 5ª justa – 6ª maior – 7ª menor
- Som: uma escala maior de sonoridade de blues. Em trilhas sonoras, é associado a um som heroico; maior com um pouquinho mais de ousadia.

C–D–E–F–G–A–B♭–C

6º Modo – Eólio

A escala menor.

- 2ª maior – 3ª menor – 4ª justa – 5ª justa – 6ª menor – 7ª menor
- Som: a escala menor natural como você já a conhece.

C–D–E♭–F–G–A♭–B♭–C

7º Modo - Lócrio

Uma escala menor com um 5º grau de escala bemol e que começa com um semitom.

- 2ª menor – 3ª menor – 4ª justa – 5ª diminuta – 6ª menor – 7ª menor
- Som: incompleto ou desconfortante.

$$C-D\flat-E\flat-F-G\flat-A\flat-B\flat-C$$

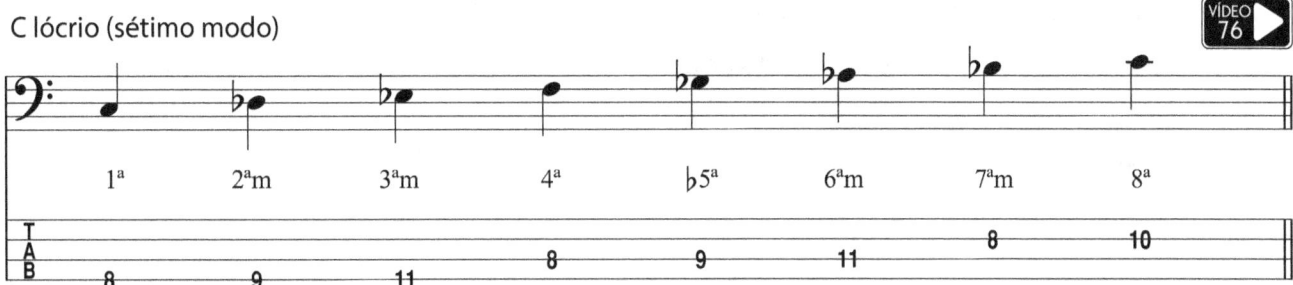

C lócrio (sétimo modo)

SONS DOS MODOS

É surpreendente o quão fácil pode ser identificar modos por seu som quando você sabe o que esperar ouvir. O quadro a seguir resume isto.

> Se for uma escala maior de sonoridade normal "Dó, Ré, Mi" → 1º modo (jônio)
>
> Se for uma escala menor que soa diferente em cima → 2º modo (dório)
>
> Se soar espanhol (menor, começando som um semitom, dramático) → 3º modo (frígio)
>
> Se for uma escala maior que soa diferente (mais brilhante) embaixo → 4º modo (lídio)
>
> Se for uma escala maior que soa diferente (mais escura, com mais tensão) em cima → 5º modo (mixolídio)
>
> Se soar como uma escala menor com a qual você está acostumado → 6º modo (eólio)
>
> Se soar incompleta → 7º modo (lócrio)

DICA: Você já sabe que as tríades da escala maior construídas nos primeiro, quarto e quinto graus são maiores; que aquelas construídas no segundo, terceiro e sexto graus de escala são menores e que aquela construída no sétimo grau é diminuta. Use este conhecimento para memorizar e identificar os modos porque a característica básica deles (maior, menor, diminuto) será a mesma que a destes acordes.

> Os três maiores:
>
> Maior normal (1º, **jônio**)
>
> Maior com 4♯ embaixo (4º, **lídio**) — soa diferente embaixo
>
> Maior com 7♭ em cima (5º, **mixolídio**) — soa diferente em cima
>
> Os três menores:
>
> Menor com uma 6ª aumentada (2º, **dório**) — soa diferente em cima
>
> Espanhol, começando com um semitom (3º, **frígio**) — soa diferente embaixo
>
> Menor normal como você conhece (6º, **eólio**)
>
> O diminuto:
>
> Menor com uma 2ª e 5ª bemóis (7º, **lócrio**) — soa incompleto

Modos são muito úteis para construir grooves, improvisações e composições em harmonia funcional e modal. Uma das melhores maneiras de se divertir com modos é escolher um e improvisar nele.

O CONCEITO DE MODAL VS. DIATÔNICO

Música pode contar uma história através de diversos recursos diferentes; entre eles, estão a tensão e a soltura harmônicas. Por exemplo, você começa em um ponto, vai para outro (subdominante) e então constrói tensão (dominante) e a alivia (tônica). A resolução do trítono na dominante para a fundamental e terça na tônica tem sido um dos recursos harmônicos mais prevalentes na música ocidental há séculos. Em um sentido mais amplo, dissonância se resolve com consonância. V–I é um destes recursos, já que ele forma a espinha dorsal da harmonia funcional (tensão através da conexão V–I), mas existem vários outros (tais como acordes suspensos, acordes de sexta napolitana, entre outros).

Harmonia modal (em oposição à harmonia funcional) cria tensão através de outros meios completamente diferentes (cores, sons).

Há outras maneiras de se obter tensão e soltura em música (densidade rítmica, instrumentação, articulação, extensão etc.) além de recursos harmônicos. Procure por tensão e soltura em suas músicas favoritas e tente descobrir como são geradas. Muitos jazzes, trilhas sonoras de filmes e videogames, música *pop* e vários tipos de música étnica são modais ou têm elementos modais.

CAPÍTULO 9

TESTE SUA COMPREENSÃO N.º 10

a) Identifique o modo e sua escala de origem (a escala da qual a assinatura tonal provém).

Primeiro, veja se é um modo maior ou menor, em seguida, procure pela "anomalia", caso haja. Verifique todos os intervalos a partir da fundamental!

F–G–A–B♭–C–D–E–F _____

D–E–F–G–A–B♭–C–D _____

D–E–F–G–A–B–C–D _____

D–E–F♯–G–A–B–C–D _____

D–E♭–F–G–A–B♭–C–D _____

b) Perguntas sobre modos

Qual modo soa incompleto? _____

Em qual grau da escala maior há uma tríade diminuta? _____

Em quais graus da escala maior estão os três modos maiores? _____

Em quais graus da escala maior estão os três modos menores? _____

Qual é o nome grego do primeiro modo? _____

Qual é o nome grego do sexto modo? _____

Qual modo soa como uma escala maior embaixo, mas diferente em cima? _____

Qual modo soa como uma escala menor embaixo, mas diferente em cima? _____

10 Cartilha da Pentatônica

Este capítulo te dá uma breve introdução a escalas fáceis e divertidas de se tocar no baixo — as pentatônicas.

Apesar de amplamente utilizadas, muitos baixistas as usam incorretamente. Eles comumente têm uma ideia de alguns formatos e movem-nas sem pensar em tonalidade. Três coisas a se saber são:

- Os padrões que as notas das escalas pentatônicas criam. Há cinco padrões que aparecem ao se tocar qualquer escala pentatônica por toda a escala do instrumento.

- Os *formatos* dos padrões.

- Onde as fundamentais maiores e menores estão dentro dos padrões.

INTRODUÇÃO ÀS PENTATÔNICAS

A escala pentatônica é uma escala de sonoridade familiar composta de cinco notas, as quais todas soam bem entre si porque elas não formam dissonâncias fortes, tais como segundas menores, sétimas maiores ou quartas aumentadas, nem com a fundamental, nem umas com as outras. Em outras palavras, todas as notas usadas soam agradáveis quando tocadas juntas em um groove. As duas notas da escala que poderiam potencialmente conflitar (a quarta e sétima notas da escala maior) são omitidas.

Aqui está um G maior com as "notas ofensivas" em cinza. As demais notas formam a escala pentatônica de G maior e sua relativa, a escala pentatônica de E menor. A relativa menor começa no sexto grau de escala da maior. Ambas as escalas compartilham das mesmas notas, mas apresentam fundamentais diferentes e, portanto, fórmulas de escala diferentes.

1	2	3	4	5	6	7	**1**	**2**	**3**	4	**5**	**6**	7	**8**	Pentatônica de G maior
G	A	B	C	D	E	F#	**G**	**A**	**B**	C	**D**	**E**	F#	**G**	

G	A	B	C	D	**E**	F#	**G**	**A**	**B**	C	**D**	**E**	F#	G	Pentatônica de E menor
3	4	5	6	7	**1**	2	**3**	**4**	**5**	6	**7**	**8**	2	3	(relativa menor de G)

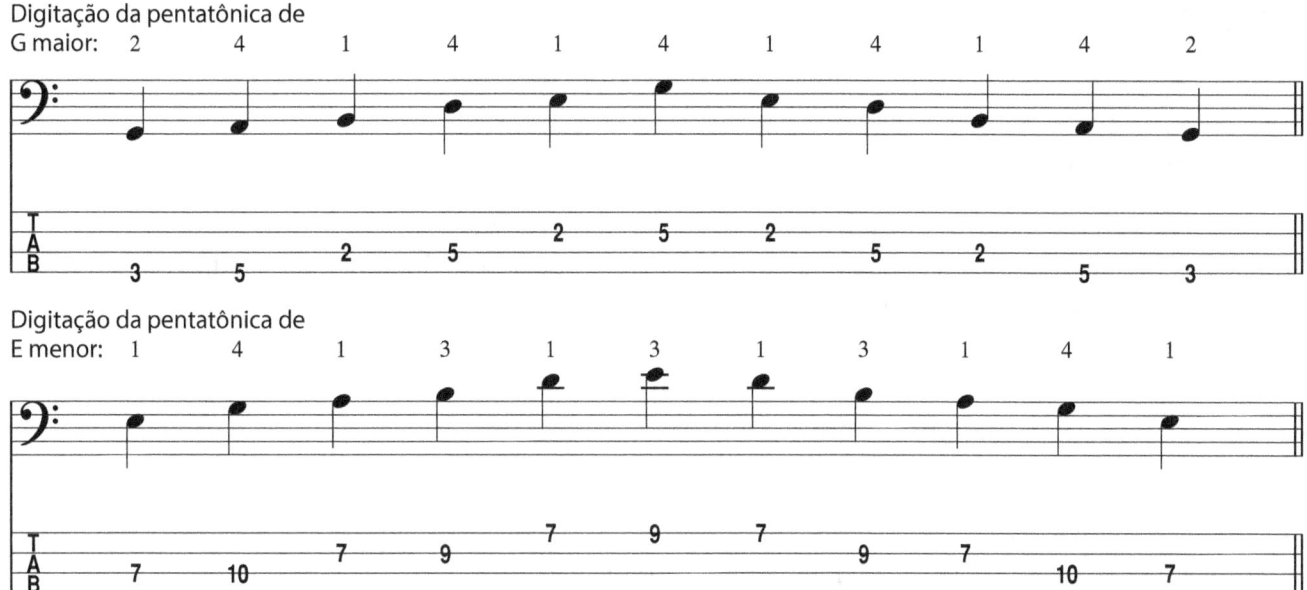

ESCALA PENTATÔNICA MAIOR

> *Fórmula:*
> fundamental – segunda maior – terça maior – quinta justa – sexta maior – oitava
> ou
> 1 2 3 5 6 8

A pentatônica maior é um som familiar com uma rica história. Muitas canções folclóricas usam-na em larga escala em melodias e ela pode ser ouvida em *world music* por todos os cantos do mundo. Entretanto, esta escala não se limita a estes gêneros — você pode encontrá-la em quase todo tipo de música.

A pentatônica maior é ótima para groovar sobre tríades maiores e acordes de sétima, no entanto, tenha em mente que ela não se trata de *funk* nem de *blues* (tais efeitos podem ser alcançados adicionando ou alterando algumas notas).

ESCALA PENTATÔNICA MENOR

> *Fórmula:*
> fundamental – terça menor – quarta justa – quinta justa – sétima menor – oitava
> or
> 1 ♭3 4 5 ♭7 8

A pentatônica menor é a melhor amiga do baixista, uma vez que ela é muito acessível e uma escala fácil de se tocar. Soa como *funk* e *blues*, especialmente quando tocada sobre um acorde de sétima dominante. Pop, rock, *funk*, hip-hop, jazz, *blues*, trilhas sonoras de videogames e filmes, Muzak®, cantigas de ninar e outros estilos musicais apresentam sons de escalas pentatônicas maiores e menores.

DIGITAÇÕES

A escala pentatônica usa constantemente duas notas por corda, então a digitação é fácil. Além disso, cinco notas formam uma reserva rastreável de material, então elas são muito populares em grooves, solos, adornos e mais.

Os diagramas a seguir mostram os cinco formatos da escala no braço. Eu dei às formas nomes descritivos para ajudar você a se lembrar delas. Uma vez que o material tonal das pentatônicas maior e menor é idêntico, a única diferença entre as duas escalas é a nota inicial. G em G maior, E em E menor. Essas são as notas às quais você *relaciona* o que você toca — por exemplo, tocar a fundamental no tempo um do compasso. Os quadrados nos diagramas marcam as fundamentais das respectivas escalas.

As páginas de diagramas que seguem usam o mesmo material tonal. A diferença está nos números nos círculos — um grupo contém as digitações, o outro os graus de escala. Um grupo é para a versão maior da escala (G maior), e o outro, para a menor (E menor).

COMO PRATICAR ESTES PADRÕES (CARTILHA)

Comece pela fundamental (quadrado) e siga tocando até a nota mais alta do formato (não mude de posição), e então desça até a nota mais grave e suba de volta para a fundamental. Este exercício te ajudará a estabelecer a fundamental em seu ouvido. Diga os nomes das notas em voz alta à medida que toca as escalas, sempre estando ciente de onde está a fundamental dentro do padrão e como cada uma destas notas (graus de escala) se relaciona a ela. Pratique cada um dos cinco formatos dessa maneira. Assim como padrões de escala maior, estes formatos podem eficazmente ser praticados de maneira sistêmica que destravam conhecimento completo sobre a escala do instrumento. Esta maneira sistêmica é descrita em minha próxima publicação sobre o "Sistema de padrões".

CAPÍTULO 10

PADRÕES DE PENTATÔNICA DE G MAIOR

números = digitação   X = fundamental maior

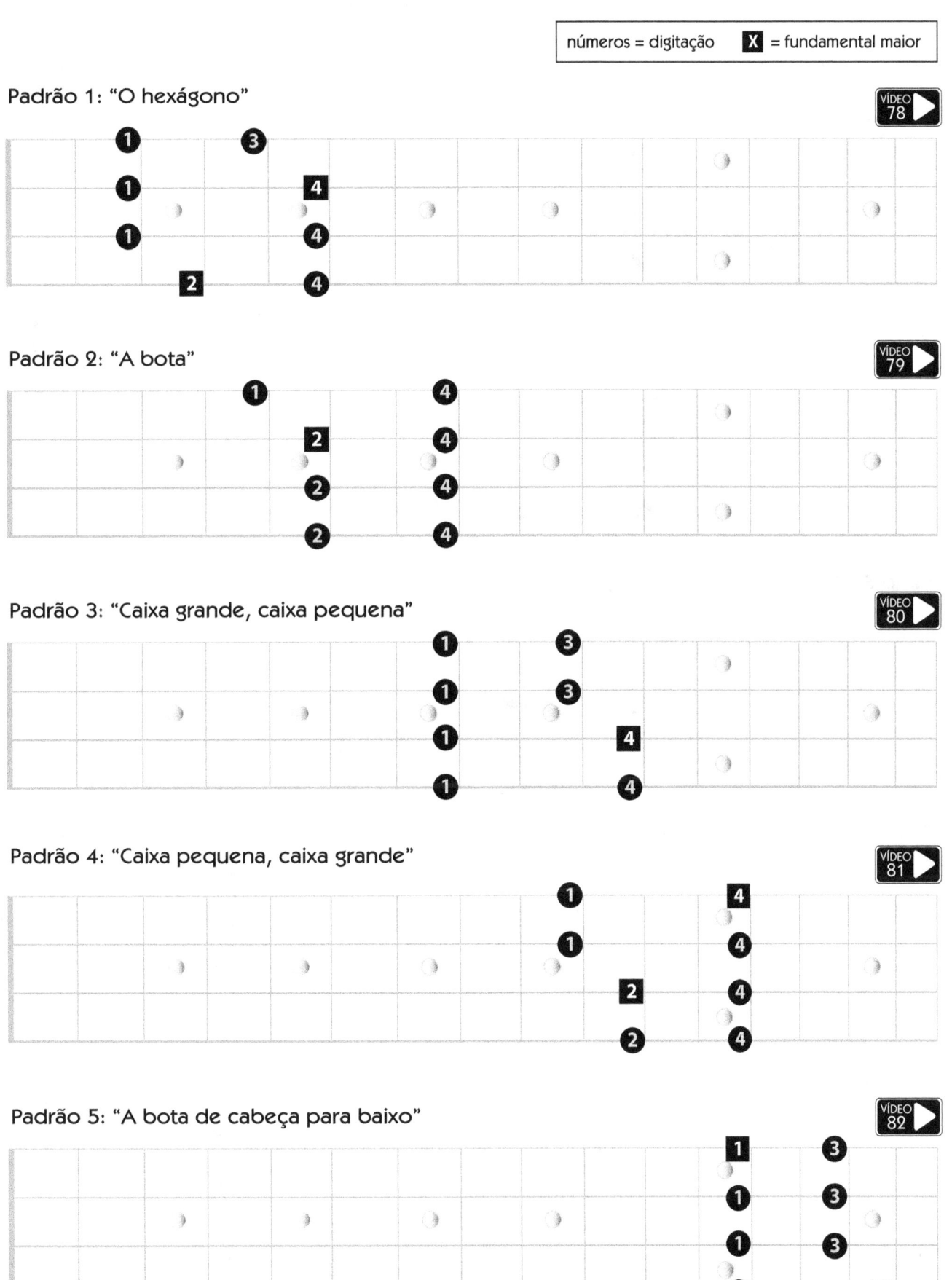

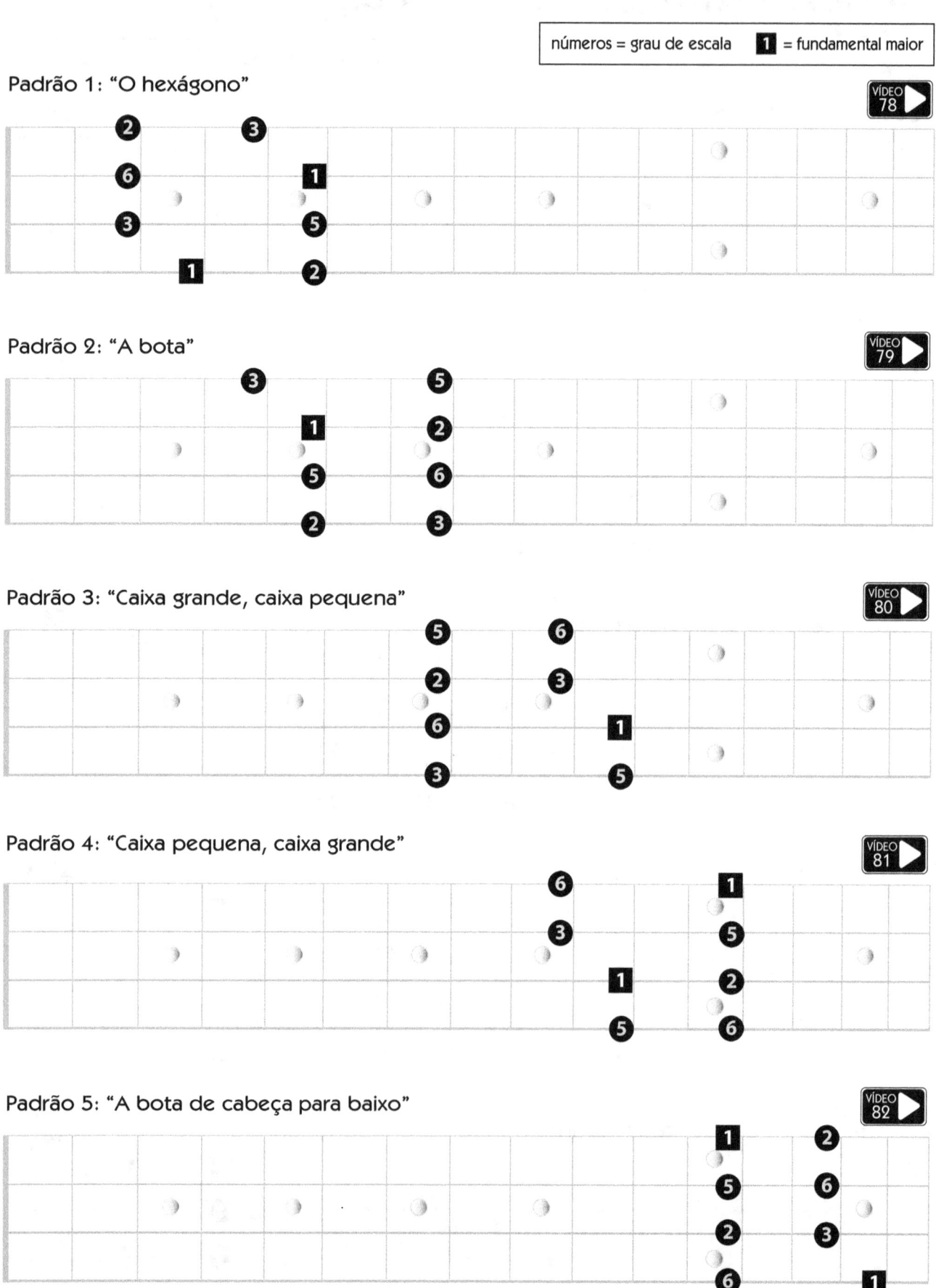

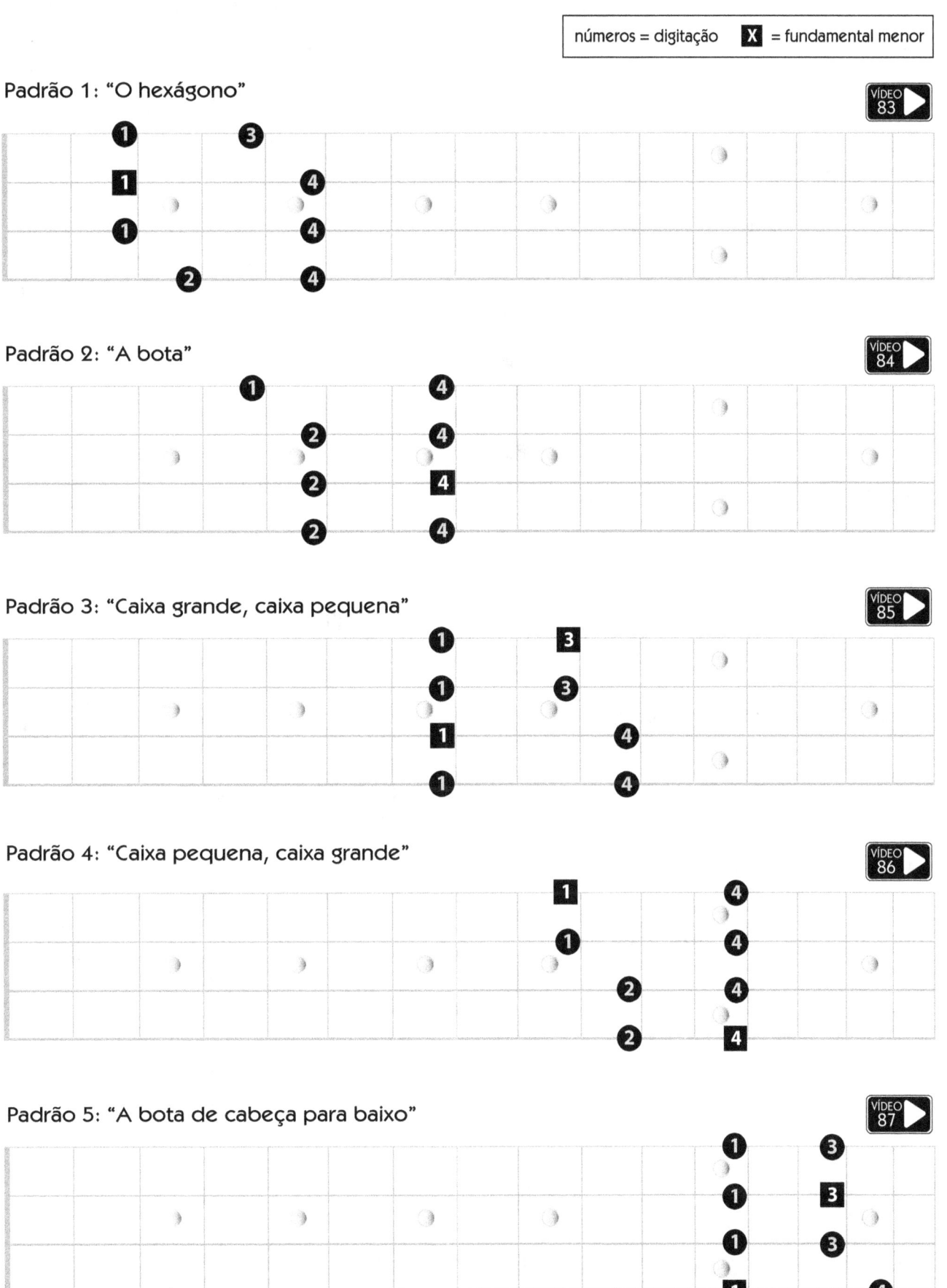

Cartilha da Pentatônica

números = grau de escala   **1** = fundamental maior

Padrão 1: "O hexágono"

Padrão 2: "A bota"

Padrão 3: "Caixa grande, caixa pequena"

Padrão 4: "Caixa pequena, caixa grande"

Padrão 5: "A bota de cabeça para baixo"

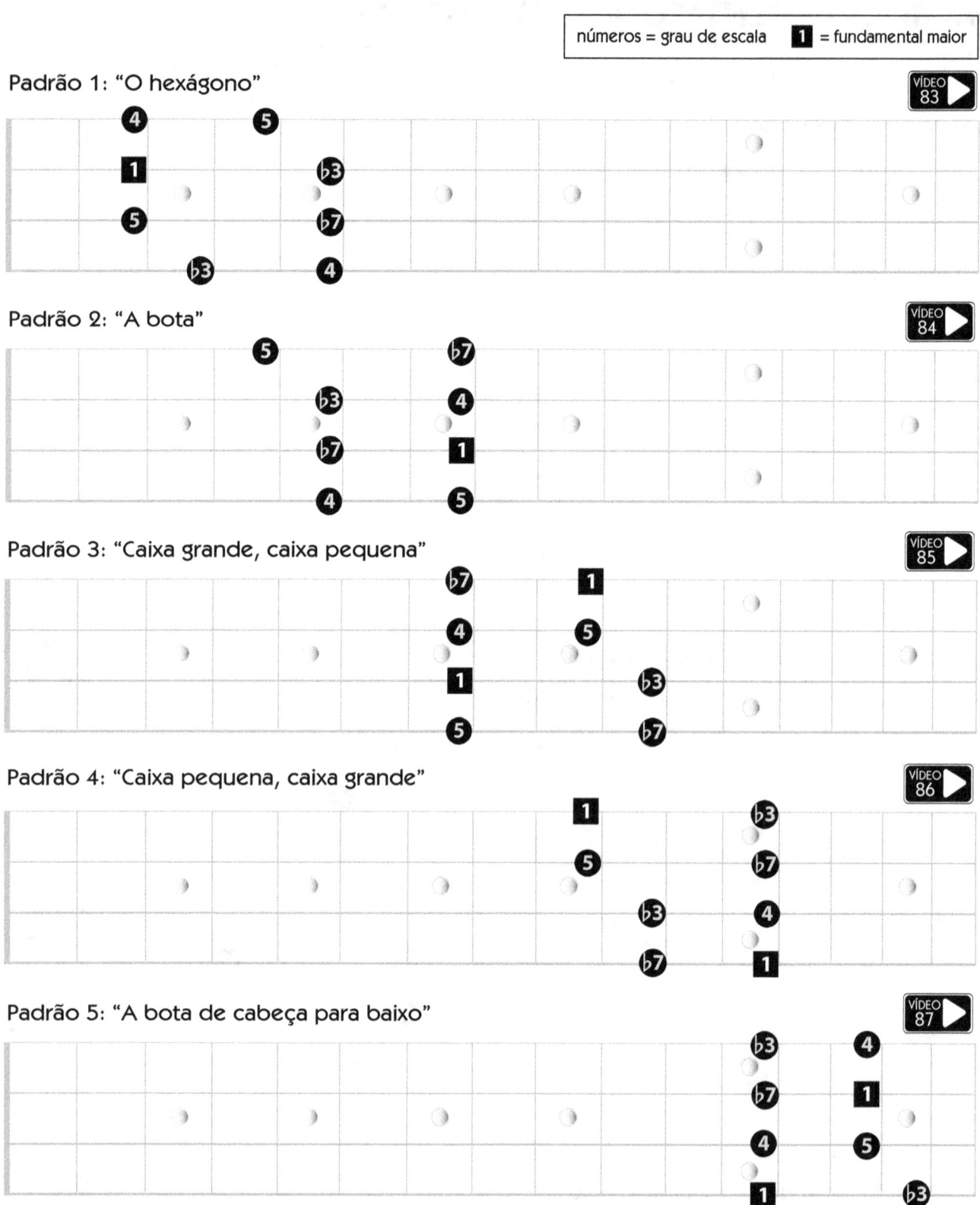

PADRÕES DE PENTATÔNICAS EM TODOS OS TONS

Os diagramas anteriores mostraram-lhe o material tonal para as pentatônicas de G maior e E menor, respectivamente. Para tocar estas escalas em outro tom, encontre as fundamentais em diversas regiões do baixo e use o padrão como referência.

CAPÍTULO 10

EXERCÍCIO "GROOVE E PREENCHIMENTO" (BÁSICO)

Um exercício favorito bem acessível é o exercício "groove e arranjo". Toque um groove de um compasso (por exemplo, quatro semínimas ou oito colcheias) e então toque um compasso de arranjo usando notas da escala pentatônica. No compasso de arranjo, você pode quebrar a regra de tocar a fundamental no tempo um.

Aqui estão dois exemplos:

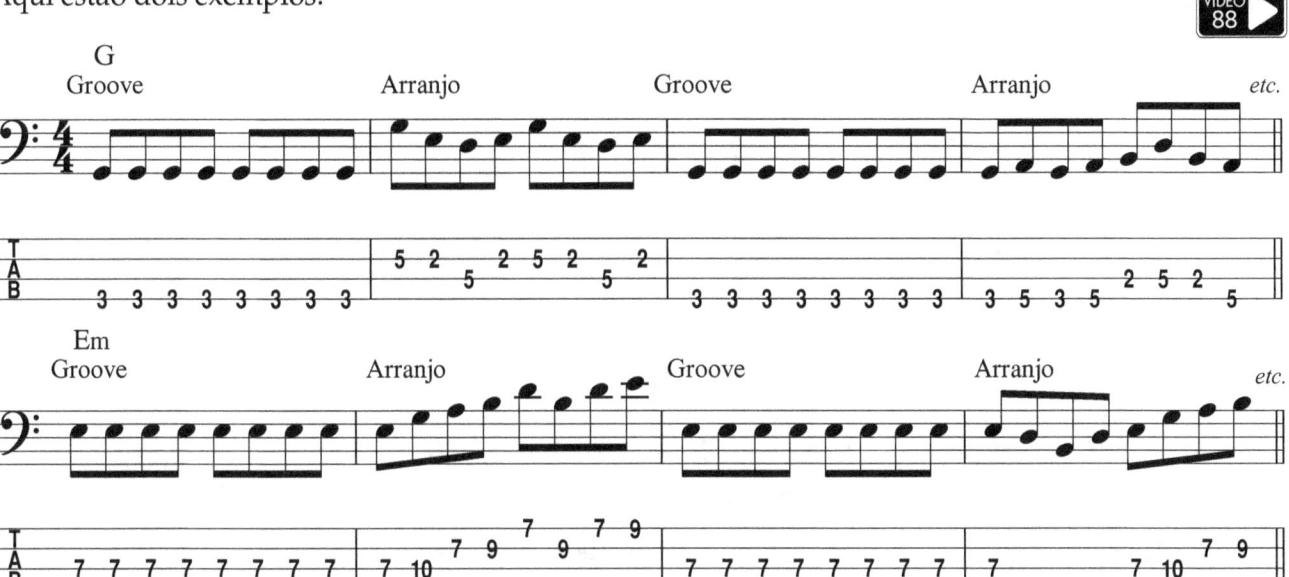

ESCALAS DE BLUES

Escalas pentatônicas podem ser transformadas em escalas de *blues* de seis notas adicionando uma nota cromática:

- Na pentatônica maior, adicione a terça menor;
- Na pentatônica menor, adicione a quinta diminuta.

Ambas estas escalas soam ótimas quando tocadas sobre acordes de sétima e são usadas amplamente em *blues, country*, rock, jazz e outros estilos.

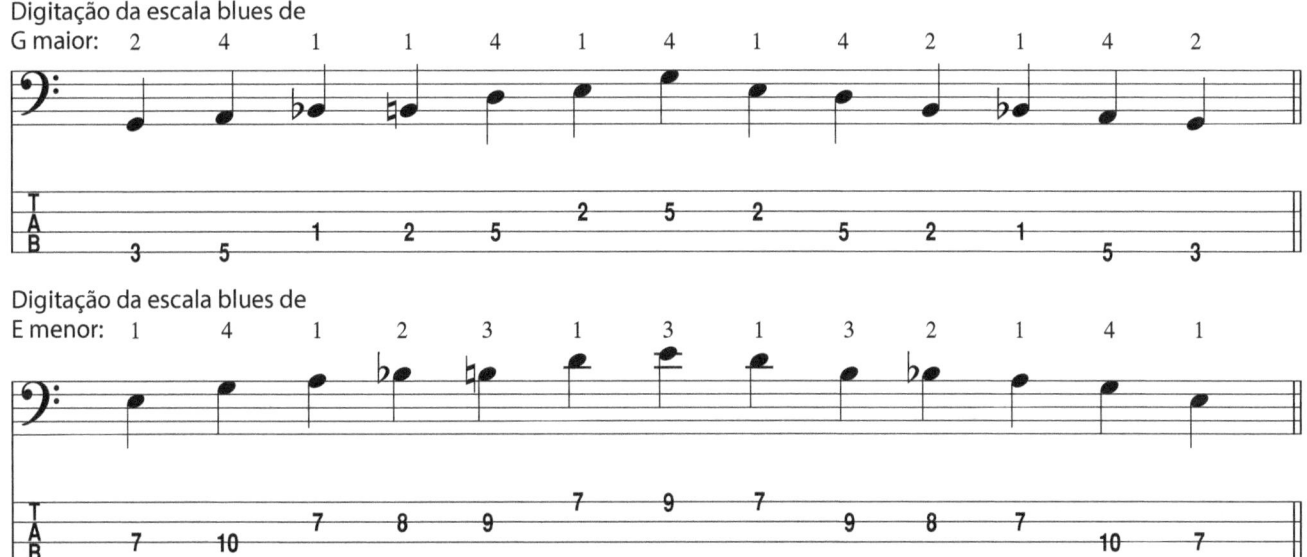

127

CARTILHA DA PENTATÔNICA

TESTE SUA COMPREENSÃO N.º 11

a) Escreva as seguintes escalas:

Pentatônica de B menor ___ - ___ - ___ - ___ - ___ - ___

Pentatônica de D maior ___ - ___ - ___ - ___ - ___ - ___

Pentatônica de D menor ___ - ___ - ___ - ___ - ___ - ___

Pentatônica de F maior ___ - ___ - ___ - ___ - ___ - ___

b) Qual é a fórmula da pentatônica maior? ___ - ___ - ___ - ___ - ___ - ___

Quantas notas tem uma escala pentatônica? _____

... que são quantas a menos que uma escala maior? _____

... e quantas a menos que uma escala menor? _____

Quais notas têm uma escala maior e que são omitidas na pentatônica maior? ___ e ___

Quais notas têm uma escala menor e que são omitidas na pentatônica menor? ___ e ___

c) Qual a fórmula da escala blues maior? ___ - ___ - ___ - ___ - ___ - ___ - ___

Qual a fórmula da escala blues menor? ___ - ___ - ___ - ___ - ___ - ___ - ___

11 O Blues

INTRODUÇÃO AO BLUES

Blues pode significar várias coisas:

- Um som (o som das "notas blues" — *blue notes*);
- Um humor (do inglês *to feel blue*, "estar melancólico, desanimado");
- Contar uma história ("I woke up this morning and my baby was gone");
- Uma forma musical (12 compassos, mudança rápida);
- Um certo groove (*shuffle, boogie-woogie*);
- Um nome super abrangente para vários estilos diferentes com uma história muito rica (*blues* de Chicago, Delta *blues*, Texas *blues*, *blues* gospel etc.);
- Um estilo musical que se fundiu a outros estilos musicais (*blues rock*, R&B);
- Um estilo musical que influenciou uma variedade de outros estilos (jazz, *funk*, soul, hip-hop);
- Um estilo favorito em várias *jam sessions*;
- Um estilo de vida, alguns podem dizer "um caminho espiritual".

Entender o blues e ser capaz de tocá-lo é didático e divertido!

O FORMATO

Um formato de *blues* típico apresenta-se assim (numerais romanos para graus de escala, um compasso cada):

```
4/4 ‖: I7   | I7   | I7  | I7   |
    | IV7  | IV7  | I7  | I7   |
    | V7   | IV7  | I7  | I7  :‖
```

Uma ótima maneira de se lembrar da forma do blues maior é usar o chamado blues de mudança rápida como uma mapa (ou "mapa blues" — blues print):

```
4/4 ‖: I7   | IV7  | I7  | I7   |
    | IV7  | IV7  | I7  | I7   |
    | V7   | IV7  | I7  | I7  :‖
```

As três funções (I, IV e V) são seguidas por IV–I–I toda vez (em cinza acima).

Há diversas variações para este padrão básico, mas este é um ótimo ponto de início. Uma progressão de *blues* é tipicamente um formato de 12 compassos (com muitas variações). Ensine-se a **sentir** quatro compassos. No começo você pode ter que contar, mas deixe que esta contagem sedimente em seu corpo para liberar sua mente.

PROPRIEDADE HARMÔNICA DO BLUES

O humor do *blues* geralmente é saudosista, triste ou um pouco grosseiro (talvez para refletir as realidades difíceis da vida). Em parte, este humor é alcançado por notas *blues (blue notes)* que ocorrem em melodias, solos e alterações de acordes.

ACORDES DE UMA PROGRESSÃO DE BLUES

Os acordes em uma progressão de blues são tipicamente acordes de sétima. Às vezes, eles são tríades maiores ou acordes de sexta maior. Nós geralmente encontramos sete acordes em um *blues*, especialmente em formatos mais tradicionais deste estilo (variações do formato do *blues* incluem sétimas menores e diminutas, mas vamos ver os fundamentos primeiro).

Quando todos os acordes são acordes de sétima nós estamos abandonando o espaço diatônico em sentido estrito, já que a escala maior teria acordes de sétima maior em I e IV. Os acordes de um *blues* são todos acordes de sétima dominante. Entretanto, as funções de tônica, subdominante e dominante ainda se aplicam. Os acordes de sétima ajudam a imprimir o som *blues* e dar um caráter mais ousado.

"BLUE NOTES"

Três notas contribuem para o som blues: a 3♭, 5♭ e 7♭.

A 3ª♭

A terça bemol é geralmente tocada pelo solista (ambas as escalas *blues* maior e menor a contêm) ou ocorre na melodia. Tenha em mente que o acorde é uma acorde de sétima (o qual tem uma *terça maior* nele, que os instrumentos de harmonia estão tocando!). A terça menor do solista cria um atrito interessante com a *terça maior dos acordes*. Fora de contexto, as duas terças (terça maior e terça menor do acorde soando juntas) soam bem conflitantes. Dentro do contexto do acorde, entretanto, soa *blues* e bacana.

A 5ª♭

Outra nota frequentemente empregada por um solista ou melodia de blues é a quinta bemol. Ainda que a quinta justa ocorra no acorde, a quinta bemol *blues* é frequentemente usada para improvisar por cima.

A 7ª♭

Esta nota é parte do acorde, mas, uma vez que também faz parte do acorde de tônica, soa *blues* e dá alguma instabilidade para o caráter dos acordes.

TESTE SUA COMPREENSÃO N.º 12

a) Escreva as seguintes escalas:

Pentatônica de C maior __-__-__-__-__-__　　Pentatônica de F♯ menor __-__-__-__-__-__

Escala blues de C menor __-__-__-__-__-__　　Pentatônica de F♯ maior __-__-__-__-__-__

Escala blues de A menor __-__-__-__-__-__　　Pentatônica de E♭ menor __-__-__-__-__-__

Escala blues de A maior __-__-__-__-__-__　　Pentatônica de E♭ menor __-__-__-__-__-__

b) Quais notas (três por acorde) fazem os seguintes acordes soarem "*blues*"?

C7 ___, ___, ___　　　　　　　　A♭7 ___, ___, ___

D7 ___, ___, ___　　　　　　　　B7 ___, ___, ___

c) Escreva a progressão de "mudança rápida" para:

Blues em F ‖: | | | |　　　*Blues* em D♭ ‖: | | | |
　　　　　　　| | | |　　　　　　　　　　　| | | |
　　　　　　　| | | | :‖　　　　　　　　　| | | | :‖

Blues em A ‖: | | | |
　　　　　　　| | | |
　　　　　　　| | | | :‖

12 Fundamentos da Técnica

DICA: Passe pelas próximas páginas e identifique áreas em que você gostaria de melhorar sua destreza. Após isso, escolha de um a três exercícios e foque neles por algumas semanas. Registre números do metrônomo, seu progresso e outros detalhes em seu diário de prática.

INTRODUÇÃO

Este livro não é primordialmente sobre técnica. Neste capítulo, você encontrará, pela primeira vez, algumas informações e exercícios sobre questões técnicas. Boa técnica é importante porque lhe permite expressar nuances na música. Certifique-se de ouvir a si mesmo ao fazer estes exercícios para que você possa começar a discernir técnica boa e ruim em seu timbre.

A técnica de mão direita que eu discuto neste capítulo envolve tocar as cordas com o polegar (p) e dedo médio (m) com a mão rítmica (eu a chamarei de mão direita de agora em diante; baixistas canhotos, por favor, inverta estas instruções). Tocar com *slapping, tapping*, palheta, *tapping* de duas mãos, *double-thumbing*, técnicas de 3 ou 4 dedos de mão direita, técnicas de polegar sem apoio fixo, *palm muting* etc. também são ferramentas valorosas no inventário de um baixista.

ERGONOMIA E SAÚDE

Na minha escola de baixo, eu tenho uma porta repleta de pequenas fotos dos meus baixistas favoritos de todo o mundo — fotos aleatórias de muitos de nossos ídolos tocando estilos como jazz, rock, pop, *bebop, bluegrass, funk, heavy metal* e *punk*. De vez em quando, um de meus alunos aponta que estas estrelas nem sempre fazem uso da técnica de digitação com a qual sou tão exigente. Minha resposta é aprender todos os detalhes de tocar baixo sistematicamente como estamos fazendo neste livro. Uma vez que você os tenha todos a seu dispor, ramifique-os e desenvolva seus próprios métodos e sons.

Por mais que pareça absolutamente não haver um jeito certo de tocar o baixo, as mecânicas que ensino aqui são bem eficazes e constroem uma ótima fundação para suas futuras explorações. Lembre-se de que aprender técnica adequada está relacionado tanto a mecânicas do corpo e do baixo quanto a desenvolver consciência do que você faz e como você o faz.

Os seguintes pontos são marcos de boa técnica:

- Reduza mudanças pensando adiante;
- Reduza a tensão (como ao segurar forte demais, tensionar seu pescoço, levantar seus ombros, sobrecarregar suas axilas, levantar o cotovelo);
- Reduza o movimento (por exemplo, mantenha os dedos perto da escala);
- Toque com atenção a todo seu corpo (note se você está torto, inclinado ou esticando seu pescoço);
- Toque com consciência de cada nota (torne seu instrumento parte de você);
- Escute-se (por exemplo, se seu ataque soar duro ou suas notas parecerem suprimidas ou desiguais, estes são indicadores de que você está sobrecarregando alguma outra coisa).

Capítulo 12

Se você alguma vez sentir tensão em uma de suas mãos, resista ao impulso de balançá-la vigorosamente. Em vez disso, deixe-a cair como uma meia molhada ao seu lado para permitir fluxo sanguíneo e gire-a ou balance-a bem levemente. O desconforto vem de tensão e, ao sacudir sua mão, você tenta "deixar de sentir" algo (o desconforto). Quando isto acontece, é melhor lembrar-se de como é um comando relaxado aos seus músculos, então deixe sua mão cair, relaxe-a e a sinta. Tenha em mente que dor em uma parte do corpo (por exemplo, o punho da mão rítmica) pode originar de tensão em outra área (frequentemente a axila ou o ombro). Treine para relaxar e utilizar somente os músculos necessários, ao invés de tensão estática ao mover seus dedos. Isso requer sua completa atenção à mente e à coordenação motora.

Expire lentamente à medida que solta tensão. Praticar isso consistentemente durante o ensaio ou prática diária pode ajudar músicos a prosseguirem com o mesmo padrão ao se apresentarem (você provavelmente apenas fará isto automaticamente depois de um tempo).

Bom Equipamento

Uma correia que distribua o peso de seu baixo por igual e que possa ser ajustada ao comprimento correto é um bom investimento. Se você tem problemas nas costas, por exemplo, confira a DuoStrap da GruvGear.

Um bom equipamento para o seu baixo também faz uma grande diferença em sua *tocabilidade*. O braço deve estar quase reto para que a altura das cordas aumente gradual e consistentemente em direção às casas mais agudas. Nenhum trastejo deve ocorrer ao se tocar em intensidade média-alta. Certifique-se de que as cordas estejam espaçadas de modo uniforme e nivelado.

Músicos mais jovens podem ter que considerar instrumentos de escala mais curta no início para que eles possam alcançar confortavelmente toda a escala e lidar bem com o peso e formato do instrumento.

Tamanho das mãos não é motivo para fugir do baixo, nem tampouco força em si. A quantidade de força necessária para se apertar uma corda é surpreendentemente pequena — alguns pensam que tocar baixo exige muita pressão e têm uma tendência a segurar forte demais a princípio. O objetivo, novamente, é ensinar-se a usar somente os músculos que precisam ser movidos enquanto exercem uma força mínima e relaxar os demais.

Maus Hábitos

A maioria de nós traz hábitos posturais ruins para a sala de ensaios ou palco. Nosso mundo nem sempre é um ambiente saudável para nossos corpos (passar muito tempo sentados, movimentar-se insuficientemente, carregar estresse ou trauma, carregar pesos pesados incorretamente, sono insuficiente, entre outros). Muitos fatores de estresse manifestam-se no corpo através de tensão.

Adicionar o baixo à equação pode colocar pressão extra no pescoço, nos punhos e em outras partes já tensas ou pode ser uma ótima oportunidade de aumentar a consciência e mudar alguns desses hábitos. Os exercícios técnicos neste livro te dão ampla oportunidade de fazer estas mudanças ao trabalhar com técnicas de prática aqui descritas, especialmente nas seções *Mudando hábitos adquiridos e Praticando o uso dos Princípios de Atenção Rotativa (PAR)*.

Se você precisar de ajuda adicional para mudar padrões de movimento habituais e cotidianos, eu altamente recomendo visitar um especialista na técnica Alexander: um método para evitar tensão física e mental desnecessárias ao desempenhar atividades comuns. Aumentar sua consciência e reaprender movimentos econômicos pode ter muitos benefícios.

FUNDAMENTOS DA TÉCNICA

ÓTIMA TÉCNICA PARA TIMBRE E GROOVE ÓTIMOS

Observações gerais sobre técnica

É muito mais fácil aprender bons hábitos bem do início que ter que desfazer ruins mais tarde. Técnica ruim é geralmente a responsável por fraseado descuidado, tempo pobre, timbre fraco e uma geral falta de foco e clareza. Isso fica impedindo o caminho para expressar nuances e deixar a música falar desinibida.

Músicos muitas vezes ficam preocupados em tocar músicas e acertar as notas corretas, mas deixam os elementos que constituem um groove de boa sonoridade cair pelos cantos ou esperam que eles venham sozinhos. Mesmo músicos experientes podem nunca ter realmente se concentrado em detalhes como fraseado, dinâmicas, timbre, duração de notas, igualdade e elementos de técnica que facilitam sua implementação intencional.

Ensinando-se o ótimo timbre "habitual"

Ao praticar os exercícios neste livro, foque no timbre ótimo. Fazendo isso, você aprenderá a sempre voltar para ele, não importa em qual situação musical você esteja. Ainda que vários destes exercícios usem somente escalas e materiais derivados delas, faça-as soarem musicais — dê a elas fraseado e amplitude! Toda nota que você toca conta.

O raciocínio por trás deste conselho é:

Em um momento estressante, nós tendemos voltarmo-nos para hábitos básicos. "Estressante" pode significar, entre outras questões:

- Problemas com o som em um show (não conseguir ouvir a si mesmo ou a seus colegas de banda etc.);
- Confusão a respeito dos acordes ou mudanças da música;
- Um baterista inconsistente;
- Alguém tocando/cantando desafinado ou fora do tempo;
- Uma plateia crítica;
- Um ambiente desconfortável de apresentação;
- Audições musicais;
- Um líder de banda incompetente.

Se você se ensinou diligentemente a buscar bons timbre, fraseado e tempo como seu timbre habitual, isso será recompensador em situações estressantes.

Timbre bom significa:

- Ter dinâmicas intencionais;
- Produzir duração de notas intencional (por exemplo, legato [conectando as notas suavemente], staccato [notas curtas, espaçamento entre notas], portato [entre legato e staccato], cortar em um determinado tempo, estar atento a pausas etc.);
- Ter um ataque claro e consistente;
- Expressar igualdade de timbre;
- Ter boa entonação (sem puxar cordas ou apertá-las forte demais);
- Não gerar notas descuidadas;
- Minimizar barulhos não intencionais (som de traste, mudanças arranhadas);
- Aplicar técnicas de silenciamento eficazes para evitar um soar persistente de cordas soltas ou harmônicos acidentais.

Capítulo 12

> *Timbre bom vem de boa técnica, onde intenção musical dá o tom (piada intencional), em detrimento de limites mecânicos.*

Abaixo estão algumas listas de problemas de técnica e timbre que eu observo frequentemente. Você encontrará fotos e exercícios para corrigir vários destes problemas:

Problemas envolvendo a mão esquerda

- Mover os dedos muito distantes da escala do instrumento;
- Movimentação excessiva e mudanças desnecessárias ao tocar em uma posição;
- Escolhas ruins de digitação criando mudanças desnecessárias;
- Mão esquerda caída;
- Pegada de mão esquerda forte demais;
- Trabalho exagerado e dobrar do polegar;
- Dedos retorcidos;
- Colocar dedos longe demais ou em cima do traste

Problemas envolvendo a mão direita

- Padrões inconsistentes de tocar da mão direita;
- Um dedo da mão rítmica tocando mais forte que outro;
- Tocar longe do corpo do baixo (estilo violão clássico), em vez de em direção a ele (que te dará um som muito mais gordo);
- Mão rítmica instável;
- Trabalhar exageradamente os dedos não digitadores criando fatiga;
- Descuidadamente acertar a corda antes de digitá-la (produz um ataque duplo indesejado).

Inconsistências entre esquerda e direita

- Digitar uma corda, mas tocar outra;
- Falta de independência entre esquerda e direita (digitação de mão direita não é independente do que a mão esquerda faz);
- Movimentação descoordenada ao digitar e tocar (isso resultará em notas suprimidas, principalmente em andamentos mais rápidos).

Problemas de postura

- Inclinar-se com o cotovelo em uma perna;
- Posicionar-se de maneira torta ou desigual (principalmente ao se sentar);
- Curvar-se sobre a escala e/ou área da mão direita para encontrar as notas ou cordas certas;
- Posicionar inadequadamente os suportes de partitura;
- Encolher um ou os dois ombros;
- Enrijecer o pescoço, a mandíbula e os lábios;
- Posicionar inadequadamente o cotovelo esquerdo;
- Ter uma diferença acentuada de postura ao se sentar em oposição a quando se está de pé;
- Tocar com um abdômen desativado;
- Prender sua respiração.

Fundamentos da Técnica

POSTURA

As fotos a seguir descrevem problemas de postura em geral. Eu recomendo que você experimente cada um deles e retorne à postura desejada. Sinta a diferença em seu corpo e seu estado mental. Se você luta com qualquer um destes faça uma anotação mental dele e siga as recomendações das seções *Mudando hábitos adquiridos e Praticando o uso dos Princípios de Atenção Rotativa (PAR)*. A ideia aqui não é que você deva sempre exibir a postura perfeita ou nunca ser "pego" apoiando seu cotovelo em uma perna, ficando corcunda, torcendo-se, ou outras posições suscetíveis a problemas. Seu objetivo é direcionar sua atenção para estas questões e movimentar-se com mais consciência. Ainda assim, boa postura e bons hábitos do tocar permitem melhor fluxo de energia e um estado mental mais alerta.

É bom fazer a ativação da região do torso para alongamento da coluna, seguida por uma liberação da tensão nos ombros como componentes de um mesmo ajuste. Mantenha postura alta com a cabeça equilibrada na coluna e olhe para baixo com movimento ocular o máximo que puder, em vez de dobrar o pescoço. Relaxe a mandíbula (dentes ficam entreabertos), pescoço e ombros. Pratique respiração de diafragma com expiração lenta para adquirir a habilidade de relaxar os músculos rapidamente e manter as mãos aquecidas, o que auxilia no conforto e na coordenação.

Mantenha postura alta (cabeça equilibrada sobre a coluna e olhando para baixo, movendo os olhos, o quanto for possível).

Postura recomendada

- *Uniforme e relaxada, com o torso ativado e a respiração fluindo*

Problemas de postura em potencial

- *Posições retorcidas ou desiguais (principalmente quando se senta)*

- *Inclinada com o cotovelo em uma perna*

Capítulo 12

- Inclinar-se por cima da escala e/ou área da mão direita para encontrar notas ou cordas certas

- Posicionamento inadequado de suporte de partitura

- Endurecimento do pescoço, mandíbula e lábios

- Levantando um dos ombros

Evite ter posturas significativamente diferentes ao estar sentado em comparação a quando se está de pé (o comprimento da correia pode precisar de ajuste).

Se você pratica primordialmente em um assento, mas apresenta-se em pé, certifique-se de que o comprimento de sua correia esteja ajustado para que as posições de tocar pareçam-lhe similares. Se você prefere uma correia mais comprida, certifique-se de tocar de pé por pelo menos uma parte de seu tempo de treino, já que as posições de ambas as mãos serão bem diferentes.

A MÃO ESQUERDA

Os dedos da mão esquerda são responsáveis por digitar a casa correta, então é fácil pensar que sua única tarefa é encontrar a nota certa. Entretanto, ela é tão importante para a produção de bom timbre como a mão direita que é ela que de fato produz o timbre.

Fundamentos da Técnica

Além de digitar as casas de maneira limpa e econômica para que a mão direita possa produzir nuances de timbre, a mão esquerda também é responsável por executar suas próprias técnicas legais, tais como *tapping, hammer-ons/pull-offs*, tocar harmônicos, técnicas de silenciamento e abafamento: notas mortas de mão esquerda, *bending, slap* de mão esquerda, puxadas, puxadas de múltiplas cordas, esticar a corda depois da pestana, entre outras.

Se você prestar atenção aos aspectos técnicos da mão esquerda (postura, digitações etc.), a recompensa para sua fluidez geral, expressão e controle da sua performance musical será enorme.

Pratique técnica de mão esquerda com atenção aos detalhes descritos abaixo. Escolha dois ou três exercícios específicos e concentre-se neles por algum tempo, e então escolha mais alguns.

> *Sempre use um metrônomo e vá lentamente.*
> *Ouvidos atentos para um bom timbre.*

Posição de mão esquerda recomendada

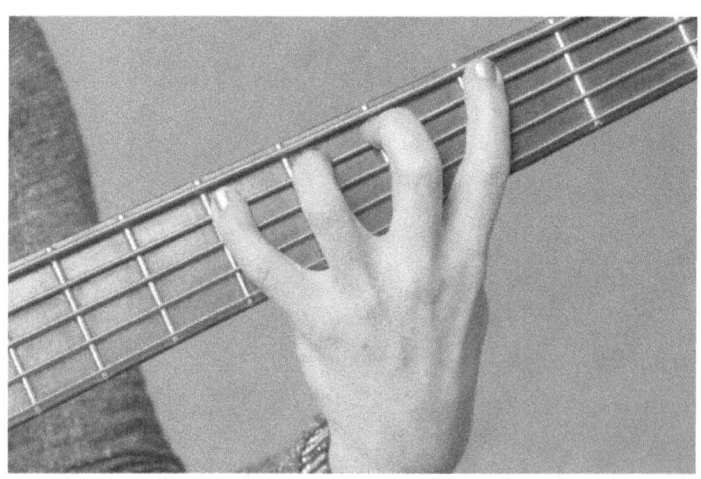

Problemas de mão esquerda

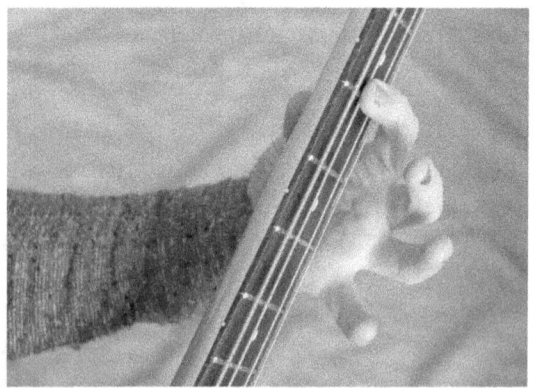

- *Mover os dedos muito longe da escala*

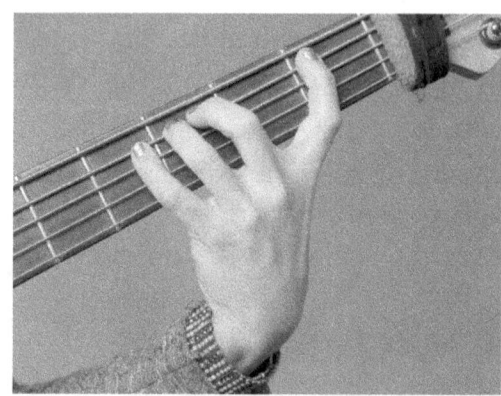

- *Sem seguir as digitações; a digitação aqui deveria ser 1→3–4, e não 1→2–4.*

Capítulo 12

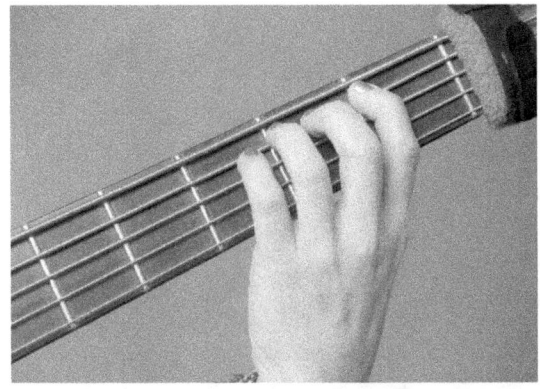

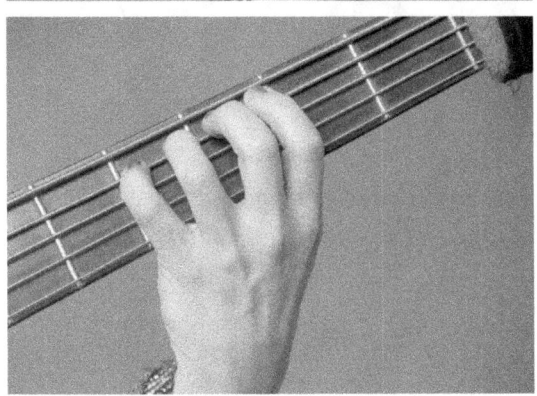

- *Movimentação excessiva e mudanças desnecessárias ao tocar em uma posição.* A posição de um dedo por casa é desenvolvida para evitar mudanças desnecessárias. Treine seus dedos para que pairem sobre suas casas designadas. Os dedos mostrados à esquerda tocam a 1ª e 4ª casas, mudando desnecessariamente.

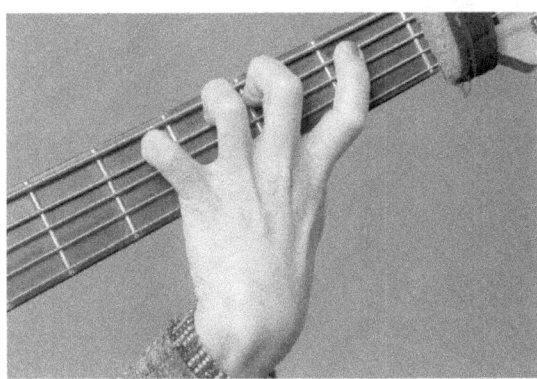

- Mão esquerda caída; *uma mão esquerda caída restringe movimentação.*

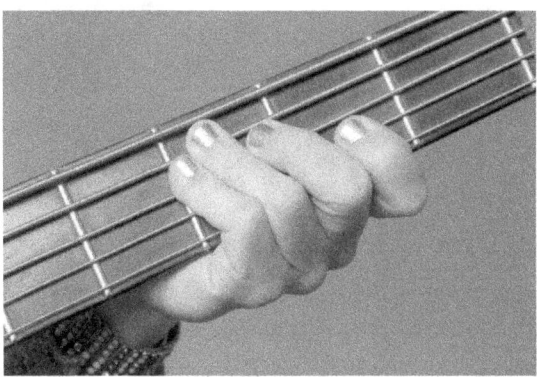

- Pegada de mão esquerda forte demais; *fazer assim cansa a mão.*

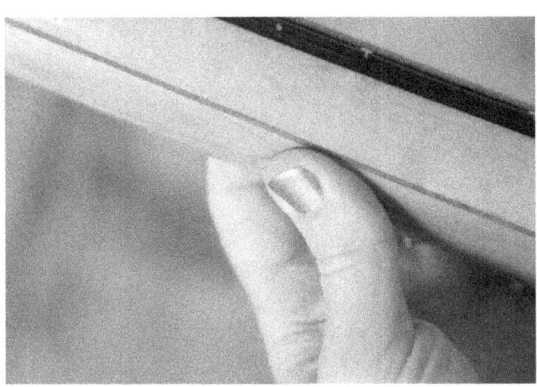

- Trabalho exagerado e dobrar do polegar; aqui o polegar; *trabalha mais que o necessário.*

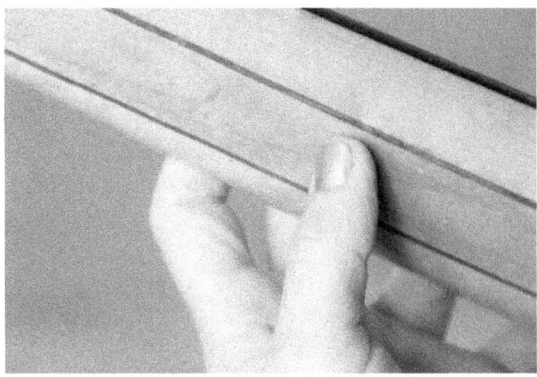

- *A tarefa do polegar é guiar a mão e mantê-la estável.* Como mostrado acima, o polegar deve ficar consideravelmente relaxado. Não aperte o braço.

Fundamentos da Técnica

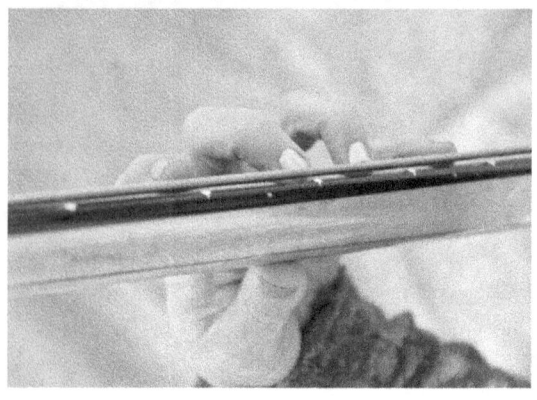

- Nas regiões mais graves, o polegar deve estar mais ou menos em oposição ao dedo médio.

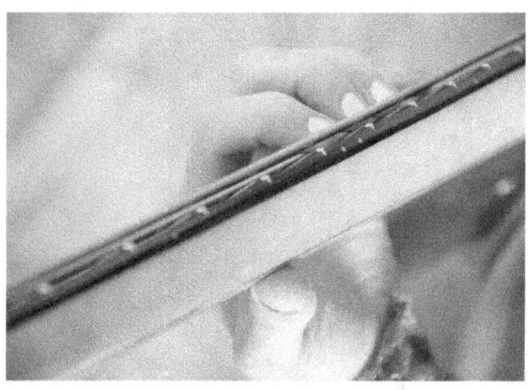

- À medida que você se move escala acima, seu polegar tende a deslizar à esquerda de seus dedos digitadores.

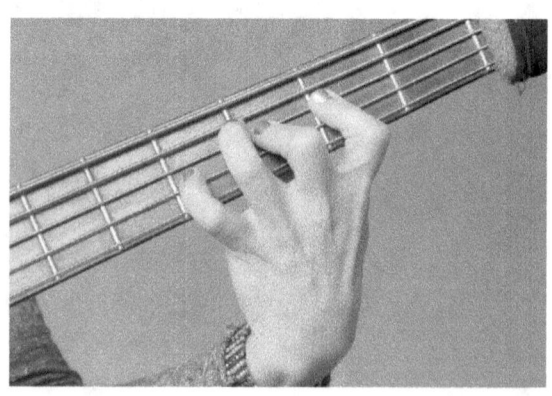

- Dedos retorcidos;

  se seus dedos estiverem retorcidos, você não tem muito controle sobre eles; portanto, a energia não é transmitida para as cordas de maneira eficiente.

- O objetivo é deixá-los arqueados para que a ponta do dedo encontre a corda.

CAPÍTULO 12

- Não dar suporte à nota com outros dedos;
  não assim:

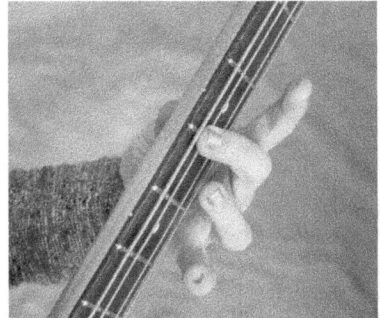 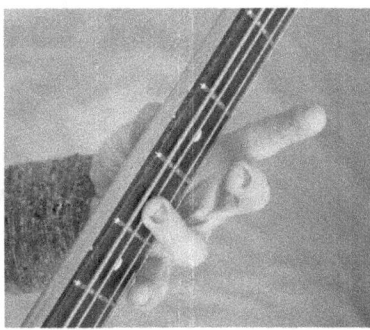 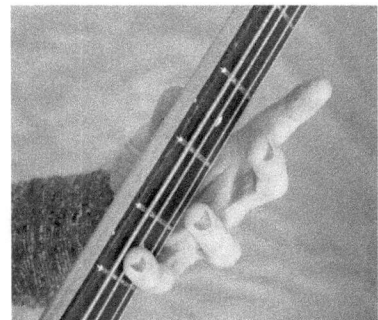

Dedo 1 digita,　　　　　　　*Dedo 3 digita,*　　　　　　　*Dedo 4 digita,*
dedo 1 levantado　　　　　　*1 e 2 levantados*　　　　　　*1, 2 e 3 levantados*

mas assim:

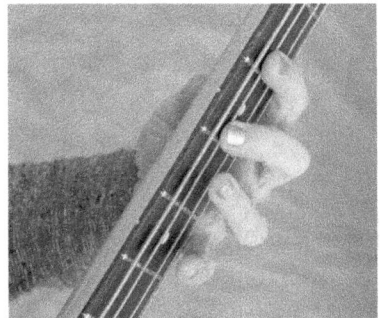 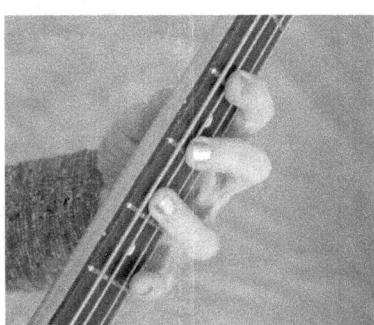 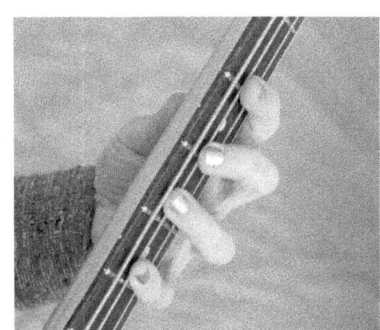

Dedo 2 digita, assim como 1　　*Dedo 3 digita, assim como 1 e 2*　　*Todos os quatro dedos digitam*

NOTA: Os dedos devem sempre estar preparados para ir aonde eles forem necessários a seguir. Por exemplo, se você estiver atualmente usando o dedo 2 e o 1 será usado em uma corda diferente para a próxima nota, não se preocupe em colocar ambos os dedos digitando juntos. Em vez disso, prepare o dedo 1 para sua nota:

- *Dedo 1 pairando sobre a casa onde será utilizado a seguir.*

141

Fundamentos da Técnica

Postura corporal e sua mão esquerda

Ângulo de cotovelo

A melhor maneira de ajudar sua mão esquerda é tentar esse experimento e sentir o que esse movimento faz para a posição geral de sua mão esquerda (todos os cinco dedos!):

Ao mover o cotovelo diretamente para sua frente (seguindo a seta na figura à direita), seus dedos podem se arquear e ter muito mais espaço para se moverem e uma melhor angulação para força.

Na figura à direita, os dedos não têm muito espaço para movimentação e o polegar tende a trabalhar em excesso ou mesmo esticar-se.

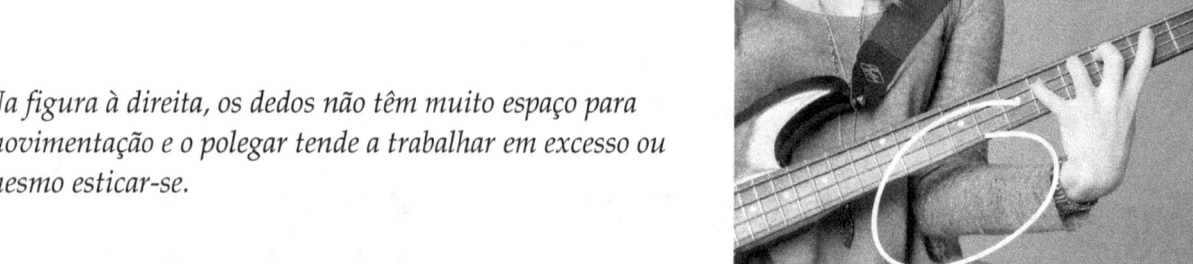

Calibrando a pressão do dedo sobre a corda

Quanta força é necessária para apertar a corda? Ao apertar a corda com os dedos da mão esquerda, atente-se para não trabalhar contra você mesmo empurrando-a de volta com o polegar. Como resultado, o ombro e o braço vão querer manter o braço do baixo estável. O exercício a seguir é bem útil para sentir a sensação nos dedos digitadores e tornar-se consciente de que o baixo e seu corpo estão interconectados de maneira sutil.

Preparação: tire o polegar da mão esquerda do braço. Coloque seus dedos de digitação em uma região grave do baixo e digite um por vez. À medida que faz isto, observe como o braço do baixo irá mover-se em sua direção ao apertar uma corda. Você pode reagir a este movimento empurrando seu braço direito levemente contra o corpo do baixo. Isto estabilizará o braço do baixo imediatamente, mas também te ajudará a sentir quão pouca força é necessária em seus dedos da mão esquerda para apertar a corda. Agora coloque seu polegar como um ponto de referência.

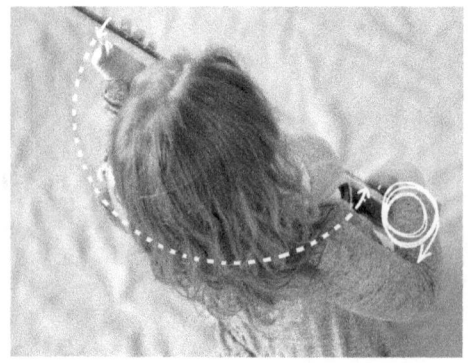

Dedos de digitação empurram as cordas em direção a seu corpo. O braço direito levemente reage a este movimento ao segurar o corpo do baixo no lugar. Quanto mais você puder sentir esta conexão baixo-corpo-mão digitadora, mais você se une com seu instrumento.

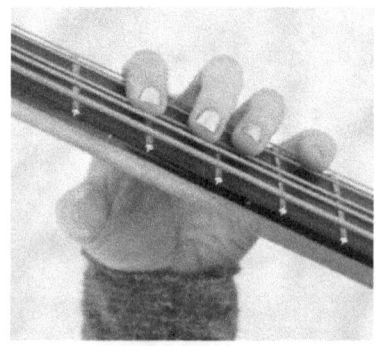

Posição do polegar na foto à esquerda

Capítulo 12

Sentindo o peso de seu braço esquerdo

Se você tende a encolher seu ombro e braço e sentir fatiga nestas áreas, tente esse exercício:

Curve os dedos da mão esquerda para que eles formem uma garra e enganche-os na corda D ou A de seu baixo. Tire um momento para relaxar seu ombro e braço, exceto pelos dedos que estiverem agarrados à corda para evitar que seu braço caia. Para se certificar de que não haja tensão, use sua mão direita e puxe seu ombro esquerdo para longe de você (ele deve estar solto e completamente relaxado); os únicos músculos trabalhando devem ser os dos seus dedos. Consegue sentir o quão pouca força é necessária para manter seu braço elevado?

Para testar se seu braço está realmente relaxado, desenganche seus dedos e deixe seu braço cair ao seu lado. Se ele não cair, você não estava completamente relaxado e, nesse caso, repita esta parte do exercício.

Agora os enganche novamente e deixe seu braço esquerdo tomar o controle de modo que seus dedos não trabalhem mais para mantê-lo elevado. Você pode sentir quão pouca força é necessária para tal?

Um dedo por casa

Para a maioria das situações do tocar, a posição de *um dedo por casa* é a melhor. O seu tocar beneficia-se de diversas maneiras ao ficar confortável com esta disposição. Timbre melhorado, mais agilidade, encontrar notas mais rapidamente, limitar o tempo gasto olhando para a escala do instrumento e criar uma base sólida para treino de velocidade e agilidade são só algumas das recompensas.

Usando dedos 1–4 para um padrão de oitavas no registro mais grave. 1–2/3–4 está mostrado, então os dedos 2 e 3 ficam mais próximos entre si.

Em uma canção, existem boas razões para se usar uma "mão menor", espaçando os dedos como mostrado aqui, ou seja, 1–2/3–4 (remanescente das posições mais graves no baixo acústico). Você também pode gostar de 1–2–3/4, se seu mindinho se cansar. Um exemplo seria um groove disco que utiliza oitavas repetitivas no registro mais grave — use os dedos 1 e 4 para o salto de duas casas.

Fortalecendo seus dedos

Se você quer fortalecer seus dedos, pratique *hammer-ons* (HO) e *pull-offs* (PO).

Sem tocar as cordas com sua mão direita, bata seus dedos da mão esquerda na corda em um movimento de martelar (portanto, hammer-on) para produzir um som. Note que a velocidade de movimento é mais importante que a força (tensão contínua dos músculos) para fazer isto funcionar.

Fundamentos da Técnica

Aqui estão alguns bons padrões de treino (HO em todos eles):

1–2–3–4, 1–2–3–4…	1–2, 1–2, 1–2, 1–2…	2–3, 2–3, 2–3, 2–3…
1–2–1–3–1–4, 1–2–1–3–1–4…	1–3, 1–3, 1–3, 1–3…	2–4, 2–4, 2–4, 2–4…
2–3–2–4, 2–3–2–4, 2–3–2–4…	1–4, 1–4, 1–4, 1–4…	3–4, 3–4, 3–4, 3–4…

Se você adicionar *pull-offs* à mistura, os exercícios acima tornam-se ainda mais poderosos. Para executar um *pull-off*, toque a corda com um dedo *digitador* (mão esquerda) em um movimento em sentido para baixo, puxando-a para tocar uma corda solta ou nota apertada por outro dedo:

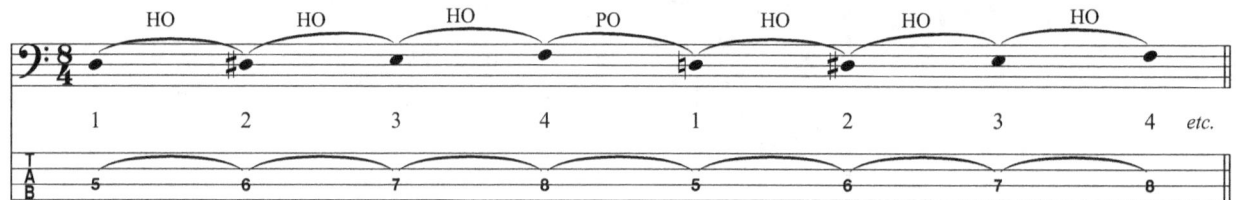

HO e PO alternados:

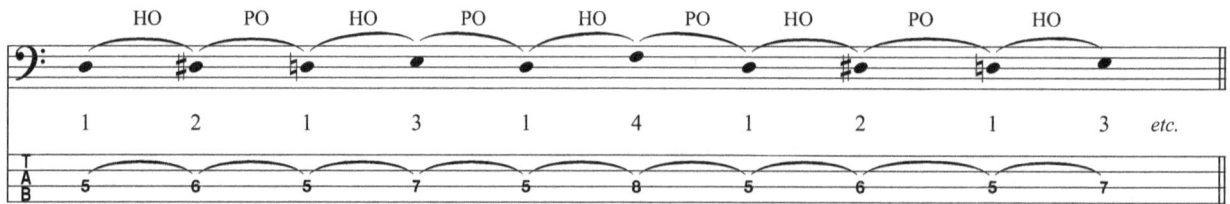

Você pode adaptar todos os exercícios de HO acima aplicando *pull-offs* onde possível.

Você pode também incorporar cordas soltas:

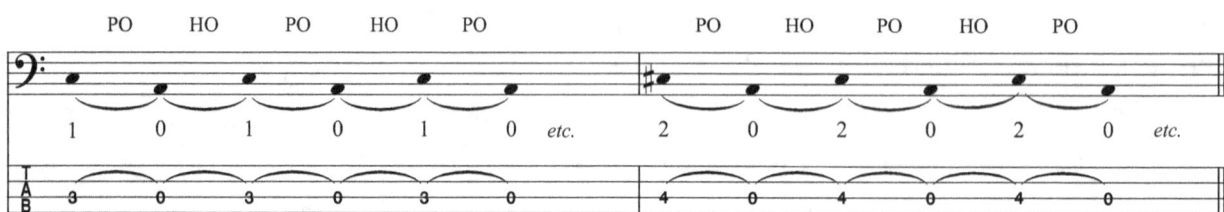

Outros ótimos padrões de PO são:

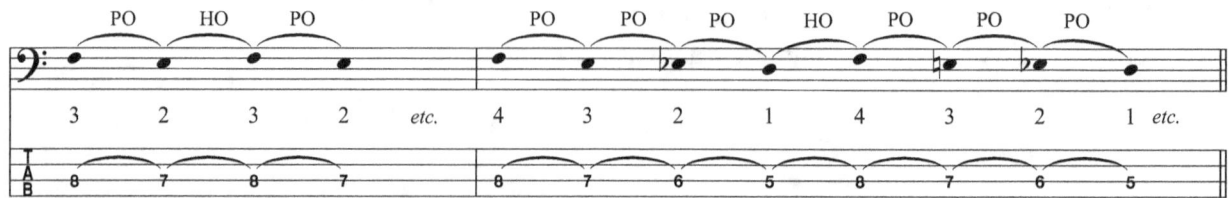

Se você trabalhar estes padrões regularmente, sua mão esquerda ganhará muita força e agilidade e estará pronta para o *tapping* muito em breve.

CAPÍTULO 12

Exercício de salto de corda

Ao praticar vários exercícios de técnica ou tocar músicas, você vai se deparar com um salto de corda que é um pouco difícil de executar a princípio; este é o movimento de uma corda para uma adjacente (ou uma mais distante) na mesma casa. Quando você encontrar este salto, atente-se para tocá-lo o mais *legato* (suavemente) possível. Para executar este legato preciso, você precisa aprender a apertar a corda com seu dedo e mover-se para a próxima corda sem fazer um *bend* na primeira corda. Em outras palavras, enquanto a nota estiver soando, seu dedo aperta e move-se cuidadosamente para a próxima corda. Não aperte duas cordas ou retorça seus dedos.

Esta mudança entre cordas torna-se mais fácil quando você levanta seu dedo só o bastante para ser capaz de deslizá-lo para a próxima corda. Você nunca deixa as cordas; ao invés disto, seu dedo continua a tocar as cordas. A versão descendente é mais difícil que a ascendente — pratique-a cuidadosamente. Para evitar que você aperte duas cordas, toque quartas por todas as quatro cordas. Pratique com cada dedo. Você achará isto mais fácil com os dedos 1 e 2; mais difícil com 3 e 4.

Dedo 1 aperta a casa e, ao fazer isto, move-se em direção a seu próximo alvo — a mesma casa na corda seguinte. Quanto mais achatado (mais reto) você posicionar seu dedo, mais você será capaz de conectar as notas.

Cuidado para não levantar (bend) a corda. Se você apertar forte demais ao se mover em direção à próxima corda, sua entonação será prejudicada.

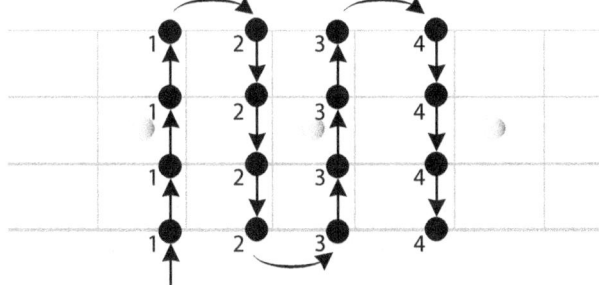

Prática de salto de casas com cada dedo. Experimente também inverter a direção das setas.

Fundamentos da Técnica

Evitando o trastejo

Se você estiver ouvindo trastejo, é mais provável que seja devido à digitação muito longe do traste. Seu dedo deve ficar imediatamente atrás do traste (tendo a ponte como referência). Se você tocar bem em cima do traste com muita pressão, você consegue um efeito de "umidade" na nota (que pode ser desejável, por exemplo, para alguns estilos de funk).

Tocando mais perto do traste

Tocando longe demais do traste e provavelmente produzindo um chiado

Exercícios de combinações

Estes exercícios são excelentes para coordenação e desenvolvimento de seus movimentos cromáticos.

Pegue qualquer combinação dos números 1–2–3–4 e mova-se corda G acima em semitons (comece com 1 em G♯, 2 na A, 3 na A♯, 4 na B, e então mova o 1 para A e repita). Mova-se acima na oitava até que seu primeiro dedo esteja em uma marcação dupla. Depois volte aplicando a mesma fórmula.

Lista completa de combinações:

1–2–3–4	2–1–3–4	3–1–2–4	4–1–2–3
1–2–4–3	2–1–4–3	3–1–4–2	4–1–3–2
1–3–2–4	2–3–1–4	3–2–1–4	4–2–1–3
1–3–4–2	2–3–4–1	3–2–4–1	4–2–3–1
1–4–2–3	2–4–1–3	3–4–1–2	4–3–1–2
1–4–3–2	2–4–3–1	3–4–2–1	4–3–2–1

Variações:

- Pratique estas fórmulas usando *hammmer-ons* e *pull-offs*.

- Faça esses exercícios por diferentes cordas (por exemplo: 1–2 na corda G, 3–4 na D subindo, e então o mesmo com as cordas D e A, A e E. Se você for ousado, tente estas combinações pelas cordas G e D ou mesmo G e E).

Capítulo 12

Escolha alguns destes exercícios e pratique-os até que você possa executá-los fluidamente. Você verá que se praticar certas combinações até que elas se tornem intuitivas, as demais combinações serão muito mais fáceis.

Desenvolva suas próprias combinações e exercícios! Divirta-se, faça um pouquinho todo dia e monitore o que você faz em seu caderno de estudos.

A mão esquerda cumpre um grande papel em silenciar sons indesejados de vibração de cordas.

A MÃO DIREITA

A mão direita toca as cordas.

Existem muitas técnicas para produzir uma variedade de timbres diferentes, desde puxar a bater, notas mortas, *raking*, batida dupla, *slapping*, *tapping*, deslizar com a palma, *palm-muting*, harmônicos de beliscada, harmônicos de *tap*, puxada dupla, tocar de palheta e mais. Técnicas do tocar de mão direita incluem tocar com dois a quatro dedos, técnicas de polegar flutuante, dentre outras. A técnica recomendada aqui usa dois dedos para tocar (médio e indicador). Ela produz um timbre gordo e estável e te permitirá ter um controle de timbre poderoso e velocidades altas.

Posição de mão direita recomendada

Com seu ombro direito relaxado, repouse seu antebraço no corpo do baixo e deixe sua mão cair naturalmente (geralmente ela vai parar em um ângulo de 60 graus). Permaneça relaxado e flexível nesta posição. Dobrar seu punho é um movimento natural e perfeitamente aceitável contanto que você não o estique demais nem o tensione. A alternativa (punho reto) resulta em um timbre que não é desejável para tocar grooves. Além disto, ela necessita que se levante o ombro direito, o que coloca muita tensão no pescoço e ombro.

Compensando pelo comprimento diferente dos dedos rítmicos

A foto à esquerda mostra que os dois dedos digitadores tipicamente têm comprimentos diferentes. A quantidade diferente de carne tocando a corda resultará em timbre e extensão dinâmica (um mais forte, um mais fraco) diferentes. Para compensar esta diferença de comprimento de dedo, arraste seus dedos levemente em direção à ponte (veja foto à direita) para que a quantidade de carne movendo a corda seja mais ou menos a mesma.

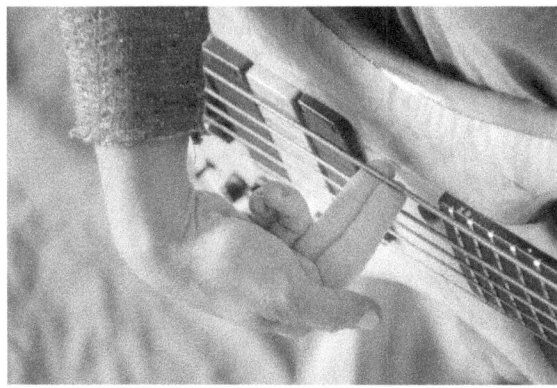

Fundamentos da Técnica

Posicionamento do polegar da mão direita no baixo

Repouse o polegar da mão direita seja na corda grave, em um apoio de polegar (thumb rest) ou no captador. Para esse relaxamento, eu recomendo não se apegar a um thumb rest ou um captador, principalmente porque o baixo soa bem diferente quando tocado mais próximo do braço (mais como no jazz) em contraste a ser tocado mais próximo da ponte (mais como no funk). Experimente e encontre seus sons favoritos para os diversos estilos que você toca.

Outra vantagem de não repousar o polegar exclusivamente no captador ou em um thumb rest é que o polegar pode ser multitarefas, funcionando como um dispositivo silenciador para manter sons indesejados das cordas sob controle.

Em um cinco ou seis cordas, tente apoiar seu polegar na E grave enquanto também encosta (silencia) na B grave. Ao tocar as cordas G ou C, você pode usar seu dedo anelar para silenciar a corda A.

Tocando por um bom timbre

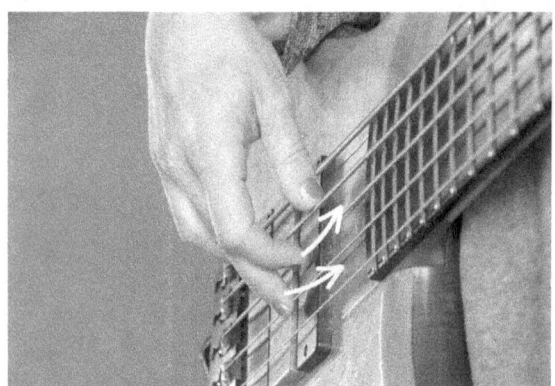

Tocando grooves de baixo

Quando você toca uma nota, toque para dentro do baixo, em direção ao corpo. Isso é o contrário do que um violonista clássico faz, que é mais um movimento de enrolar em direção à palma de sua mão (contudo, isto é útil ao tocar acordes no baixo). Este movimento começa pouco abaixo da corda e puxa para cima, parecido com o modo como um guitarrista clássico tocaria acordes e arpejos. Sendo um baixista tocando com um baterista, você deve produzir um timbre gordo, suculento e poderoso. Toque em direção ao corpo e deixe a próxima corda cessar seu movimento. Comece levemente acima da corda e puxe a nota até a próxima corda em um único golpe rápido. Repousar sobre a corda neste movimento antes de você tocá-la produz um leve ataque duplo que pode atrapalhar a clareza de seu timbre, principalmente em estúdio.

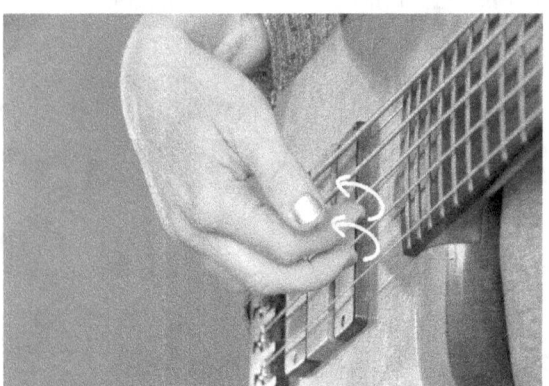

Tocando ao estilo de violão clássico

Capítulo 12

Mantendo os dedos relaxados e próximos

Não permita que seus dedos que não estejam tocando fiquem tensos. Isto coloca pressão em sua mão e te deixa lento. Treine-se para encontrar os músculos que você precisa e deixar os que você não precisa relaxados. Respirar te ajuda a relaxar.

Controlando o Timbre Com as Pontas de Seus Dedos

Cuide para não deixar que seus dedos se retorçam ao tocar, uma vez que você perderia controle. Imagine a energia fluindo até as pontas de seus dedos e então até o baixo. Você só pode modelar o timbre se você estiver sentindo-o e tiver uma representação mental do que você quer realizar.

Alternando dedo indicador (i) e dedo médio (m)

Treine-se para alcançar a independência na digitação das mãos esquerda e direita. Às vezes, iniciantes podem se flagrar imitando a digitação da mão esquerda em sua mão direita. Se a mão esquerda está digitando 1–2–4 em determinada corda, a mão direita vai querer executar i–m–m naquela corda, movendo-se paralelamente à esquerda ao invés de independentemente (i–m–i ao digitar 1–2–4).

Outro hábito comum é usar o mesmo dedo duas vezes entre cordas ao descer (chamado *raking* — arrastar). Veja a figura abaixo, que demonstra *raking* ao tocar uma escala maior descendente:

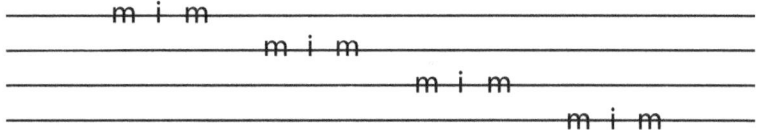

O exemplo abaixo é uma aplicação bacana de *raking* (digite um acorde ou combinação de notas com sua mão esquerda). Pratique aplicações de *raking* como a seguinte com um metrônomo.

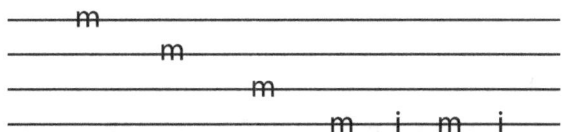

149

FUNDAMENTOS DA TÉCNICA

> Eu toquei sem controle consciente da minha mão direita por vários anos, até que eu me deparei com um *lick* que eu não conseguia executar na velocidade necessária. Após análise mais cuidadosa, meu professor e eu descobrimos que eu estava tocando alternadamente e fazendo *raking* aleatoriamente. *Raking* é uma técnica que definitivamente tem suas aplicações (arpejar acordes ou alguns *licks* que envolvam notas mortas); entretanto, ela precisa ser praticada e usada com objetivo e consciência para que seja eficaz. Uma vez treinada para alternar os dedos indicador e médio sem ter que pensar nisso, aquele *lick* deixou de ser um problema, e eu pude executá-lo em velocidades mais altas com muito mais controle.

Eu recomendo adesão rígida a um padrão alternado de m–i–m–i–m. Este é o motivo: assim como a maioria dos aspectos técnicos, uma abordagem aleatória e não consciente pode causar problemas. Ao usar os dedos indicador e médio para tocar de uma maneira alternada, você deve estar em modo piloto automático, completamente independente do que a mão esquerda estiver fazendo. A menos que você tenha um plano o qual você tenha praticado até ele estar em funcionamento inconsciente, você sempre precisará tomar uma decisão sobre qual dedo usar para tocar — uma decisão que toma exatamente aquela quantidade minúscula de atenção que você pode precisar em outro ponto (velocidade, expressão, dinâmica etc.).

Aqui estão alguns exercícios para deixar a digitação m–i–m–i na ponta de seus dedos. Não importa com qual dedo você comece, você verá que você tem um dedo inicial favorito! Escolha a variação do exercício que comece com o seu preferido e fique com ela.

Exercícios de digitação alternada para serem executados em quaisquer cordas vizinhas:

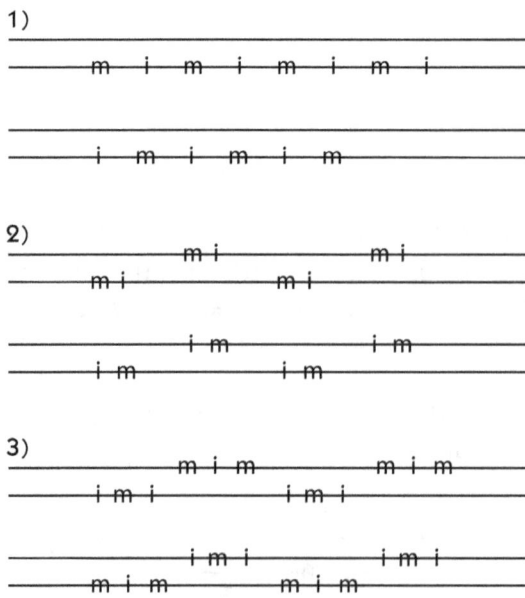

- A princípio, comece com uma corda e alterne entre médio e indicador. Busque ouvir um timbre homogêneo, use um metrônomo e não vá rápido demais;
- Então expanda para duas cordas vizinhas e toque duas notas em cada corda (variação: selecione duas cordas que não sejam vizinhas);
- A seguir, expanda para três notas em duas cordas vizinhas e certifique-se de alternar seu tocar. Sem *raking*! (variação: escolha duas cordas que não sejam vizinhas);
- Agora, mantenha o movimento de alternação enquanto toca diversas escalas ou frases musicais. Não importa quantas notas por corda a mão esquerda execute — mantenha-se alternando.

Exceções ao uso de digitação alternada (i–m–i–m)

Eu já mencionei alguns exemplos onde faz sentido não usar digitação alternada e sim *raking*. Outro exemplo pode ser um groove que precise ser bem homogêneo, tal como um construído em colcheias pulsantes. Estes soam muito bem se executados com somente um dedo, como i–i–i–i–i ou m–m–m–m–m–m.

Uma vez que você tenha a digitação alternada na ponta dos dedos, dê alguma atenção a aplicações especiais como *raking* e grooves em uma corda sem alternância.

Observações finais

Pratique o quanto puder com padrões alternados dos dedos indicador e médio. Quando você tiver um bom domínio do que sua mão esquerda está fazendo, sinta-se livre para incluir em sua prática técnicas de mão direita como *slapping* ou tocar de palheta. Como sempre, cuide para não fazer muito de uma só vez.

COORDENAÇÃO DE MÃO ESQUERDA/MÃO DIREITA

Finding the Strings

For a beginner, or someone switching between basses with different numbers of strings or different string spacing, this can happen:

A mão direita e a mão esquerda estarem operando em cordas diferentes.

Caso você passe por isso, pare por um momento e treine colocar os dedos das mãos esquerda e direita na mesma corda sem olhar.

Mexa na corda para senti-la conectando suas mãos.

Fundamentos da Técnica

Exercícios: (Eu estou listando estes exercícios para baixos de seis cordas, já que os de mais cordas apresentam um desafio maior. Adapte conforme necessário para quatro ou cinco cordas.)

- Pule de corda a corda, tal como B–E–A–D–G–C com ambas as mãos ao mesmo tempo;
- Então, mude sobre duas cordas, por exemplo: B–A–E–D–A–G–D–C;
- Em seguida, pule duas cordas: B–D–A–E–G–C;
- Inverta essas sequências.

Exercícios para coordenação de mão esquerda/mão direita

Se as mãos esquerda e direita não cooperarem como uma equipe, um ataque limpo será difícil de ser executado. Notas abafadas e imprecisões rítmicas podem ser o resultado de as mãos esquerda e direita não se moverem ao mesmo tempo. Vale a pena concentrar-se em sentir a conexão entre as duas mãos.

Tente isso: toque qualquer nota que não envolva uma corda solta e deliberadamente toque uma de suas mãos cedo demais. Se a esquerda se antecipar, você terá um ataque duplo. Se a direita se antecipar, você terá uma nota abafada.

Aqui estão alguns exercícios que coordenarão as duas mãos:

Variação — ME: Na corda A, digite C (1), C♯ (2), D (3) e D♯ (4) com um dedo por casa. Então toque as seguintes sequências abaixo ("0" significa ter a corda solta). Não faça *hammer-on* nestas notas. Em vez disso, toque-as com a mão direita e foque em mover seus dedos das mãos direita e esquerda ao mesmo tempo.

0–1, 0–2, 0–3, 0–4, 0–4, 0–3, 0–2, 0–1

0–1, 0–1, 0–1, 0–2, 0–2, 0–2, 0–3, 0–3, 0–3, 0–4, 0–4, 0–4, 0–3, 0–3, 0–3, 0–2, 0–2, 0–2, 0–1, 0–1, 0–1

Variação: Coloque três dos quatro dedos da mão esquerda em uma das cordas mais agudas e pratique coordenação tocando com somente um dedo posicionado em uma corda mais grave. A foto à direita ilustra isto.

Variação dos exercícios de coordenação esquerda/direita, mantendo três dedos em uma corda mais aguda. Aqui, tem-se 0–2, 0–2, 0–2 sendo executadas.

Combinando exercícios de variações (exercícios de mão esquerda) e m–i–m–i/i–m–i–m

Reveja os exercícios de variações para a mão esquerda e combine-os aplicando i–m–i–m ou m–i–m–i. Comece cada grupo tanto com i quanto com m. Sinta a diferença de coordenação entre sua mão esquerda e direita ao começar com i ou m.

Tocando legato

Para conectar notas de maneira fluida, é importante coordenar movimentos de mão esquerda e direita precisamente (por isso, minha recomendação para praticar legato).

Toque um tom inteiro legato na mesma corda. Em seguida, toque um tom inteiro legato entre duas cordas. Toque lentamente atentando-se para quaisquer pausas entre as notas.

DICAS GERAIS PARA DIGITAÇÃO

- Pense sempre à frente e deixe sua mão pronta para mover na direção seguinte;
- Como um conceito geral, mude seus dedos da mão esquerda para 1 e 2 ao ascender e dedos 4 ou 3 ao descender sempre que possível;
- Reduza movimentação e trocas;
- Decida-se por uma digitação e então seja consistente com ela;
- Uma vez que você possa fazer a digitação de um dedo por casa e, consequentemente, sua mão estiver bem condicionada e em forma, você pode experimentar com dedos esticados (cobrindo três tons inteiros e/ou graus de escala por corda — eles são ótimos para *licks* velozes e *tapping*).

EXERCÍCIOS PARA TROCAS DE POSIÇÃO

Escala com um dedo

Este exercício tem o propósito de praticar trocas o mais silenciosamente possível (não utilize de fato esta digitação para uma escala ou em um contexto musical).

- Toque uma escala em uma corda usando somente o primeiro dedo;
- Repita com o segundo dedo, depois com o terceiro e então o quarto;
- O objetivo é minimizar barulho de cordas e tocar o mais legato possível.

Escala cromática para a fundamental

Toque um F com seu dedo 1 na corda E. Agora pule com o dedo 1 para F# e depois volte ao F. Pule para G. Continue desta maneira até que você tenha atingido a oitava. Desça da oitava a partir da 12ª casa. Repita com os dedos 2, 3 e 4.

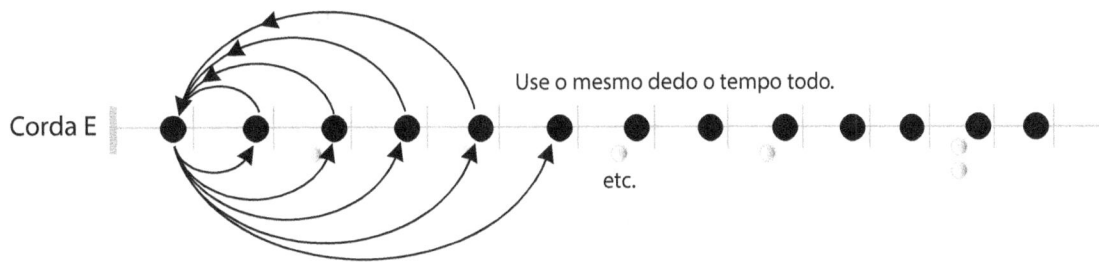

Usando o mesmo dedo o tempo todo, ascenda cromaticamente e mude para frente e para trás entre a nota inicial F e as notas de escala. Não deslize. Lute para produzir o mínimo de barulho de troca possível. À medida que você troca, você levanta o dedo, mas mantém-se encostando na corda de maneira bem leve. Pratique com todos os quatro dedos.

Fundamentos da Técnica

Saltando intervalos maiores

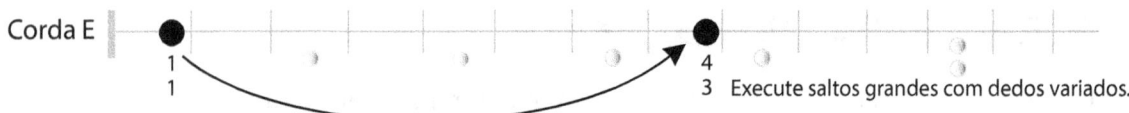

Toque F na corda E com seu dedo 1. Agora pule uma quinta para o C (oitava casa) com seu dedo mínimo. Novamente, atente-se para ruído de traste.

Repita com diversos intervalos grandes (quintas ou décimas), usando a digitação 1–3 e 1–4.

PRATICANDO O USO DOS PRINCÍPIOS DE ATENÇÃO ROTATIVA (PAR)

Ao deparar-se com uma ampla gama de informações (mão direita, mão esquerda, postura, notas, mudanças de acordes, fraseado etc.), é necessário ter uma abordagem estruturada para lidar com elas, a fim de evitar sentir-se sobrecarregado e frustrado. Modalidades de prática estruturadas são muito preciosas — elas são como um treino esportivo de alta intensidade — sessões mais curtas, mas de melhores e mais rápidos resultados. Elas exigem alguma disciplina, mas a recompensa é enorme e imediata. Os resultados te manterão motivado!

DICA: Use o diário de prática.

Os PAR vão ajudar você a praticar uma peça musical ou outra tarefa de maneira estruturada para que você não somente pratique a peça/tarefa em si, mas também cubra aspectos musicais e técnicos no processo. A peça ou tarefa não deve levar mais que um minuto para ser executada.

1. PREPARAÇÃO BÁSICA

Faça uma lista de itens que você gostaria de trabalhar.

Escolha de um a três itens técnicos, e um ou dois de expressão musical (tocar legato, tom homogêneo etc.). Eu sempre recomendo incluir temporização além das notas corretas.

Por exemplo, a lista pode ter a seguinte aparência:

- *Item técnico 1 — **Dedos da ME longe da escala** → Manter dedos próximos!*
- *Item técnico 2 — **Raking da MD** → Alternar m–i–m–i–m–i...*
- *Item técnico 3 — **Curvado sobre a escala** → Postura ereta.*
- *Expressão musical — Notas soam difusas → Tocar legato.*
- *Precisão rítmica — Um pouco descuidado no tempo → Ouça atentamente ao metrônomo.*

Capítulo 12

NOTA: Não comece com mais que quatro a seis itens em sua lista.

2. Processo

Toque a peça, focando sua atenção no primeiro item de sua lista. Não se preocupe com erros de tempo, notas erradas ou qualquer outra coisa. Toque a peça tão bem quanto puder, mas garanta que aqueles dedos da ME estejam próximos à escala do instrumento (item 1 da lista).

Então, vá para o próximo item. Sua mão esquerda pode agora voltar para hábitos antigos, mas o ponto é que você não esteja fazendo raking. O seu foco agora é em m–i–m–i–m–i. Aconteça o que for, desde imprecisões rítmicas a notas erradas, não se preocupe. Mantenha a mão direita alternando m e i.

Prossiga pela lista desta maneira, item a item.

3. Avaliação

Largue o baixo e avalie. Passe por cada item e faça anotações mentais (ou ainda melhor, escritas) sobre como você foi. Você foi capaz de executar a tarefa? Desconcentrou-se? Você se saía bem tocando as notas corretas quando você se focava, mas o ritmo tinha problemas, mesmo quando você estava focado nele? Escreva tudo isto, pois lhe dará uma valorosa compreensão sobre estar no caminho certo ou precisar refinar sua lista (talvez sua lista precise ser separada em partes menores).

4. Repita o processo

Isto é opcional. Repita este processo duas ou três vezes mais e monitore os resultados. Considerando que sua peça tenha duração de somente um minuto, você poderia repeti-la algumas vezes. É necessário muito foco, então faça pausas antes que você se canse. Dê-se ritmo: mantenha seus olhos no prêmio fazendo pequenos treinos mais frequentemente, em vez de sessões longas ocasionais.

Vantagens do PAR

- Abordagem com alto nível de organização;
- Sistemático (nada se perde pelo caminho);
- Excelente treino mental geral;
- Apuração do foco;
- Treina a consciência;
- Resultados rápidos;
- Envolve auto-observação e escuta (avaliação imediata).

PAR são tão eficazes que podem se tornar viciantes uma vez que você pega o jeito. Expanda-o de acordo com suas necessidades, escolha peças mais longas e sinta-se livre para estender suas listas. Vai nessa!

Fundamentos da Técnica

Áreas potencialmente problemáticas e sugestões de remediação

- Servir-se mais do que você consegue comer:

    Você está escolhendo uma agenda grande demais? Talvez a peça que você escolheu seja longa demais. Corte-a pela metade ou trabalhe com somente alguns compassos.

    Um item da lista está difícil demais? Veja se você pode quebrá-lo em itens menores. Por exemplo, técnica de ME pode ser uma tarefa grande demais. Limite-a a detalhes muito específicos, tais como manter os dedos próximos da escala, arredondar o dedinho, manter seu ombro esquerdo relaxado etc.

- Impaciência e desistência:

    Talvez você esteja cheio de boas intenções, mas esta abordagem parece muito pouco prática e você preferiria só tocar músicas com seus amigos. Veja se você consegue colocar um de seus amigos na jogada. Antes de tocar suas músicas, faça uma rodada de PAR. Isto pode levar só dez minutos e os resultados serão muito significativos.

    Outra opção é fazer aulas particulares com um professor que tenha conhecimento sobre a técnica de PAR, ou participar de aulas em turmas (virtual ou presencialmente).

- Distrações:

    Pratique em um local específico e remova todas as distrações (celular, Facebook etc.)

    Defina um sinal ou objeto de referência da "hora do treino": isto pode ser tão simples como usar um certo boné ou colocar determinado objeto sobre a sua escrivaninha. Enquanto você estiver usando o boné ou tiver o item à vista, pratique e não faça qualquer outra coisa.

    Comece com um pequeno tempo de treino. Programe um alarme. Pare quando o alarme disparar. Repouse o instrumento e escreva os resultados de sua sessão de prática, incluindo como esteve sua atenção.

    Praticar com um amigo pode ser útil para algumas pessoas, ou causar distração para outras. Experimente.

Experimente com essas soluções até que você encontre o que funciona para você.

Resumo do PAR

1. Escolha uma peça musical ou exercício que não seja mais longo que um minuto;

2. Faça uma lista de até seis itens que você gostaria de abordar;

3. Pratique a peça, rotacionando sua atenção exclusivamente para um item por cada sessão;

4. Pare e avalie a cada vez após você ter tocado por toda sua lista.

5. Repita.

Eu desenvolvi um guia útil passo a passo para colocar em sua sala de estudos.
Para baixá-lo, acesse o *https://arisbassblog.com/pora-cheat-sheet/*

MUDANDO HÁBITOS ADQUIRIDOS

Às vezes, os estudantes se sentem sobrecarregados ou frustrados pela quantidade de detalhes que existem por trás do bom timbre e performance. A solução é ir devagar e escolher só de um a três itens que você gostaria de mudar e incorporá-los a seu regime de estudos usando o Princípio de Atenção Rotativa (PAR). A chave é focar no aspecto em questão ao praticar o PAR e deixar fluir e "só tocar" ao ensaiar ou executar músicas. Confie que o aprendizado fará efeito com o tempo.

Alguns hábitos mudarão mais rápido do que você possa imaginar. Na verdade, alguns podem mudar dentro de uma sessão de atenção focada! Outros que você possa ter carregado através de anos podem levar um pouco mais de tempo. Isso tem a ver com o jeito que nós aprendemos.

Aqui está um modelo* que distingue quatro fases da aprendizagem, que pode ser útil neste contexto:

INCOMPETÊNCIA INCONSCIENTE
(você nem mesmo sabe o que não sabe)

INCOMPETÊNCIA CONSCIENTE
(você ganha ciência daquilo que você não sabe, identifica, lê textos, vê fotos, compara com seus próprios hábitos)

COMPETÊNCIA CONSCIENTE
(você passa a praticar, fazer exercícios, usar o PAR)

COMPETÊNCIA INCONSCIENTE
(o conhecimento se torna automático, sedimentado)

O início da mudança de um hábito com sucesso geralmente confunde-se de uma maneira paradoxal: você pode se pegar tocando e, de repente, você percebe o velho hábito presente — dedos erguidos, ombros tensos, lábios apertados, o que quer que seja. Isto é um bom sinal, porque significa que seu hábito inconsciente está tornando-se consciente. Nesses momentos, parabenize-se por perceber. Dê tapinhas em suas costas; corrija o problema nesse momento e siga tocando. Você pode cair de volta em seu velho hábito, mas você sabe que está no caminho certo, porque está começando a notá-lo.

Suas sessões de prática de "competência consciente" para aspectos técnicos não têm que ser longas, alguns minutos de foco serão suficientes. Confie no processo e o sucesso virá antes do que você pensa.

* Com base em "Os quatro estágios da competência". Gordon Trainings International.

OBSERVAÇÃO FINAL SOBRE TÉCNICA: QUANDO A MÚSICA TE MOVE...

A questão é que manter a tensão inibe a expressão musical e preparar-se para um maior potencial de expressão musical é o objetivo quando se pratica técnica cuidadosamente.

Isto dito, quando você praticar, esteja ciente da técnica. Quando você se apresentar, esqueça-se de tudo isso. Quando a música te move, deixe fluir! Em outras palavras: se você se encontrar nos impulsos da pura alegria ao ir fundo naquele solo de baixo, então não se preocupe com seu dedo mindinho!

13 Musicalidade

Na prática musical, é comum que se dê muita ênfase a encontrar as notas corretas, saber o significado de acordes e treinar teoria musical. Ao passo que todos esses elementos são de fato importantes para o fazer musical, eles são só parte da expressão musical e do desenvolvimento do seu som único.

Acordes e seus movimentos formam somente uma parte do som de uma composição musical, ao lado da melodia e do ritmo. A execução de uma peça pode incluir improviso, rearmonização, variações rítmicas (tais como mudar para sensação de metade ou dobro do andamento), repetir a fundamental ou quinta em um trecho. Os parâmetros mais importantes são os seus:

- timbre (seu equipamento, mas principalmente seus dedos e intenção);
- fraseado e articulação (como você começa, conecta e molda as notas);
- dinâmica (forte e fraco);
- espaçamento (o quão "atarefado" você toca, quanto espaço você deixa entre as notas);
- escolha de extensão (qual região do instrumento você usa em quais pontos da música);
- técnicas do tocar (palheta, dedos, slap, tap).

Esses parâmetros podem ser praticados assim como acordes e escalas. Para alcançar um bom timbre, fraseado intencional, dinâmicas significativas, entre outros, é crucial ter uma técnica sólida (veja capítulo 12). O mais importante é a economia de movimentos e uma postura relaxada em geral.

Aqui vão algumas dicas rápidas para incendiar seus sentidos musicais:

- Escolha um álbum de uma banda favorita sua, e depois de ter escutado o baixo, ouça todo o resto. Faça anotações sobre como os instrumentos interagem. Se houver letra ou uma história que permeie o álbum, ouça a forma como a música dá suporte à história.
- Escolha uma de suas linhas de baixo favoritas e grave-se tocando-a, comparando cada detalhe à original. Continue gravando para chegar cada vez mais próximo de se igualar à gravação original.
- Aplique tudo que você aprendeu neste livro para analisar a música que você está ouvindo. Anote os efeitos musicais que são criados com a teoria aplicada.

Musicalidade em si vem da música com a qual você se cerca, seus colegas de banda, o repertório da banda e, ainda mais profundamente, de seu coração, vida e espírito. A exploração da música é uma jornada profunda à sua alma. Ninguém nunca pode ser você ou fazer o que você faz. Quanto mais você aprende, mais autêntico você pode ser. Aproveite o caminho e faça dele um tesouro.

Apêndice

PRIMEIROS SOCORROS DURANTE A LEITURA

Se você encontrar uma tabela de acordes e ainda não conseguir lê-la, não entre em pânico. A maior habilidade neste momento é encontrar as partes de informação feitas para sua execução como baixista. Em uma típica partitura de solista, a melodia será escrita em clave de Sol. Não é para você tocar.

Corra os olhos na partitura procurando por:

1. Uma referência estilística e andamento — tipicamente no canto superior esquerdo: swing, rock, country etc. Ouça ao baterista para deixas (sinais);
2. Acordes;
3. Unidades visuais de quatro compassos para ajudá-lo a manter seu lugar;
4. Repita sinais e referências da forma (seção A, seção B, refrão, coda etc.).

Entre no tempo um e mantenha um groove regular.

Isto dito, eu recomendo muito que se aprenda a ler (e a escrever) música adequadamente — tanto tabelas de acordes quanto partituras. Isso lhe ajudará a aprofundar sua compreensão e gosto musicais. Também abre uma diversidade de opções profissionais para apresentação e gravação (tais como apresentações que precisem de leitura à primeira vista ou gravações em estúdio) e é parte do ferramental de um músico.

DICAS PARA PRÁTICA

O treino regular faz a diferença. Uma sessão curta é suficiente, mas dedique um tempo quase todos os dias para o seu instrumento. Faça disso um hábito. Eu recomendo o livro *O poder do hábito*, de Charles Duhigg. Ele tem uma ótima abordagem sobre a ciência por trás de criar e quebrar hábitos.

Aqui estão algumas importantes dicas de treino:

- Não tente fazer tudo de uma vez;
- Seja paciente e mantenha uma atitude positiva;
- Não se compare a outros;
- Quando você praticar, desligue todas as distrações e fique indisponível para qualquer outra atividade ou pessoa;
- Use o que você pratica em um contexto musical (músicas, bandas etc.);
- Permita-se ter tempo para só se divertir com seu instrumento;
- Diferencie "só tocar" de "praticar";
- Mantenha um diário de treino;
- Estabeleça metas;
- Tenha um afinador, um metrônomo, lápis e papel à disposição.

RECURSOS E LINKS

UMA PEQUENA SELEÇÃO DE MEUS LIVROS FAVORITOS OU LIVROS REFERENCIADOS NO TEXTO:

Indirect procedures: a musician's guide to the Alexander Technique, de Pedro de Alcântara.

The music lesson: a spiritual search for growth through music, de Victor L. Wooten.

The inner game of music, de Timothy Gallwey e Barry Green.

Effortless mastery, de Kenny Werner.

ETunes, de Rod Taylor.

O poder do hábito, de Charles Duhigg.

Ear training: a technique for listening, de Bruce Benward e Timothy Kolosick.

Melodia: a course in sight singing, dos compositores Samuel W. Cole e Leo R. Lewis.

The bassist's guide to injury management, prevention and better health, de Dr. Randal Kertz, D.C.

SOFTWARES PARA TREINO DE OUVIDO:

Mac Gamut www.macgamut.com

Treino de Ouvido Funcional www.miles.be (grátis)

EarMaster www.earmaster.com

Karajan e outros aplicativos para smartphones

RECURSOS ADICIONAIS:

Lista de inícios de músicas para reconhecimento de intervalos
www.earmaster.com/products/free-tool/interval-song-chart-generator.html

Cursos em Jazz Orff (Orff Schulwerk)

Doug Goodkin
www.douggoodkin.com

Bass Nature Camp com Victor Wooten e outros
www.vixcamps.com

Aulas de baixo online, incluindo pela autora
www.truefire.com

Acessórios (autora é endorser oficial)
www.gruvgear.com

Marleaux Baixos (autora é endorser oficial)
www.marleaux-bass.de

TC Electronic (autora é endorser oficial)
www.tcelectronic.com

Cordas Dean Markley (autora é endorser oficial)
www.deanmarkley.com

Website da autora
arianecap.com

Blog da autora
arisbassblog.com

Para acessar os vídeos demonstrando conceitos apresentados neste livro, escaneie este código ou visite *arisbassblog.com*

Para acessar o curso (opcional e adicional), **Music Theory for the Bass Player – The Course**, (em inglês), visite

arisbassblog.com/coaching-course

Hora de dar o próximo passo:

Music Theory for the Bass Player — O CURSO ONLINE

O curso online de 20 unidades aprimora e expande os aprendizados do livro. Ele te fornece um currículo compreensível e sistematizado, que é altamente criativo e atraente para estudantes do baixo na maioria dos níveis! Acadêmico e completo tanto no escopo quanto na natureza, este curso é bem diferente de ofertas típicas. Aqui está o porquê:

Nós apresentamos o material cuidadosamente em partes pequenas e de fácil assimilação, guiando você através de sequências progressivamente mais desafiadoras.

Aqui está o que você recebe:

1. **Acesso imediato** à primeira unidade após inscrever-se, e então uma nova unidade destrava-se para você a cada semana subsequente. Você mantém o acesso e recebe instrução sobre como prosseguir através das unidades.

2. **Tarefas de leitura e vídeo** do livro.

3. **Vídeos novinhos** — entre 7 e 12 a cada semana, totalizando aproximadamente uma hora. Eles vêm completos com transcrições e TABLATURA, bem como com trilhas-base customizadas compostas por Wolf Wein. Nestes vídeos nós apresentamos exercícios de técnica e exercícios teóricos em diversas variações. Os exercícios são abrangentes e sistematizados, mas sempre variados. Nossa experiência de ensino nos mostrou: *Se você groovar o material, você irá aprender o material!*

Alguns exemplos de exercícios populares:

    a. *"Localizador de notas criativo"* para todas as 21 notas, cada um com uma pegada e trilha base diferentes;

    b. *"Laboratório de estilos"*;

    c. *"Groove & preenchimento"*;

    d. *"Chamado & resposta"*;

    e. *O ciclo diatônico.*

4. **Quizzes teóricos interativos** interessantes.

5. **Perguntas de professor** para elucidar o significado mais profundo por trás de suas empreitadas no baixo.

6. **Instruções de treino precisas.**

7. Dicas de psicologia do aprendizado e **métodos de prática focais que aceleram o progresso.**

8. Para te ajudar no caminho e fornecer o máximo de apoio você tem:

- Lembretes regulares por e-mail;
- "Recompensas" motivadoras por terminar cada unidade;
- Barras de progresso para lhe inspirar;
- Vídeos motivacionais;
- Ajuda de colegas nos fóruns online;
- Até mesmo interação pessoal com os criadores do curso (Ari e Wolf) nas sessões mensais **"Ask Ari Live"** sessions

Faça as contas: 20 unidades
\+ 176 vídeos
\+ 130 PDFs
\+ 130 faixas base únicas compostas por Wolf
\+ ferramentas de suporte e aprendizado interativo
= **Sucesso**

Se você fosse um de meus alunos particulares, eu me sentaria com você pessoalmente e lhe mostraria como dominar sua técnica enquanto adquire uma profunda compreensão de teoria musical. Eu criei este curso para tornar este estilo de ensino disponível para um público mais amplo por uma fração do custo da experiência individualizada.

Com uma mente aberta, um pouco de disciplina e uma pitada de coragem, este curso irá certamente inspirar você e ajudá-lo a atingir por completo seu potencial no baixo. Conte conosco para ajudá-lo em cada etapa da jornada.

Aqui está o que você será capaz de fazer após completar com sucesso o curso de 20 unidades:

- Criar suas próprias linhas de baixo instigantes;
- Ter uma base sólida em teoria com digitações ótimas;
- Melhore significativamente sua técnica e facilidade em tocar;
- Toque com mais confiança e liberdade em toda a escala do instrumento — não somente nas casas mais graves;
- Saiba exatamente como praticar visando benefício máximo (e não é gastando mais tempo!);
- À medida que exercícios se tornam movimentos naturais, você pode simplesmente groovar sem pensar sobre isso — o que significa saber teoria em suas mãos bem como em sua cabeça.

Você detém acesso vitalício ao material. Nós oferecemos planos de parcelamento e uma garantia de 20 dias para 100% do seu dinheiro de volta. Inscreva-se em arisbassblog.com/coaching-course.

"*Seu curso realmente funciona. Sua didática é muito boa, é inteligível. Seus materiais são tão úteis e nós podemos retomá-los o quanto quisermos. É incrível o quanto eu recebi e aprendi por um investimento tão pequeno. Desde o PAR a hábitos para prática e o que você faz e como faz, é muito eficaz. O valor deste curso é simplesmente incrível para mim. Nós recebemos uma tonelada de conhecimento e o benefício de sua expertise didática, assim como respostas para dúvidas que temos. É simplesmente fabuloso.*"

Kevin Gonyo

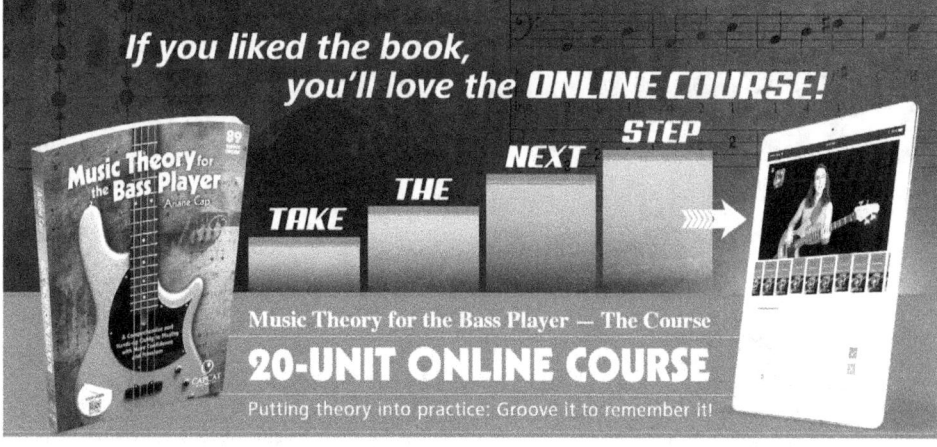

GABARITO PARA AS PERGUNTAS EM "TESTE SUA COMPREENSÃO"

TESTE SUA COMPREENSÃO N.º1
Como o baixo é organizado — parte 1

a) E–6 e A–1, E–8 e A–3, E–10 e A–5

b) E–1 e A–8, E–3 e A–10

c) Duas respostas possíveis:
Em a) as notas têm a mesma altura, em b) elas estão separadas por uma oitava.
Em a) a fórmula é "menos 5", em b) é "mais 7".

d) A–10ª casa e D–5ª casa, D–10ª casa e A–15ª casa, A–6ª casa e D–1ª casa, D–5ª casa e G–corda solta.

e) D: 4 cordas de 24 trastes: 9 vezes. 4 cordas de 20 trastes: 7 vezes.
5 cordas de 24 trastes: 11 vezes. 5 cordas de 20 trastes: 9 vezes.
6 cordas de 24 trastes: 13 vezes.

F: 4 cordas de 24 trastes: 8 vezes. 4 cordas de 20 trastes: 7 vezes.
5 cordas de 24 trastes: 10 vezes. 5 cordas de 20 trastes: 9 vezes.
6 cordas de 24 trastes: 12 vezes.

f) A mesma nota (E) uma oitava distante, então a mesma nota, mas não a mesma altura.
A mesma nota (A#) na mesma oitava, então a mesma altura.
A nota F duas oitavas distantes, então diferentes alturas.

g) As cinco notas mais graves e as cinco mais agudas em seu baixo.

TESTE SUA COMPREENSÃO N.º1
Como o baixo é organizado — parte 2

a) Para cada nome de nota: 7 (em um quatro cordas), 9 (cinco cordas) e 11 (seis cordas).

b) Não, a nota será tocada em variadas oitavas.

c) 2 ou 3.

d)

D: quatro cordas: 10 na E, 5 na A, 0 ou 12 na D, 7 na G
cinco cordas: 3 na B, 10 na E, 5 na A, 0 ou 12 na D, 7 na G
seis cordas: 3 na B, 10 na E–5 na A–0 ou 12 na D–7 na G, 2 na C

A: quatro cordas: 5, 0 ou 12, 7, 2
cinco cordas: 10, 5, 0 ou 12, 7, 2
seis cordas: 10, 5, 0 ou 12, 7, 2, 9

B: quatro cordas: 7, 2, 9, 4
cinco cordas: 0 ou 12, 7, 2, 9, 4
seis cordas: 0 ou 12, 7, 2, 9, 4, 11

F: quatro cordas: 1, 8, 3, 10
cinco cordas: 6, 1, 8, 3, 10
seis cordas: 6, 1, 8, 3, 10, 5

B♭: quatro cordas: 6, 1, 8, 3
cinco cordas: 11, 6, 1, 8, 3
seis cordas: 11, 6, 1, 8, 3, 10

E♭: quatro cordas: 11, 6, 1, 8
cinco cordas: 4, 11, 6, 1, 8
seis cordas: 4, 11, 6, 1, 8, 3

G: quatro cordas: 3, 10, 5, 0 ou 12
cinco cordas: 8, 3, 10, 5, 0 ou 12
seis cordas: 8, 3, 10, 5, 0 ou 12, 7

G#: quatro cordas: 4, 11, 6, 1
cinco cordas: 9, 4, 11, 6, 1
seis cordas: 9, 4, 11, 6, 1, 8

C: quatro cordas: 8, 3, 10, 5
cinco cordas: 1, 8, 3, 10, 5
seis cordas: 1, 8, 3, 10, 5, 0 ou 12

C#: quatro cordas: 9, 4, 11, 6
cinco cordas: 2, 9, 4, 11, 6
seis cordas: 2, 9, 4, 11, 6, 1

A♭ (mesmo que G#)
D♭ (mesmo que C#)

TESTE SUA COMPREENSÃO N.º3
Intervalos Parte 1

a) Toque uma terça — Incompleta. Acima ou abaixo ou ao mesmo tempo? Maior ou menor?
Toque uma quinta maior acima — Falsa. Não existe quinta maior
Toque uma sexta abaixo — Solicitação incompleta. Maior ou menor?
Dê-me uma oitava acima — Correta.
Toque uma terça maior harmonicamente — Correta.
Toque uma 5ª acima, depois uma 4ª acima, e então uma 2ª acima — Eu sei o que fazer nas duas primeiras, mas quanto à última, segunda maior ou menor?
Toque esta melodia em oitavas — Basicamente correta, mas poderia ficar específica se a oitava adicional deveria ser tocada acima ou abaixo da original.

Você consegue cantar uma harmonia em terças comigo? — Esta pergunta é geralmente certa, já que terças maiores e menores são ajustadas de acordo com o contexto musical. A harmonia poderia ser cantada uma terça abaixo ou acima. Tipicamente, uma harmonia assim incluirá terças maiores e menores.

(A menos que especificado como descendente, todos os intervalos devem ascender nesta seção)

b) Falso. Pode levá-lo a G♭. D para G♭ é uma quarta diminuta (D, E, F, G = quatro letras, portanto, quarta). Deveria levá-lo a F♯, (D para F♯ é uma terça maior).
c) Falso. Por exemplo: D para F é uma terça menor, assim como G♯ para B, nenhum dos quais envolvem um bemol.
d) Verdadeiro. Por exemplo: D para F é uma terça menor, D♭ para F é uma terça maior.
e) Falso. Por exemplo: D♭ para F é uma terça maior, assim como C para E, nenhum dos quais envolvem um sustenido.
f) Verdadeiro. Por exemplo: C para F é uma quarta justa, assim com C♯ para F♯ ou C♭ para F♭.
g) Falso. Por exemplo: G para B é uma terça maior e adicionar um bemol ao B o tornará uma terça menor. Entretanto, adicionando o bemol ao G, a terça fica maior (terça aumentada, G♭ para B).
h) Determine o nome do intervalo (quantidade e qualidade):

D–F ascendente = terça menor ascendente
D–G ascendente = quarta justa ascendente
C–F ascendente = quarta justa ascendente
E–A ascendente = quarta justa ascendente
E♭–A♭ ascendente = quarta justa ascendente
E♭–G ascendente = terça maior ascendente
E♭–G♯ ascendente = terça aumentada ascendente
D–F descendente = sexta maior descendente
D–G descendente = quinta justa descendente
C–F descendente = quinta justa descendente
E–A descendente = quinta justa descendente
E♭–A♭ descendente = quinta justa descendente
E♭–G descendente = sexta menor descendente
E♭–G♯ descendente = sexta diminuta descendente
C–F♯ ascendente = quarta aumentada ascendente
C–G♭ ascendente = quinta diminuta ascendente
C–D♯ ascendente = segunda aumentada ascendente
C–F♯ descendente = quinta diminuta descendente
C–G♭ descendente = quarta aumentada descendente
C–D♯ descendente = sétima diminuta descendente
C–E♭♭ ascendente = terça diminuta ascendente
D𝄪–G♯ ascendente = quarta diminuta ascendente

i) Por que você precisa usar duas cordas para tocar um intervalo harmonicamente?
Porque harmonicamente significa tocar as notas ao mesmo tempo e você não pode, fisicamente, fazer isto em uma mesma corda.
j) Segunda menor diminuta. Não existe segunda menor diminuta. O nome correto é segunda diminuta, que é um semitom mais curta que uma segunda menor (tanto abaixando a nota de cima como subindo a nota de baixo em um semitom).

Sexta maior diminuta: não existe, é uma mistura de nomes, uma sexta maior ou uma sexta diminuta (que é um semitom mais curta que uma sexta menor, que se tornou menor abaixando a nota de cima ou subindo a nota de baixo.

Quinta: nomenclatura correta. Você também poderia dizer quinta justa.

Sexta: nomenclatura incorreta. Sextas são maiores ou menores.

Terça aumentada: nomenclatura correta de uma quarta; um semitom mais longa que uma terça maior, conseguida ao aumentar a nota de cima ou abaixando a nota de baixo em um semitom.

Quarta aumentada: nomenclatura correta de uma quarta; um semitom mais longa que uma quarta justa. Suba a nota de cima ou abaixe a nota de baixo para alcançá-la.

Terça maior: nomenclatura correta.

Quarta maior: nomenclatura incorreta. Este intervalo não existe. Quartas são justas.

Sétima justa: nomenclatura incorreta. Sétimas são maiores ou menores, não perfeitas.

Sétima menor: nomenclatura correta.

TESTE SUA COMPREENSÃO N.º4

Intervalos Parte 1

Verdadeiro ou falso:
a) C para um E acima da oitava C é um intervalo composto. VERDADEIRO.
b) C até E é a inversão de C descendo até o E mais grave. VERDADEIRO.
c) Tocar C subindo para E e então E descendo de volta para C, com ambos estando na mesma oitava não é uma inversão. Isso é apenas tocar o intervalo ascendendo e descendendo. VERDADEIRO.
d) Quando você toca C para G em um groove você pode tocar o C e o G em qualquer região do baixo com efeitos similares, mas levemente diferentes. Isso pode significar que você esteja tocando intervalos compostos, inversões ou intervalos ascendentes e descendentes. VERDADEIRO.
e) Tocando fundamental–quinta–fundamental como um groove, você pode tanto tocar uma quinta acima da fundamental quanto uma quarta abaixo. VERDADEIRO.
f) Uma nona maior é uma oitava mais uma segunda maior. VERDADEIRO.
g) Uma 11ª aumentada é uma oitava e uma terça aumentada. FALSO. Uma 11ª aumentada é uma oitava mais uma quarta aumentada.
h) Uma 13ª maior é incorreta. Deve ser 13ª justa. FALSO. Uma 13ª é uma oitava mais uma sexta, que é maior ou menor, não justa.
i) terça maior é uma sexta menor.
j) terça menor é uma sexta maior.

APÊNDICE

k) quarta justa é uma quinta justa.
l) quarta aumentada é uma quinta diminuta.
m) sétima menor é uma segunda maior.
n) sétima diminuta é uma segunda aumentada (por exemplo, ambas ascendendo: C–B♭♭ [sétima diminuta], B♭♭–C [segunda aumentada]).
o) sexta aumentada é uma terça diminuta (por exemplo, ambas ascendendo: C–A♯ [sexta aumentada], A♯–C [terça diminuta]).

TESTE SUA COMPREENSÃO N.°5
Escalas maiores

a) Se uma tecla branca é a fundamental, use sustenidos. Se uma tecla preta é a fundamental, use bemóis.
As exceções a essa regra são duas teclas pretas. Quais? F♯ and C♯.
Why? F♯ tem seis sustenidos (G♭ maior tem seis bemóis, ambos são usados) e C♯ tem sete sustenidos (D♭ tem só cinco bemóis, então é mais comumente usado que C♯, entretanto, C♯ também ocorre).
As exceções a esta regra são duas teclas brancas. Quais? F maior e C maior.
Por quê? F maior tem um bemol. C maior não tem sustenidos ou bemóis.

b) Escreva as escalas a seguir para demonstrar porque elas não existem:
   G♯ maior: G♯–A♯–B♯–C♯–D♯–E♯–F×–G♯ (8 sustenidos)   E♯ maior: E♯–F×–G×–A♯–B♯–C×–D×–E♯ (11 sustenidos)
   D♯ maior: D♯–E♯–F×–G♯–A♯–B♯–C×–D♯ (9 sustenidos)   B♯ maior: B♯–C×–D×–E♯–F×–G×–A×–B♯ (12 sustenidos!)
   A♯ maior: A♯–B♯–C×–D♯–E♯–F×–G×–A♯ (10 sustenidos)   F♭ maior: F♭–G♭–A♭–B♭♭–C♭–D♭–E♭–F♭ (8 bemóis)

   Para completar os tons:
   B♭♭ maior: B♭♭–C♭–D♭–E♭♭–F♭–G♭–A♭–B♭♭ (9 bemóis)   A♭♭ maior: A♭♭–B♭♭–C♭–D♭♭–E♭♭–F♭–G♭–A♭♭ (11 bemóis)
   E♭♭ maior: E♭♭–F♭–G♭–A♭♭–B♭♭–C♭–D♭–E♭♭ (10 bemóis)   D♭♭ maior: D♭♭–E♭♭–F♭–G♭♭–A♭♭–B♭♭–C♭–D♭♭ (12 bemóis)

c) Escreva as escalas a seguir e especifique quantos sustenidos ou bemóis (caso haja):
   A maior: A–B–C♯–D–E–F♯–G♯–A (3 sustenidos)   E maior: E–F♯–G♯–A–B–C♯–D♯–E (4 sustenidos)
   B♭ maior: B♭–C–D–E♭–F–G–A–B♭ (2 bemóis)   F maior: F–G–A–B♭–C–D–E–F (1 bemóis)
   B maior: B–C♯–D♯–E–F♯–G♯–A♯–B (5 sustenidos)   F♯ maior: F♯–G♯–A♯–B–C♯–D♯–E♯–F♯ (6 sustenidos)
   C maior: C–D–E–F–G–A–B–C (0 sustenidos ou bemóis) G♭ maior: G♭–A♭–B♭–C♭–D♭–E♭–F–G♭ (6 bemóis)
   D♭ maior: D♭–E♭–F–G♭–A♭–B♭–C–D♭ (5 bemóis)   G maior: G–A–B–C–D–E–F♯–G (1 sustenidos)
   D maior: D–E–F♯–G–A–B–C♯–D (2 sustenidos)   A♭ maior: A♭–B♭–C–D♭–E♭–F–G–A♭ (4 bemóis)
   E♭ maior: E♭–F–G–A♭–B♭–C–D–E♭ (3 bemóis)

d) Com base em suas descobertas do item c, coloque as escalas em ordem de quantos sustenidos elas têm (de um a seis) e em ordem de bemóis descendentes (de seis a um). Qual intervalo você tem entre cada nota?
   C (0)
   G (1♯ – F♯)
   D (2♯s – F♯, C♯)
   A (3♯s – F♯, C♯, G♯)
   E (4♯s – F♯, C♯, G♯, D♯)
   B (5♯s – F♯, C♯, G♯, D♯, A♯)   ou   C♭ (7♭s – B♭, E♭, A♭, D♭, G♭, C♭, F♭)
   F♯ (6♯s – F♯, C♯, G♯, D♯, A♯, E♯)
   G♭ (6♭s – B♭, E♭, A♭, D♭, G♭, C♭)
   D♭ (5♭s – B♭, E♭, A♭, D♭, G♭)   ou   C♯ (7♯s – F♯, C♯, G♯, D♯, A♯, E♯, B♯)
   A♭ (4♭s – B♭, E♭, A♭, D♭)
   E♭ (3♭s – B♭, E♭, A♭)
   B♭ (2♭s – B♭, E♭)
   F (1♭ – B♭)

   O intervalo que se tem é uma quinta justa ascendente.

TESTE SUA COMPREENSÃO N.°6
Tríades

a) Quais das tríades abaixo são tríades maiores?
   C♯   F♯
   D♭   G♯
   E♭   C♭
   A♭

   Todas elas são tríades maiores. Um erro comum é pensar que D♭ é menor e C♯ é maior, o que significa confundir uma nota (como C♯, D♭, E, F etc.) com uma qualidade de tríade (maior ou menor). Nada adicionado significa maior: C♯ = C♯ maior, C♯m ou C♯– = C♯ menor.

b) Decomponha as seguintes tríades:

B♭m: B♭–D♭–F
B♭: B♭–D–F
D: D–F♯–A
Dm: D–F–A
A♭m: A♭–C♭–E♭

A♭: A♭–C–E♭
F♯m: F♯–A–C♯
Faug: F–A–C♯
Fdim: F–A♭–C♭

c) Nomeie e toque as tríades:

B–D♯–F♯: B
B–D–F: B°
B♭–D–F: B♭
B♯–D♯–F♯: B♯°
B♭–D♭–F♭: B♭°

B–D–F♯: Bm
B–D♯–F𝄪: B+
B♭–D♭–F: B♭m

Nomeie e toque as tríades:

D–F♯–A: D
D–F–A♭: D°
D♭–F–A: D♭+
D♯–F♯–A♯: D♯m
D♭–F–A♭: D♭

D–F–A: Dm
D–F♯–A♯: D+
D♭–F♭–A♭: D♭m

d) Como estão relacionados os acordes construídos nos segundo e quarto graus de escala? Ambos têm uma qualidade sonora de sobdominante maior, mas nenhum deles representa nem lar (tônica) nem tensão (dominante).
O que causa tal relação? Eles compartilham duas notas.
Por que isto é importante? Eles podem ser às vezes substituídos entre si para rearmonizações (sempre use seus ouvidos, já que nem sempre este é o caso).

e) Seguindo nosso modelo de criação de tríades a partir da combinação de terças menores e maiores, por que não existe uma tríade que seja decomposta em C–E♭–G♯ ou C–E–G♭?
C–E♭–G♯ seria uma terça menor mais uma terça aumentada (isto não é parte de nossa fórmula). Este acorde pode ser renomeado enarmonicamente mudando o G♯ para A♭, que é uma tríade de A♭ maior de primeira inversão.
C–E–G♭ seria uma terça menor e uma terça diminuta, que não é parte da fórmula.

f) Harmonize a canção "Parabéns a você" usando somente I, IV e V.

——ANACRUSA——V   I   IV   I   V   I
         Parabéns a você, nesta data querida. Muitas felicidades, muitos anos de vida.

g) Os seguintes acordes são inversões de tríades?

G/D: sim
G/A: não
G/F: não
G/B: sim
B/G: não
G/B♭: não

B♭/G: não
Gm/B♭: sim
Em/C: não
F/D: não
D/F♯: sim

h) Quais notas os seguintes acordes contêm?

G/D: G–B–D com D como nota mais grave (G–B–D sobre D no baixo); tríade de G de 2ª inversão
G/A: G–B–D sobre A
G/F: G–B–D sobre F
G/B: G–B–D sobre B (tríade de primeira inversão)
B/G: B–D♯–F♯ sobre G
G/B♭: G–B–D/B♭ (som muito tenso))
B♭/G: B♭–D–F sobre G
Gm/B♭: G–B♭–D sobre B♭ (tríade de Gm de primeira inversão)
Em/C: E–G–B sobre C
F/D: F–A–C sobre D
D/F♯: D–F♯–A sobre F♯ (tríade de D de primeira inversão)
F/G: F–A–C sobre G (soa como G7sus)
Gsus2: G–A–D
Gsus4: G–C–D
G♭sus2: G♭–A♭–D♭
G♭sus4: G♭–C♭–D♭
$\frac{Gm}{Fm}$: G–A♭–B♭–C–D–F com F no baixo
$\frac{G♭}{C}$: G♭–B♭–C–D♭–E–G com C no baixo

APÊNDICE

i) Nomeie e toque as seguintes inversões:

D–G–B: G/D (segunda inversão de G)   G–B♭–E: E°/G (primeira inversão de E°)
G–B♭–D♭: G°   F–B–D: B°/F (segunda inversão de B°)
G–B–D♯: G+   C♯–E–A: A/C♯ (primeira inversão de A)
G–C–E♭: Cm/G (segunda inversão de Cm)   D♭–F–A: D♭+
G–B♭–E♭: E♭/G (primeira inversão de E♭)

j) Construa e nomeie estes acordes:

F (Ftríade maior de F, posição de fundamental): F–A–C   G+ (tríade aumentada de G, posição de fundamental): G–B–D♯
D♭/A♭ (tríade maior de D♭, segunda inversão): A♭–D♭–F   Am/E (tríade menor de A, segunda inversão): E–A–C
C♯m/G♯ (tríade menor de C♯, segunda inversão): G♯–C♯–E   G♯°/D (tríade diminuta de G♯, segunda inversão): D–G♯–B
C°/G♭ (tríade diminuta de C, segunda inversão): G♭–C–E♭   E/G♯ (tríade maior de E sobre G♯): G♯–B–E
C♯m/E (tríade menor de C♯, primeira inversão): E–G♯–C♯   Em/G (tríade menor de E, primeira inversão): G–B–E
C/G (tríade maior de C, segunda inversão): G–C–E   E°/B♭ (tríade diminuta de E, segunda inversão): B♭–E–G

k) Quantas tríades diferentes você pode criar que contenham a nota F (tríades e inversões como instruído, sem × ou ♭♭s)? Quais são elas? Faça uma lista delas.

Quantas? 30 no total.

F–A–C, A–C–F, C–F–A (tríade maior com F embaixo e inversões)

F–A♭–C, A♭–C–F, C–F–A♭ (tríade menor com F embaixo e inversões)

F–A♭–C♭, A♭–C♭–F, C♭–F–A♭ (tríade diminuta com F embaixo e inversões)

F–A–C♯, A–C♯–F, C♯–F–A (tríade aumentada com F embaixo e inversões, ou a decomposição enarmônica com D♭ ao invés de C♯)

D♭–F–A♭, F–A♭–D♭, A♭–D♭–F (F como a terça em uma tríade maior e inversões)

D–F–A, F–A–D, A–D–F (F como a terça em uma tríade menor e inversões)

D–F–A♭, F–A♭–D, A♭–D–F (F como a terça em uma tríade diminuta e inversões)

B♭–D–F, D–F–B♭, F–B♭–D (F como a quinta em uma tríade maior e inversões)

B♭–D♭–F, D♭–F–B♭, F–B♭–D♭ (F como a quinta em uma tríade menor e inversões)

B–D–F, D–F–B, F–B–D (como a quinta bemol em uma tríade diminuta e inversões)

l) Qual inversão tem a seguinte fórmula: terça maior embaixo, notas de fora criando uma sexta maior?

Acorde de sexta de uma tríade menor (primeira inversão).

m) Se C–E–G é a tríade na posição de fundamental, qual inversão é G–E–C?

G embaixo dá a ela um som de segunda inversão. Ela é uma voz aberta que soa muito bem no baixo (não lamacenta). Estica-se por mais de uma oitava.

TESTE SUA COMPREENSÃO N.º 7

Tétrades

Construa os seguintes acordes:

Dm7: D–F–A–C   D♭7: D♭–F–A♭–C♭
D♭(7M): D♭–F–A♭–C   Ddim: D–F–A♭ (note: tríade!)
D7: D–F♯–A–C   D°7: D–F–A♭ C♭
Dm(7M): D–F–A–C♯   D°: D–F–A♭ (note: tríade!)
DΔ: D–F♯–A–C♯   DØ: D–F–A♭–C
Dm7♭5: D–F–A♭–C   D6: D–F♯–A–B
D+: D–F♯–A♯ (note: tríade!)   D7sus4: D–G–A–C
D♯m7: D♯–F♯–A♯–C♯   D7sus2: D–E–A–C
E♭7: E♭–G–B♭–D♭

TESTE SUA COMPREENSÃO N.º 8

Escalas Menores

a) Qual é a relativa menor de:

B♭ maior – G menor   C maior – A menor
B maior – G♯ menor   C♯ maior – A♯ menor
D maior – B menor   C♭ maior – A♭ menor

b) Qual é a relativa maior de:

B♭ menor – D♭ maior   F menor – A♭ maior
B menor – D maior   C menor – E♭ maior
D menor – F maior   C♯ menor – E maior

c) C♭ menor existe como uma tônica? Por quê?

Não. Pertenceria à escala não existente de E♭♭ maior.

E G♭ menor? Por quê?
Não. Pertenceria à escala não existente de B♭♭ maior.
E G♯ menor? Por quê?
Sim. É a relativa menor de B maior.

d) Tom ou semitom?

Em uma escala menor natural entre 1 e 2? Tom
Em uma escala maior entre 1 e 2? Tom
Em uma escala maior entre 5 e 6? Tom
Em uma escala menor natural entre 5 e 6? Semitom

Em uma escala maior entre 6 e 7? Tom
Em uma escala menor natural entre 6 e 7? Tom
Em uma escala maior entre 2 e 3? Tom
Em uma escala menor natural entre 3 e 4? Tom

e) Escreva os nomes de:
A menor paralela de F maior: F–G–A♭–B♭–C–D♭–E♭–F
A menor relativa de F maior: D–E–F–G–A–B♭–C–D
A maior paralela de F menor: F–G–A–B♭–C–D–E–F
A maior relativa de F menor: A♭–B♭–C–D♭–E♭–F–G–A♭
A menor relativa de A maior: F♯–G♯–A–B–C♯–D–E–F♯
A menor paralela de A♭ maior: A♭–B♭–C♭–D♭–E♭–F♭–G♭–A♭
A menor relativa de D♭ maior: B♭–C–D♭–E♭–F–G♭–A♭–B♭
A menor paralela de D♭ maior: Pegadinha — não existe. Deve ser chamada C♯ menor: C♯–D♯–E–F♯–G♯–A–B–C♯
(em D♭ seria: D♭–E♭–F♭–G♭–A♭–B♭♭–C♭–D♭)

f) Estas são difíceis. Elas na verdade são muito mais fáceis quando você sabe o ciclo de quintas (próximo capítulo). Entretanto, o raciocínio para encontrar as respostas é muito útil, então eu espero que você tenha dado o seu melhor para tal!

Quais três escalas menores têm um bemol no nome?

B♭ menor, A♭ menor, E♭ menor

Um jeito de entender isso usando o material abordado neste livro até então é pegar todas as teclas pretas do piano e nomeá-las a partir de seus nomes bemóis, ou seja: G♭, A♭, B♭, D♭, E♭. Então suba uma terça menor a partir de cada uma e confira se a escala maior resultante existe.

G♭ menor — B♭♭ maior (não existente. Use A maior no lugar, cuja relativa é F♯ menor)
A♭ menor — C♭ maior (existente)
B♭ menor — D♭ maior (existente)
D♭ menor — F♭ maior (não existente. Use E maior no lugar, cuja relativa é C♯ menor)
E♭ menor — G♭ maior (existente)

Quantas escalas menores têm um sustenido no nome? Quais? Seis

Seguindo o mesmo raciocínio da questão acima sobre bemóis:

F♯ menor — A maior   C♯ menor — E maior
G♯ menor — B maior   D♯ menor — F♯ maior
A♯ menor — C♯ maior

TESTE SUA COMPREENSÃO N.º 9

O Ciclo de Quintas

a) Usando o ciclo de quintas, escreva as seguintes escalas:

F maior — posição 1 no lado bemol, 1 bemol: B♭. F maior: F–G–A–B♭–C–D–E–F
D menor — posição 1 no lado bemol, 1 bemol: B♭. D menor: D–E–F–G–A–B♭–C–D
F♯ maior — posição 6 no lado sustenido, 6 sustenidos: F♯, C♯, G♯, D♯, A♯, E♯. F♯ maior: F♯–G♯–A♯–B–C♯–D♯–E♯–F♯
F♯ menor — posição 3 no lado sustenido, 3 sustenidos: F♯, C♯, G♯. F♯ menor: F♯–G♯–A–B–C♯–D–E–F♯
G♭ maior — posição 6 no lado bemol, 6 bemóis: B♭, E♭, A♭, D♭, G♭, C♭. G♭ maior: G♭–A♭–B♭–C♭–D♭–E♭–F–G♭
D♭ maior — posição 5 no lado bemol, 5 bemóis: B♭, E♭, A♭, D♭, G♭. D♭ maior: D♭–E♭–F–G♭–A♭–B♭–C–D♭
C♯ menor — posição 4 no lado sustenido, 4 sustenidos: F♯ C♯ G♯ D♯. C♯ menor: C♯–D♯–E–F♯–G♯–A–B–C♯

b) Mesmo que você não consiga ler alguma dessas claves, você pode entender em qual tom essas peças estão. Encontre os tons maiores e menores.

A♭ ou Fm   C ou Am   B♭ ou Gm   G ou Em   A♭ ou Fm   C♭ ou A♭m   D ou Bm

c) Olhando para o ciclo, encontre as seguintes progressões de acordes. Não se preocupe com maior ou menor agora, apenas olhe para as fundamentais. Escreva os números de posição bem como os nomes de acordes como respostas, e então toque-as.

IV–I–V em C, por exemplo: 1 (no lado bemol) — 0–1 (no lado sustenido)
IV–I–V–I em D: G–D–A–D lado sustenido, posição 1–2–3–2
III–VI–II–V–I em B♭: D–G–C–F–B♭ começando no lado sustenido 3–2–1–0–1 (agora lado bemol) — 2
III–VI–II–V–I em A♭: C–F–B♭–E♭–A♭ lado bemol 0–1–2–3–4

APÊNDICE

TESTE SUA COMPREENSÃO N.º10
Modos

a) Identifique o modo e sua escala de origem (a escala da qual a assinatura tonal provém). Primeiro, veja se é um modo maior ou menor, em seguida, procure pela "anomalia", caso haja. Verifique todos os intervalos a partir da fundamental!
F–G–A–B♭–C–D–E–F: F maior, escala original (primeiro modo de) F maior.
D–E–F–G–A–B♭–C–D: menor, 6º modo de F maior.
D–E–F–G–A–B–C–D: D dório, 2º modo de C maior.
D–E–F♯–G–A–B–C–D: D mixolídio, 5º modo de G maior.
D–E♭–F–G–A–B♭–C–D: D D frígio, 3º modo de B♭ maior.

b) Qual modo soa incompleto? Lócrio, o 7º modo.
Em qual grau da escala maior há uma tríade diminuta? No 7º grau.
Em quais graus da escala maior estão os três modos maiores? 1º, 4º e 5º.
Em quais graus da escala maior estão os três modos menores? 2º, 3º e 6º.
Qual é o nome grego do primeiro modo? Jônio.
Qual é o nome grego do sexto modo? Eólio.
Qual modo soa como uma escala maior embaixo, mas diferente em cima? Mixolídio, o 5º.
Qual modo soa como uma escala menor embaixo, mas diferente em cima? Dório, o 2º.

TESTE SUA COMPREENSÃO N.º11
Pentatônicas

a) Escreva as seguintes escalas:
Pentatônica de B menor: B–D–E–F♯–A–B
Pentatônica de D maior: D–E–F♯–A–B–D
Pentatônica de D menor: D–F–G–A–C–D
Pentatônica de F maior: F–G–A–C–D–F

b) Qual é a fórmula da pentatônica maior? 1–2–3M–5–6M–8.
Quantas notas tem uma escala pentatônica? 5.
… que são quantas a menos que uma escala maior? 2.
… e quantas a menos que uma escala menor? 2.
Quais notas têm uma escala maior que são omitidas na pentatônica maior? 4º e 7º graus.
Quais notas têm uma escala menor e que são omitidas na pentatônica menor? 2º e 6º graus.

c) Qual a fórmula da escala blues maior? Pentatônica maior mais uma 3ª bemol: 1–2–♭3–maj3–5–maj6–8
Qual a fórmula da escala blues menor? Pentatônica menor mais uma 5ª bemol: 1–♭3–4–♭5–5–♭7–8
Escreva estas escalas:
Escala blues de B menor: B–D–E–F–F♯–A–B
Escala blues de D menor: D–F–G–A♭–A–C–D
Escala blues de D♭ maior: D♭–E♭–F♭–F–A♭–B♭–D♭
Escala blues de F maior: F–G–A♭–A–C–D–F

TESTE SUA COMPREENSÃO N.º12
Blues e pentatônicas

a) Write out the following scales:
Pentatônica C maior: C–D–E–G–A–C
Escala blues de C menor: C–E♭–F–G♭–G–B♭–C
Escala blues de A menor: A–C–D–E♭–E–G–A
Escala blues de A maior: A–B–C–C♯–E–F♯–A
Pentatônica de F♯ menor: F♯–A–B–C–C♯–E–F♯
Pentatônica de F♯ maior: F♯–G♯–A♯–C♯–D♯–F♯
Escala blues de E♭ menor: E♭–G♭–A♭–A–B♭–D♭–E♭
Escala blues de E♭ maior: E♭–F–G–B♭–C–E♭

b) Quais notas (três por acorde) fazem os seguintes acordes soarem "blues"?
As blue notes são:

C7: E♭, G♭, B♭
D7: F, A♭, C
A♭7: C♭, D, G♭ (C♭, E♭♭, G♭)
B7: D, F, A

c) Escreva a progressão de "mudança rápida" para:

Blues em F
‖: F | B♭ | F | F |
 | B♭ | B♭ | F | F |
 | C | B♭ | F | F :‖

Blues em D♭
‖: D♭ | G♭ | D♭ | D♭ |
 | G♭ | G♭ | D♭ | D♭ |
 | A♭ | G♭ | D♭ | D♭ :‖

Blues em A
‖: A | D | A | A |
 | D | D | A | A |
 | E | D | A | A :‖

FOLHA PARA PADRÕES EM 4 CORDAS

FOLHA PARA PADRÕES EM 5 CORDAS

FOLHA PARA PADRÕES EM 6 CORDAS

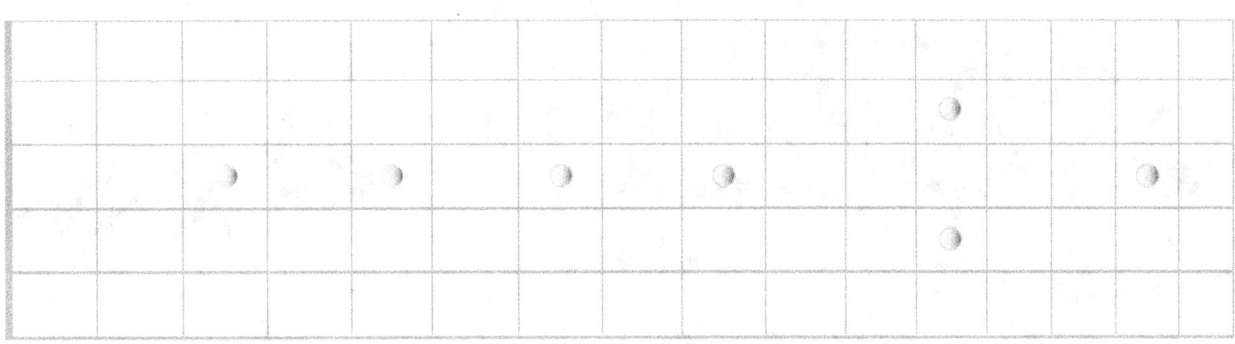

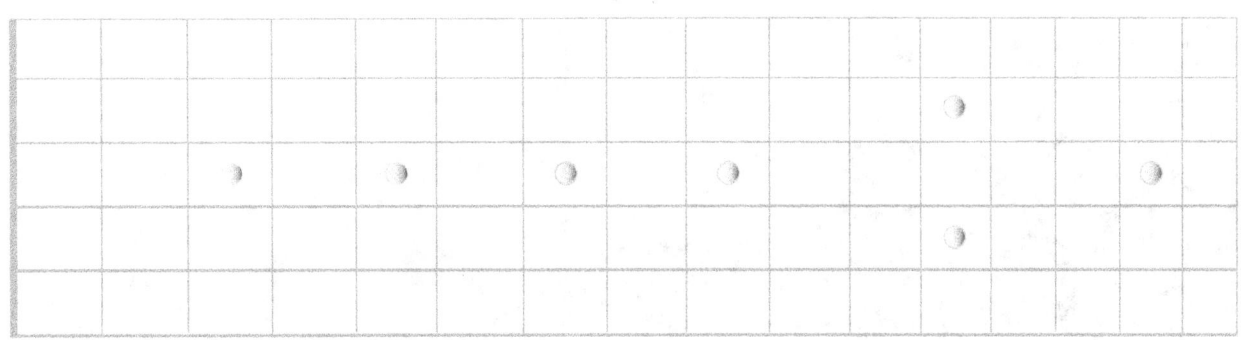

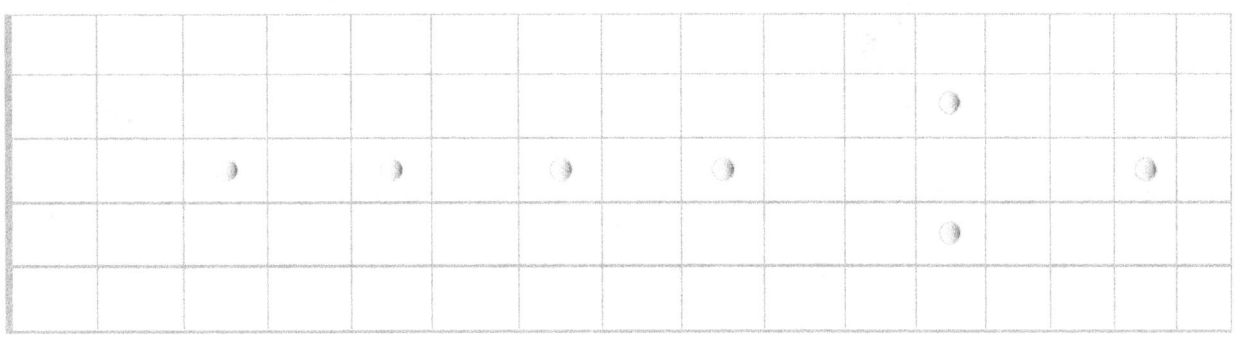

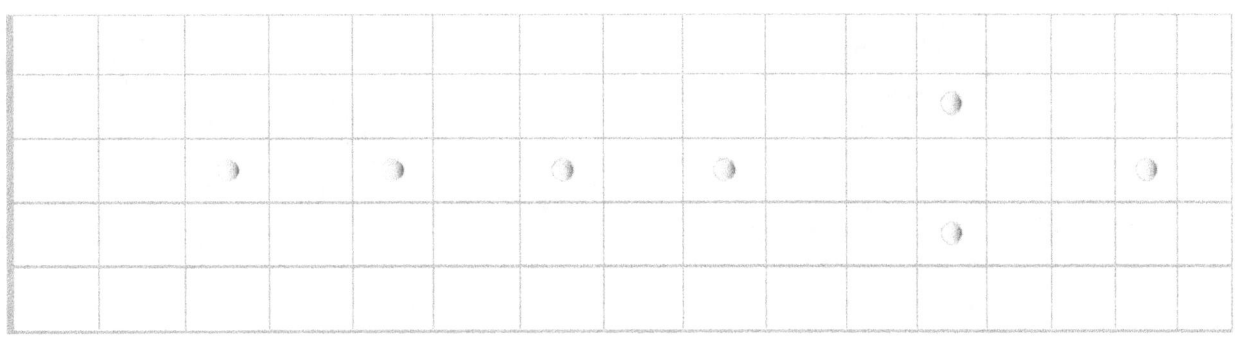

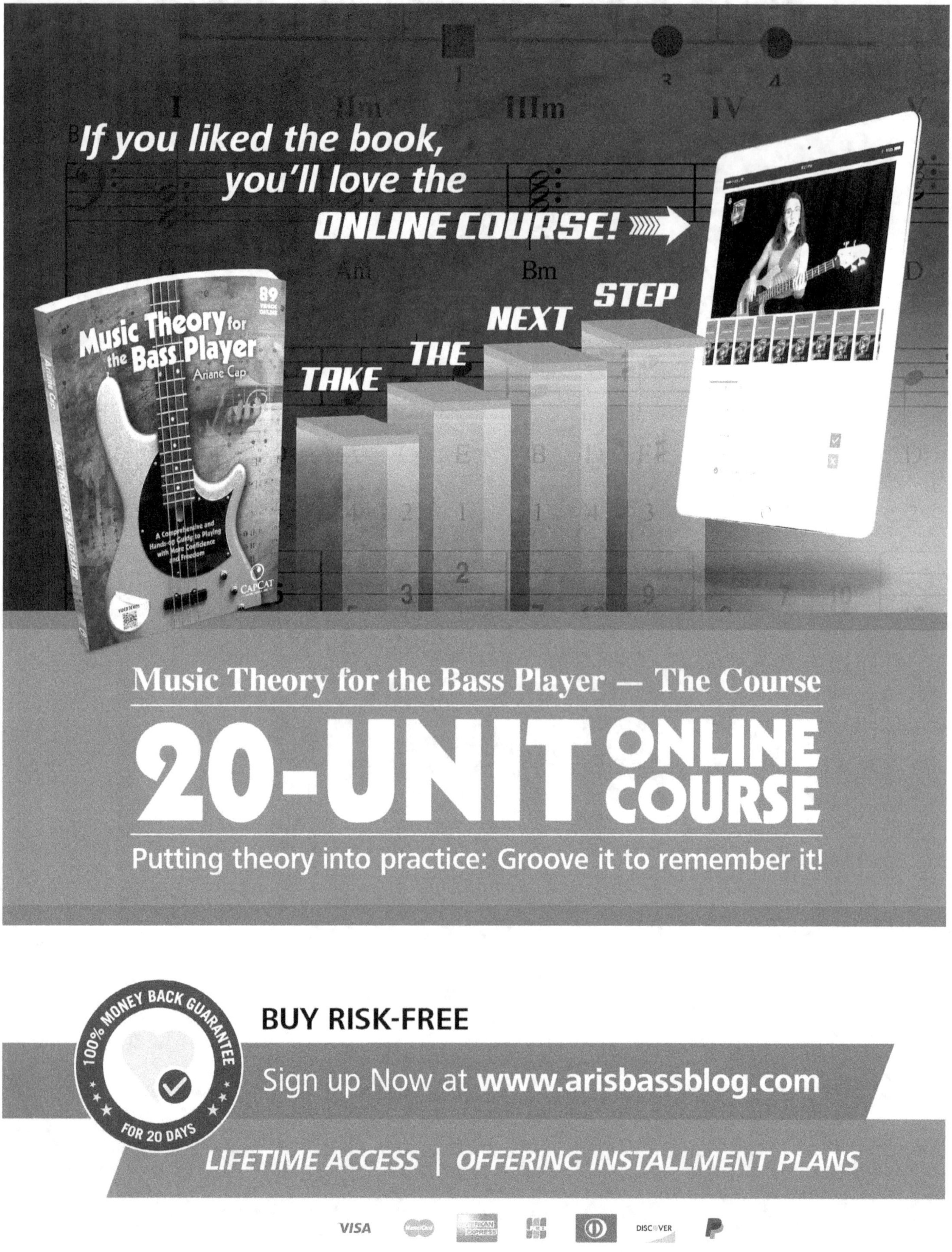
If you liked the book,
you'll love the
ONLINE COURSE!
TAKE THE NEXT STEP
Music Theory for the Bass Player
Ariane Cap
Music Theory for the Bass Player — The Course
20-UNIT ONLINE COURSE
Putting theory into practice: Groove it to remember it!
100% MONEY BACK GUARANTEE
FOR 20 DAYS
BUY RISK-FREE
Sign up Now at www.arisbassblog.com
LIFETIME ACCESS | OFFERING INSTALLMENT PLANS
VISA
DISCOVER

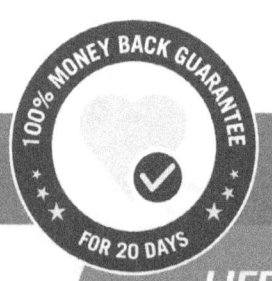

GLOSSÁRIO

Acorde • o soar de mais de duas notas simultâneas.

Alteração • mudança cromática (um semitom acima ou abaixo) aplicada a qualquer um desses tons diatônicos: 9as, 11as, 13as e uma nota constituinte do acorde, a 5ª. Nós agora não mais estamos dentro contexto diatônico estrito.

Anacruse • uma nota ou notas no começo de uma peça musical ou seção desta que venha antes do primeiro tempo um de compasso.

Articulação • diferentes maneiras de se tocar uma nota individual; por exemplo, curta ou longa; com ataque forte ou fraco. Fraseado é um contexto mais amplo, englobando uma uma série de notas, enquanto articulação aplica-se a uma única nota.

Aumentada • intervalos maiores ou justos mais altos em um semitom. 5ª aumentada em um contexto de acorde dá a este seu nome aumentado (+ ou aug).

Cadência • em nosso contexto, uma cadência é uma série de acordes que mantém você dentro da tonalidade da tônica (em outras palavras, facilita cantar a tônica do tom. A cadência mais simples é tocar as tríades dos seguintes graus de escala nessa ordem: I–IV–V–I.

Colcheias pulsantes • um popular groove de rock que consiste em colcheias repetidas articuladas poderosamente (e geralmente na mesma altura).

Condução de vozes • escolher as vozes dos acordes para que eles progridam de um acorde para seu próximo com certos efeitos. O modo como as notas individuais se movem entre acordes. O termo é derivado da música harmônica vocal onde cada cantor canta uma "voz" do acorde.

Consonantes • quando duas ou mais notas soam juntas de maneira agradável.

Densidade • refere-se a como muitas notas são tocadas em um determinado tempo ou quão próximas as notas estão em um acorde. Isso pode significar muitas notas tocadas ao mesmo tempo (a distribuição das vozes dos acordes pode ser densa, isto é, cheia, espessa, rica) ou uma após a outra, como em "ritmicamente denso". Arranjadores prestam muita atenção ao equilíbrio na densidade dos arranjos. Muita atividade em certa região sônica pode também fazer uma peça ter mais densidade. Ao tocar em um contexto de banda, é bom prestar atenção à densidade e complementá-la por meio de participação ou contrastando-se a ela.

Diminuto • intervalos menores ou justos abaixados em um semitom. 5as diminutas em um contexto de acorde dão a ele seu nome diminuto (dim, ° ou Ø).

Dinâmica • a expressão musical de forte (volume alto) e fraco (volume baixo).

Dispersão (tonal e rítmica)

- *dispersão rítmica:* mover frases rítmicas em um tempo ou mais para que a ênfase mude.

- *dispersão tonal:* mover uma nota ou grupo de notas acima ou abaixo por um certo intervalo; um método comum é a dispersão de oitavas.

Dissonantes • quando duas ou mais notas soam juntas de uma maneira desconfortante.

Dobrados bemóis, dobrados sustenidos • dois sustenidos (×) aumentam uma nota em um tom, dois bemóis (♭♭) abaixam uma nota em um tom. Isso pode resultar em teclas do piano pretas ou brancas: A♭♭ é uma tecla branca, F♭♭ é uma tecla preta.

APÊNDICE

Dominante • o acorde de sétima dominante, construído no 5º grau de escala, cria o som dominante de tensão — uma tensão que quer resolver para a tônica. Essa tensão é criada através do trítono dentro do acorde de sétima dominante (entre sua 7ª e 3ª).

Enarmônicas • notas que soam as mesmas (em nosso sistema tonal) mas têm nomes diferentes.

Escala • uma série de notas em sucessão, seguindo certas fórmulas de (geralmente) tons e semitons.

Extensão • extensões são notas diferentes das constituintes do acorde e que são adicionadas para tornar o som mais cheio ou para adicionar nuances de tensão, abertura ou brilho. Extensões são 9ª, 11ª e 6ª (13ª), como vistas a partir da escala original dentro de um contexto diatônico.

Fraseado • falando de maneira geral, é o jeito no qual um grupo de notas (melodia, linha, groove etc.) é disposto. Esse formato é alcançado através de ênfase dada a notas individuais, (micro)dinâmicas, microtemporização e duração de notas dentro da frase — todos os detalhes que dão expressão e forma a uma frase — e isto é válido esteja você consciente deste acontecimento ou não. Fraseado é o contexto mais amplo, ao passo que articulação se refere a uma única nota.

Fundamental • a nota da qual começamos ao construir acordes somando 3ª's (ou 4ª's, para teoria avançada). Ao falar sobre escala, nós podemos nos referir à sua nota de início como a fundamental.

Groove • um sentimento rítmico; um padrão rítmico recorrente; uma teia criada entre os membros de uma seção rítmica sobre a qual melodias e solos acontecem. Mas solos e melodias também podem ser "groovadas", ou seja, *pocket* — fazendo você querer mexer ou dançar.

Harmonia • notas soando simultaneamente produzindo intervalos, acordes e progressões de acordes.

Harmonia funcional • sistema harmônico que usa três principais qualidades sonoras de tônica, subdominante e dominante para criar tensão e alívio e no qual cada nota e acorde tem uma relação funcional com o centro tonal em questão.

Linha de *walking bass* • uma linha de baixo construída predominantemente de semínimas (com algumas variações) que delimitam a harmonia dos acordes de maneira melódica.

Melodia • notas soando em sucessão criando sentido musical.

Modal • música que não (ou não exclusivamente) usa harmonia funcional (tônica, subdominante, dominante), mas ainda relaciona todas as notas a um centro tonal.

Notas de aproximação cromática • uma ou mais notas que levam até uma nota constituinte da tríade do acorde, geralmente executadas em um movimento de andar (semitons ou tons) envolvendo material cromático ou diatônico. O efeito gerado cria uma "atração" em direção à nota constituinte ou tempo um (ou outro tempo forte) do compasso.

Oitava • o intervalo de 12 semitons; a mesma nota na próxima posição mais alta ou mais baixa no instrumento.

Padrão • neste livro, refere-se a um formato definido ou padrão de digitação no baixo*.

Qualidade • (ver *Qualidade de intervalos*)

---

* Este livro é uma preparação para o "Sistema de padrões", um método para se aprender todas as notas na escala do baixo.

Qualidade de intervalos • é uma medida musical exata que define a quantidade do intervalo a um número preciso de semitons (3ª maior, 2ª menor, 4ª justa).

Quantidade • (ver *Quantidade de intervalos*)

Quantidade de intervalos • uma medida musical geral que lhe diz quantos nomes de notas o intervalo compreende; em outras palavras, a parte numérica de um intervalo (2ª, 3ª, 4ª).

Real Book • uma compilação de canções populares, geralmente de um específico gênero musical como jazz, pop, bluegrass etc. Pode também ser chamado de "*fake book*" — significando uma coleção de tabelas de acordes que te permitam "fingir" (do inglês, *to fake*) tocar a canção, interpretando-a aproximada ou livremente.

Alguns *fake books* contêm somente as mudanças de acordes das músicas para evitar problemas com direitos autorais. O termo real book é um jogo de palavras, já que *livros verdadeiros* (do inglês, *real books*) contêm as melodias. Os primeiros *real* books foram pirateados.

Ritmo • um padrão repetido de som na base de uma composição musical. Geralmente segue uma batida regular.

Silêncio • um dispositivo musical para deixar a música respirar.

Subdominante • o acorde construído no quarto grau de escala. Seu nome se origna do fato de ser uma 5ª abaixo da tônica (enquanto a dominante é uma 5ª acima da tônica).

Suspenso • uma tríade que não tem uma 3ª, mas uma 4ª ou 2ª. Ocorre a "suspensão" da 3ª e toca-se uma nota diferente em seu lugar, portanto, acorde "sus".

Tempo um • tempo "1" de um compasso. A menos que especificado de outra forma, em 4/4, os tempos "1" e "3" são considerados os tempos "fortes" do compasso, não necessariamente em termos de ênfase dinâmica, mas harmonicamente falando (isto é, encaixando um elemento definidor de acorde, geralmente a fundamental).

Tonal • música que cria tensão e alívio via harmonia funcional. Todas as notas relacionam-se a um centro tonal chamado tônica, ou seja, harmonia que usa as três principais qualidades sonoras de tônica, subdominante e dominante para criar tensão e soltura.

Tônica • o centro tonal de um segmento musical; a nota central com a qual todas as outras notas relacionam-se e/ou eventualmente resolvem-se na mesma em música tonal. É (erroneamente) comum se referirem a ela como a fundamental. Em uma escala maior de C ou tríade de C maior, a nota C é a tônica.

Transpor • mover uma composição para um tom diferente; tornar mais alta ou mais baixa por certo intervalo consistente.

Tríade • uma tríade é o soar consecutivo ou simultâneo de três notas.

Trítono • o intervalo que corta a oitava precisamente ao meio. Três tons. Em C maior, o trítono está entre F e B ou o quarto e sétimo grau de escala.

Vozes de acorde • a maneira específica na qual um acorde é tocado em um instrumento harmônico ou disposto para uma seção da banda, tal como uma seção de cordas ou metais. Mesmo dentro dos limites de um símbolo de acorde, várias opções existem a respeito da oitava em que as notas individuais são tocadas e da ordem. O termo "vozes" também se refere a certas opções livres que os músicos podem fazer para interpretar símbolos de acordes e adicionar cores ao incluir extensões e alterações.

SOBRE A AUTORA

A austríaca Ariane Cap é uma baixista, pianista, professora, autora, blogueira, escritora e compositora que vive no Tennessee. Eclética e versátil, a musicista já tocou vários estilos, ao vivo e em estúdio. Seus parceiros incluem o produtor vencedor do Grammy Keith Olsen, o violonista virtuoso Muriel Anderson, o duo alemão de flamenco Tierra Negra, a banda de rock celta Tempest, os artistas austríacos de funk The Mozart Band, as estrelas da disco latina Generation Esmeralda, a sensação do kindie-rock The Sippy Cups e o Cirque du Soleil.

Como líder, Ariane uniu-se ao inovador fagotista de jazz Paul Hanson para criar OoN, duo de jazz de câmara aclamado pela crítica.

Foto por Alison Hasbach

Sua formação inclui diversas instituições como a Academy of Music em Viena, Áustria, e a Universidade de Miami, bem como estudos inspiradores com Victor Wooten, Steve Bailey, Kai Eckhardt, Michael Manring, Carol Kaye e Chuck Rainey. Fundadora da Step Up Music Vallejo, ela também ensinou no California Jazz Conservatory e auxiliou e conduziu muitas aulas, seminários e workshops em escolas e universidades.

Ariane é também professora na plataforma online Truefire, contribui regularmente para o Scott's Bass Lessons, é colunista convidada no *notreble.com* com sua série de videoaulas "Talking Technique" e publica semanalmente no blog *arisbassblog.com*. Ela lecionou e criou aulas online para a Academy of Art University de São Francisco e fez parte do Golden Gate Bass Camp, entre outras instituições.

Ela conduz cursos e vídeos educacionais em seu blog, incluindo *"Music Theory for the Bass Player — The Course"*. Ari criou este curso online para fornecer a leitores deste livro um currículo bem estruturado de aplicações musicais, estudos de improvisos e exploração de grooves feitos para colocar em ação o material apresentado nestas páginas.

Ariane foi apresentada — por sua virtuosidade eclética, técnicas inovadoras do tocar, assim como por suas habilidades contagiantes de grooves — na revista *Bass Player*, no *BassQuarterly.de*, na revista *Bass Musician*, dentre outras.

Para acessar os vídeos inclusos com este livro acesse *arisbassblog.com/free-vids-to-book/*

Maiores informações sobre o curso online "Music Theory for the Bass Player" em *arisbassblog.com/coaching-course*

Contate Ariane em *arisbassblog.com*.

Visite a página dela em *arianecap.com*.